Anna Elisabeth Wiede

Die stille Pauline
und andere märchenhafte Geschichten

Eulenspiegel Verlag

Mit Vignetten von Hans-Eberhard Ernst

Inhalt

Sonnenfinsternis	7
Die Scheibe von Nebra	19
Die stille Pauline	36
Maus + Micky = Mickymaus	47
Zaubergarn	57
Rätselmärchen	83
Geschwister	92
Hirse süß – Hirse salzig	107
Der internationale Kongreß	122
Neidkopp	150
Die Kinder von Alpha Centauri	165
Jasmintee	191
Träume sind Schäume?	198
Der Regenbogen in der Funkuhr	210
Bücherwurm und Leseratte	230
Fräulein Lange	251

Sonnenfinsternis

Stephan und Stephanie saßen in der Schule, 6. Klasse, nebeneinander. Sie waren Nachbarskinder. In der Siedlungsstraße, in der beide wohnten, lag Stephans Haus drei Häuser weiter. Als Stephanies Familie gegen Ende des letzten Schuljahres in das Haus zu Stephanies Großmutter, der Mutter ihrer Mutter, gezogen und Stephanie in die neue Schule gekommen war, da hatte Stephan Stephanie morgens abgeholt. »Damit du dich nicht verläufst«, sagte er. Stephanie hatte gelacht, es gefiel ihr sehr gut, und so waren sie dabei geblieben. Jeden Morgen stand Stephan an der Gartentür, Stephanie, die bereits hinter der Haustür durch die Scheibe spähte, rannte hinaus, und beide machten sich schwatzend auf den Schulweg. Sie verstanden sich gut, obgleich sie ganz verschieden waren. Gute Schüler waren sie beide, geschickt waren sie beide, aber sonst konnten zwei Menschen kaum unterschiedlicher sein.

Stephanie war ein heiterer Mensch, der ganz unbefangen auf andere zuging, sie hatte ein flinkes Mundwerk, brachte andere zum Lachen, immer auf nette Weise. Die Klasse mochte sie auf Anhieb, und Tina wurde schnell ihre beste Freundin.

Ganz anders Stephan. Still, fast scheu, in sich gekehrt, verschlossen, manchmal traurig, aber so hilfsbereit und kameradschaftlich, daß die anderen ihn auch mochten, wenn sie auch nicht so recht warm mit ihm wurden. Einen richtigen Freund hatte Stephan aber auch. Christian, Spitzensportler der Klasse und der Größte und Stärkste von allen.

Wie gut Stephanie und Stephan sich auch verstanden, eine Eigenschaft ihres Freundes verstand sie nicht nur nicht, sie beunruhigte sie auch: Er sah sofort alles, wie man so sagt, schwarz. Das ging bei Kleinigkeiten los. Er hatte die Hausschlüssel – seine Eltern arbeiteten ja – immer in der linken Tasche. Sie waren nicht da, er wurde blaß. »Ich hab die Schlüssel verloren.« Dann steckten sie, durch sein Versehen, in der rechten Tasche. Und es war bei großen Vorkommnissen nicht anders: Sturmwarnung. »Hoffentlich wird es kein Tornado, der alle Häuser zerstört.« Immer dachte er als erstes an das Schlimmste.

»Hör auf damit, Stephan«, sagte Stephanie, »du machst dich ja verrückt. Du merkst gar nicht, wie unsinnig das ist. Du gibst den Deutschaufsatz ab und sagst zu mir: ›Hoffentlich bleibt es bei einer Drei.‹ Und was kriegst du? Eine Eins. Du kriegst fast immer eine Eins, höchstens mal 'ne Zwei plus. Und innerlich zitterst du vor einer Vier. Das geht doch nicht.«

»Vielleicht hast du recht«, sagte Stephan, »ich werd mir Mühe geben.«

Das tat er auch, aber Stephanie merkte wohl, daß es ihm sehr schwer fiel. Sie redete darüber mit ihrer Großmutter. Sie verbrachten viel Zeit miteinander, bis Stephanies Eltern von der Arbeit kamen, und Stephanie erzählte ihrer »Omschi«, wie sie Großmutter nannten, immer viel, weil die so gut zuhörte. Über Stephans Schwarzseherei sagte sie: »Ich versteh das einfach nicht, es macht ihn immer traurig und manchmal richtig verschreckt.«

»Ich versteh es«, sagte ihre Großmutter, »und du wirst es auch gleich verstehen. Stephans Eltern starben bei einem schrecklichen Autounfall. Ein Raser ist ins Schleudern gekommen und frontal in ihr Auto gekracht. Die beiden, und der Raser übrigens auch, waren bereits tot, als die Feuerwehr sie aus dem zerbeulten Autos schnitt. Aber Stephan lebte. Er saß hinten, angeschnallt auf dem Kindersitz, und war fast nicht verletzt. Da war er gerade mal vier Jahre alt. Sie wollten einen Sonntagsausflug machen, zum Tierfreigehege in Trettin. Stephans Eltern, die, die du kennst, sind der Bruder von Stephans Vater und die Schwester seiner Mutter. Die zwei Brüder haben die zwei Schwestern geheiratet, war damals sogar ein Bericht in der Zeitung. Nach dem Unglück haben sie Stephan sofort zu sich genommen, und sie sind wahrhaftig gute Eltern für ihn. Nur, er kann das alles nie ganz vergessen, es steckt in ihm drin. Und wenn irgend etwas nicht klar vorhersehbar ist, kommt ihm gleich das Schlimmste in den Sinn.«

»Weil damals das Schlimmste passiert ist«, sagte Stephanie. »Es ist so furchtbar. Aber ich bin froh, daß du mir das erzählt hast, Omschi, jetzt verstehe ich ihn. Und werde nicht mehr mit ihm schimpfen, wenn er wieder schwarz sieht.«

»Schimpfen selbstverständlich nicht«, sagte Omschi, »aber ihn ablenken, etwas Erfreuliches vorschlagen, wäre nicht falsch. Braucht halt Fingerspitzengefühl. Ich hoffe, du hast es.«

»Ich auch«, sagte Stephanie.

Anfang März wurde im Unterricht ausführlich über die Sonnenfinsternis, die am 29. März sein würde, gesprochen. Den Kleinen wurde sie noch einmal genau erklärt. Die Erde dreht sich um sich selbst in einem Tag und wandert um die Sonne in einem Jahr. Der Mond dreht sich um die Erde. Im Abstand von etlichen Jahren steht der Mond für einige Minuten, aus Sicht der Erde, zwischen Erde und Sonne. Sonnenfinsternis, weil die »Scheibe« des Mondes die »Scheibe« der Sonne verdeckt, so sieht das für uns aus. Aber nur in einem Umkreis von 200 Kilometern. Weiter weg sieht man nur eine halbe oder eine Viertelverdeckung oder gar keine. Die Sonne scheint wie immer. Deshalb findet eine Sonnenfinsternis auch an ganz verschiedenen Teilen unserer runden Erde statt. Wenn es heute in Deutschland war, kann die nächste in Neuseeland sein.

Das hatten ja nun alle verstanden. Aber danach ging die Diskussion erst richtig los. Fast jeder hatte schon die wildesten Geschichten über die Auswirkung einer Sonnenfinsternis gehört. Von Kriegen, Überschwemmungen, Seuchen, Mißernten, Waldbränden bis zu Unglücksfällen und Schicksalsschlägen, jedwedes denkbare Unheil war vertreten. Auch in der 6. Klasse gab es viele, die solche dunklen Voraussagen gehört hatten. »Unsere Nachbarin hat gesagt«, »Der Gemüsemann hat gesagt«, »Opas Freund hat gesagt«, hieß es.

»Das ist alles Aberglauben«, sagte Fräulein Kömmlinger, ihre Deutschlehrerin. »Als die Menschen noch nicht wußten, wie sie zustande kommt, ehe die Wissenschaft es erklären konnte, machte eine Sonnenfinsternis ihnen große Angst. Sie versuchten zu erklären, was da am Himmel geschah. Selbst wenn sie die beiden Himmelskörper erkannten, dachten sie sich oft sehr finstere Erklärungen aus, weil sie solche Angst hatten. Zum Beispiel: Sonne und Mond sind Feinde, und wenn sie zusammentreffen, gibt es Krieg auf der Erde. Solche abergläubischen Geschichten gibt es auf der ganzen Welt. Gelehrte haben sie gesammelt, sie füllen ein paar dicke Bücher. Geschah nun in einer Stadt irgendein Unglück, ein großes oder ein kleineres, so schrieben sie es gleich der Sonnenfinsternis zu: Es mußte ja so kommen nach der schwarzen Sonne, sagten sie dann. Heute haben nicht mehr so viele Menschen solche Vorstellungen, aber bei manchen, das merke ich an euren Fragen, spuken sie immer noch herum. Es ist Aberglauben.«

Auf dem Heimweg unterhielten sich Stephan und Stephanie über die vielen abergläubischen Schreckensgeschichten, die noch immer lebten, obgleich doch die wissenschaftliche Erklärung längst bekannt war. »Man kann sagen, daß es blöd ist, heute noch so etwas zu glauben«, sagte Stephan. »Aber ich verstehe es. Nach den Bildern, die wir gesehen haben, ist es einfach unheimlich.«

»Und du«, sagte Stephanie, »du würdest ganz gerne daran glauben.«

Stephan schwieg. Dann sagte er: »Ehrlich gesagt, ich kann mir nicht helfen, ein bißchen glaube ich daran. Lach nur.«

»Nicht im geringsten«, sagte Stephanie. »Ich hab nämlich auch einen Aberglauben die Sonnenfinsternis betreffend, genau wie du. Bloß einen anderen.«

»Willst du mich veräppeln?« fragte Stephan. »Überhaupt nicht«, sagte Stephanie. »Mein Aberglauben sagt, daß Sonne und Mond ein Liebespaar sind, und bei einer Sonnenfinsternis kann man von der Erde sehen, wie sie sich lieben. Und dann kriegen sie lauter kleine Sterne.«

Stephan starrte sie an. »Stephie, das hast du dir jetzt ausgedacht.«

»Nö, das hab ich gelesen, in einer von Omschis Bunten. Das glauben sie in Tahiti und in der Oberpfalz. Und das ist jetzt mein Aberglaube.«

»Paßt zu dir.« Stephan lachte.

»Und deiner zu dir«, sagte Stephanie.

»Du mußt doch immer das letzte Wort haben«, sagte Stephan.

Stephanie grinste und preßte ihren Finger auf den Mund.

In den nächsten Wochen neckten sich die beiden bei jeder Gelegenheit mit ihrer beider Aberglauben. Sagte Stephan: »Wenn ich am Sonntag mit Papa zum Fußball gehe, regnet's bestimmt wieder wie letztens«, sagte Stephanie prompt: »Sagt dein Aberglauben.« Sagte Stephanie: »Diesmal back ich unseren Sonntagskuchen. Ganz allein. Omschi hat's mir beigebracht. Das wird toll«, kam von Stephan sogleich: »Spricht dein Aberglauben.« So ging das die ganze Zeit. Mein Aberglauben – dein Aberglauben. Dein Aberglauben – mein Aberglauben.

Dann kam der 29. März, der Tag der Sonnenfinsternis. Zu sehen war davon nichts. Wolken bedeckten den Himmel. Die beiden waren auf dem Heimweg und gingen gerade die Straße an dem schmalen Stück des Südparks, das rechts von ihnen an die Straße grenzte, entlang, als es geschah. Alles ging so schnell, daß Stephanie im nachhinein dachte, sie habe nur drei Mal geatmet.

Im Park schrie eine Frau verzweifelt auf. »Nein, komm her, Tilly, komm her, komm her.« Stephanie sah weit hinten auf dem zur Straße führenden Weg eine an einer Krücke hinkende Frau. Im nächsten Augenblick rannte ein kleines Mädchen, höchstens vier Jahre alt, ein Stück vor ihnen auf dem Weg wieselflink über den Bürgersteig, auf den Fahrdamm, direkt vor ein herankommendes Auto – keine Ausweichmöglichkeit, auf der anderen Fahrspur kam ein langer Laster. Bremsen quietschten, eine Schultasche knallte vor Stephanie aufs Pflaster. Stephan sprang auf die Fahrbahn mit einem Satz, der einem Weitspringer Ehre gemacht hätte, riß die Kleine an sich, sprang zurück, stolperte gegen die Bordsteinkante und drehte sich noch im Fallen so, daß er mit dem Rücken aufschlug und die Kleine vorm Bauch hatte. Das Auto fuhr knapp an seinen Füßen, die auf die Straße ragten, vorbei und kam ein paar Meter hinter ihm zum Stehen.

Die Kleine fing an zu wimmern. Stephanie rannte zu Stephan und kniete neben ihm nieder. »Stephan, Stephan.« Sie nahm ihm die Kleine ab, streichelte sie beruhigend. »Stephan, sag was!« Die Mutter kam weinend und zitternd angehinkt, und auch der Fahrer des Autos kam angerannt. »Ich bin Arzt«, sagte er. »Lassen Sie mich ran.«

Schnell tastete er die Kleine ab, die immer noch mit großen Augen vor sich hinwimmerte.

»Tilli hat sich losgerissen und ist losgerannt, und ich konnte sie nicht einholen, mein Schienbein ist gebrochen«, sagte die Mutter.

»Sehe ich schon«, sagte der Arzt. »Aber sie ist in Ordnung.« Und zu Stephan, der sich aufsetzen wollte, sagte er: »Bleib liegen, eine Heldentat reicht für heute. Du warst großartig, aber jetzt mußt du es nicht mehr sein. Ich übrigens bin Doktor Karsek, wer bist du?«

»Stephan Rülicke«, sagte Stephan, »aber mir fehlt doch nichts.«

»Das will ich ja gerade genau wissen«, sagte Dr. Karsek, und dann tastete er ihn sehr gründlich ab, alle Knochen einzeln, so kam es Stephan jedenfalls vor. »Ich nehm dich mit ins Krankenhaus«, sagte er. »Die Knochen sind in Ordnung, aber so hart, wie du aufgeschlagen bist, will ich sicher gehen, daß da keine inneren Verletzungen sind. Ich bring dich dann nach Hause. Ich setz den Wagen zurück, bleib liegen.«

Inzwischen standen etliche Leute, die das Ganze von weitem gesehen hatten, herum und redeten. Auch der Fahrer des Laster. »Du warst klasse, Junge«, sagte er.

»Ja, ja, das war er«, sagte Tillis Mutter, »danke, Junge, danke«, und streichelte ihm die Hände.

Stephan wurde immer blasser. Nicht, dachte Stephanie, weil ihm schlecht ist, sondern weil ihm diese Aufmerksamkeit so vieler Leute unangenehm ist. »Er braucht Ruhe«, sagte sie zu Dr. Karsek.

»Ich sehe es schon«, sagte der. Er hob Stephan hoch, der Fahrer hielt die Tür auf und klappte die Lehne des Vordersitzes nach hinten, so daß sie Stephan hinlegen konnten. Sie schnallten ihn an.

»Ich ruf dich an, wenn ich zu Hause bin«, sagte er noch, dann fuhren sie los.

Stephanie ging, nachdem Tillis Mutter sich noch Stephans Adresse erbeten hatte, nach Haus.

Ihre Großmutter sah sie nur an und sagte sofort: »Was ist passiert?« Stephanie ließ sich in den nächsten Sessel plumpsen, erzählte alles und trank mindestens vier Gläser Orangensaft dabei.

Am Nachmittag, Dr. Karsek hatte Stephans Eltern benachrichtigt, brachte er Stephan nach Haus. Es war alles in Ordnung, der Junge hatte nur ein paar Prellungen. Seine Eltern waren erleichtert, glücklich und sehr stolz auf ihren Sohn. Dr. Karsek ordnete an, daß Stephan erst Montag wieder zur Schule gehen sollte. »Ein paar Tage Ruhe sollte er noch haben«, sagte er. »Die Anspannung würde selbst einen ausgewachsenen Mann mitgenommen haben, auch wenn sich Stephan dessen nicht bewußt ist. Wenn was sein sollte, sofort anrufen. Ich komme Sonntag abend noch mal vorbei.«

»Vielen Dank, Herr Doktor«, sagte Herr Rülicke.

»Nicht Sie, ich habe zu danken«, sagte Dr. Karsek. »Ich bin die vorgeschriebene Geschwindigkeit von 50 Stundenkilometern gefahren, der Bremsweg war trotzdem zu lang, und neben mir war einer von diesen langen Lastern, ausweichen konnte ich auch nicht. Die Kleine war zu dicht vor mir. Was meinen Sie, wie mir jetzt zumute wäre, wenn Stephan nicht gewesen wäre. Ich bin Arzt und hätte einen kleinen Menschen überfahren.«

Am Abend kam Stephanie noch vorbei, um nach Stephan zu sehen, und erfuhr, daß er krankgeschrieben war.

»Toll, ich kann die nächsten Tage faul sein«, sagte Stephan, »wie findest du das?«

»Gut«, sagte sie. »Hast du verdient. Du kannst faul sein und du kannst stolz auf dich sein. Das ist doch gut.«

Er lachte. »Hör schon auf.«

»Nein«, sagte sie, »ich bin nämlich auch ein bißchen stolz auf mich. Und zwar deshalb, weil du nach meinem Aberglauben gehandelt hast und nicht nach deinem.«

»Was soll denn das?« sagte Stephan, »ich hab doch nicht an irgendwelche Aberglauben gedacht in dem Moment.«

»Nicht gedacht, aber gemacht«, sagte Stephanie. »Wenn du

an das Schwarze gedacht hättest, hättest du gleich wieder Tilli und dich überfahren und tot hinterm Auto liegen sehen, und du wärst gar nicht erst gesprungen. Du bist aber gesprungen, du hast Tilli gerettet, und das hat ja wohl auch was mit Liebe zu tun, nämlich zu Menschen, wenn man nicht will, daß einem kleinen Menschlein was Schreckliches passiert. Also bist du meinem Aberglauben gefolgt.«

Stephan lachte. »Ich folge deiner Beweisführung, wenn sie auch von etwas weither kommt«, sagte er.

»Na also«, sagte Stephanie, »und jetzt bist du ein Held.«
»Held«, sagte Stephan, »Quatsch mit Kekskrümel.«
»Nein«, sagte sie, »Quatsch mit Schokosahnetörtchen.«
Da klingelte es an der Tür. Davor standen Tillis Mutter mit ihrem Mann und Tilli. »Wir sind die Löbels. Wir kommen, um uns zu bedanken, bei Ihrem Sohn«, sagten sie zu Frau Rülicke, die aufgemacht hatte. »Das ist unsere Tilli, die Ihr Stephan gerettet hat. In der Aufregung hab ich mich gar nicht genug bedankt«, sagte Frau Löbel.

Frau Rülicke bat sie herein. »Die Kinder sind da«, sagte sie, »Stephan und seine Freundin, die Stephanie.«

»Ach ja, das kleine Mädchen, das meine Tilli getröstet hat«, sagte Frau Löbel. Stephanie und Stephan wurden gerufen, es gab Stephan natürlich wieder in Verlegenheit bringendes Lob und Dank, und dann machte Frau Löbel die Schachtel auf, die sie dabei hatte. »Ich hab meine beste Torte für dich gebakken, Stephan. Hoffentlich magst du Schokosahnetorte.«

»O gern«, sagte Stephan mit einem etwas merkwürdigen Gesichtsausdruck. Und warum Stephanie ihn grinsend in die Seite puffte und sagte: »Hab ich doch gesagt«, verstanden die Erwachsenen sowieso nicht. Aber Kinder sind eben so.

Am nächsten Nachmittag fragte Stephanie ihre Großmutter, ob man was Geschenktes weiterverschenken dürfe. »Was willst du denn verschenken?« fragte Omschi lächelnd, »raus mit der Sprache.«

»Na den silbernen Sternenanhänger, den du mir für mein Bettelarmband gekauft hast.«

»Für Stephan, nehme ich an?«

Stephanie nickte. »Es hat was mit den beiden Aberglauben zu tun«, sagte sie, denn sie hatte ihrer Großmutter davon erzählt.

»Ich verstehe«, sagte die, »ich habe noch eine silberne Kette, wollte ich dir ohnehin geben, da kannst du den Stern anhängen.«

»Omschi, du bist die beste Omschi der Welt«, sagte Stephanie und kuschelte erst mal mit ihrer Großmutter. Dann fädelte sie den Anhänger an die Kette, steckte ihn ein, die Hausaufgaben dazu und ging hinüber zu Stephan. Zuerst machten sie beide die Aufgaben. Wie immer, wenn sie zusammen arbeiteten, waren sie schnell fertig. Da sagte Stephanie: »Jetzt mach mal die Augen zu.«

»Warum?« wollte Stephan wissen.

»Darum«, sagte sie, »und wenn du es nicht tust, bind ich sie dir zu.«

»Ich mach ja schon«, sagte Stephan, und Stephanie band ihm die Kette mit dem Stern um.

»So, jetzt kannst du in den Spiegel gucken«, sagte sie.

Er tat es. »Was, was ist das? Was ist das für eine Kette?«

»Deine natürlich. Die schenk ich dir, damit du dich öfter mal an meinen Aberglauben erinnerst. Du mußt sie immer tragen, die bringt Glück.«

»Noch ein Aberglauben«, sagte Stephan, »aber ich find sie schön. Danke, ich dank dir.« Und er streichelte schnell ihre Hand.

»Und außerdem«, sagte Stephanie, »kriegen Helden ja auch immer einen Ordensstern für ihre Heldentat.«

»Wenn du noch einmal Held zu mir sagst, sage ich Schnuzipuppsie zu dir«, sagte Stephan.

»Neieiein«, schrie Stephanie.

»Na also, geht doch«, sagte Stephan. »Und kein Wort in der Schule von der Sache.«

»Die wissen schon alles«, sagte Stephanie, »einer aus der neunten Klasse hat von weitem alles gesehen, ist ein Sportsfreund von Christian und hat ihm und noch ein paar anderen gestern abend im Fitneßstudio alles erzählt.«

»O jemine.« Stephan hielt sich die Hände vors Gesicht.

Stephanie beruhigte ihn. »Ich red mit Christian und Tina, wir kriegen das schon hin. Aber du mußt auch was tun, Stephan. Du kannst doch nicht immer rot werden vor Verlegenheit, wenn du 'ne Eins kriegst. Denk an meinen Aberglauben. Vielleicht hilft's.«

»Ich werd's versuchen«, sagte Stephan. »Ich hab ja die Kette.«

Zehn Tage später hatte Stephanie Geburtstag. Sie war schon ein wenig aufgeregt. Es sollte eine richtige Geburtstagsfeier werden. Außer Stephan, Christian und Tina hatte sie noch sechs andere aus ihrer Klasse eingeladen. Um halb vier Uhr sollte es losgehen. Sie war schon um drei Uhr fertig. Sehr schick in hellblau mit ein bißchen Glitzerstickerei. Kurz nach drei war Stephan da: drei rosa Rosen, ein kleines Schächtelchen und ein sehr artiger Geburtstagsglückwunsch. Stephanie mußte schmunzeln, es war beinahe wie in einem alten Film, bei Grafens, einem schwarz-weißen, wie Omschi sie gerne sah. Sie machte das Schächtelchen auf, bemerkte aber mit schnellem Blick auf Stephan, daß er schon wieder fürchtete, etwas falsch gemacht zu haben. Es war natürlich nichts Falsches. Es war eine Silberkette mit einem wunderschönen Sternenanhänger, der hatte in der Mitte sogar einen weißen, geschliffenen Stein, der glitzerte wie ein Diamant.

Stephanie jubelte: »Ist das schön, ist das schön.«

Sie lief zum Spiegel, band die Kette um, drehte sich um, sagte: »Danke, lieber Stephan, danke.« Und dann schlang sie ihre Arme um seinen Hals, zog seinen Kopf ein wenig herunter und küßte ihn mitten auf den Mund. Einen Augenblick lang stand Stephan regungslos da. Doch dann nahm er sie in die Arme, beugte sich zu ihr und sagte leise, mit einem zauberhaften Lächeln: »Dein Aberglauben.« Und er küßte sie. Lange.

Stephanies Mutter und Großmutter sahen alles vom Nebenzimmer aus. »Mama« flüsterte ihre Mutter ganz erschrocken, »Mama, die küssen sich ja richtig. Die sind doch noch viel zu klein, Mama.«

»Offensichtlich nicht, liebes Kind«, sagte Omschi lächelnd. »Es sind eben zwei Sternenkinder.«

Die Scheibe von Nebra

Janine, elf Jahre alt, war sauer. Sehr sauer. Ihre Mutter war heute abend mit einem Mann verabredet. Schon wieder! So was hatte es sieben Jahre lang nicht gegeben. Damals, als Janine fünf Jahre alt war, hatte ihr Vater sich scheiden lassen. Janine hatte ihn nie wieder gesehen. Er lebte in Australien. Sie vermißte ihn schon lange nicht mehr. Sie und Mama kamen sehr gut miteinander klar. Männer gab es nicht in ihrer beider Leben. Und jetzt das! Am Ende würde sie sich noch in den blöden Kerl verlieben! »Am Ende verliebst du dich noch in den blöden Kerl«, hatte sie tatsächlich vorhin zu ihrer Mutter gesagt, als die vor dem Spiegel saß und sich schick machte.

»Kann schon sein«, hatte ihre Mutter lächelnd gesagt. So hatte sie noch nie gelächelt. Janine wurde es immer unheimlicher.

»Und im übrigen«, sagte ihre Mutter, »ist es blöd, einen Archäologen, der seinen Doktor gemacht hat, einen blöden Kerl zu nennen.«

»Deswegen ist er doch blöd. Du kannst mich doch nicht allein lassen, Mama, wegen dem«, sagte Janine.

»Aha«, sagte ihre Mutter. »Aber wenn ich Überstunden machen muß« – sie war Abteilungsleiterin in einem großen Handelskontor für Kunstgewerbe – »und dafür mehr Geld bekomme und dir deine Handykarte bezahle, dann kannst du selbstverständlich alleine fernsehen und alleine zu Bett gehen. Doch wenn ich mit einem netten Mann essen gehe, dann vereinsamt meine arme Tochter. So läuft das nicht, mein Spatz«, sagte sie, gab Janine einen Kuß und ging, nach einem betörenden Parfüm duftend, aus dem Haus.

Also war Janine sauer. Sie hoffte inständig, diese schlimme Bekanntschaft würde bald enden, aber dem war nicht so. Am Freitag abend sagte ihr ihre Mutter, daß Dr. Kerner am Sonnabend zum Mittagessen käme und sie das Wochenende gemeinsam verbringen würden.

»Damit du Dr. Kerner endlich kennenlernst«, sagte sie, »und bitte benimm dich.«

»Nein«, sagte Janine wütend, »ich will den Kerl nicht kennenlernen, ich will mich nicht benehmen, ich will nicht, daß du einen Mann hast.«

»Und warum nicht?« fragte ihre Mutter.

»Weil du meine Mama bist und nicht die Frau von einem Mann«, sagte Janine.

»Sehr viele Frauen, die eine Tochter haben, haben auch einen Mann, warum nicht ich?« fragte ihre Mutter.

»Das ist was anderes«, sagte Janine, »bei denen war das schon immer so. Aber bei uns nicht. Und so muß es auch bleiben.«

»Ja«, sagte ihre Mutter, »wenn ich keinen Freund haben darf, dann darfst du aber auch keinen haben. Also, Jonas möchte ich hier nicht mehr sehen. Und Kinderdisko kommt auch nicht mehr in Frage. Du könntest ja einen treffen, der dir noch besser gefällt als Jonas. Also, ab jetzt keine Jungs mehr.«

»Was soll denn das?« fragte Janine verblüfft. »Das ist doch was anderes mit Jonas. Du bist doch meine Mutter.«

»Und du bist meine Tochter«, sagte ihre Mutter. »Wenn ich nur für dich da sein darf, darfst du auch nur für mich dasein. Wir können ja einen Vertrag aufsetzen und unterschreiben ihn beide. Inhalt: ich, Mutter Sabine, darf niemals einen Freund haben, ich, Tochter Janine, darf niemals einen Freund haben. Jedwede Freundschaft mit einem männlichen Wesen ist strengstens verboten. Zuwiderhandlungen werden bestraft. Was hältst du davon?«

»Ach, was soll's, lad diesen Doktor ein«, brummte Janine und ging in ihr Zimmer.

Am nächsten Tag also lernte Janine Dr. Kerner kennen. Jedes andere Mädchen hätte ihn wahrscheinlich toll gefunden: schlank, sportlich, dunkle Haare, grüne Augen, charmantes Lächeln, schönes Gesicht – er sah einfach verblüffend gut aus. Aber für Janine machte das alles noch viel schlimmer.

›Jetzt sieht der Kerl auch noch aus wie ein Star, das fehlte mir gerade noch‹, dachte sie, ›Mama wird sich noch in den verknallen.‹

Eine halbe Stunde später war ihr klar: es war schon längst geschehen, das Verlieben nämlich. Und zwar bei beiden. Es wurde ein schlimmes Wochenende für Janine. Sie hatte Angst vor den Veränderungen in ihrem Leben. Sie wollte ihre Mutter mit niemandem teilen, schon gar nicht mit diesem Mann. Sie haßte ihn, und alles, was er tat, war falsch und schlecht. Sprach Dr. Kerner mit ihr, tat er das nur, um sich als Herr im Haus aufzuspielen. Unterhielt er sich mit ihrer Mutter, tat er das nur, um Janine auszugrenzen. Sie redete wenig, antwortete auf Fragen nur einsilbig und verbrachte die meiste Zeit in ihrem Zimmer. Selbst als ihre Mutter sie in die Arme nahm und ihr den Gute-Nacht-Kuß gab, blieb sie steif. Und obwohl Dr. Kerner am nächsten Tag weiterhin nett und freundlich zu ihr war, ging es ihr schlecht. So ist das eben; wenn ein Mensch sein Gemüt zu einem Essigpott macht, wird dem Menschen übel.

Die folgenden Wochen wurde es nicht besser. Einerseits wollte sie Dr. Kerner am liebsten auf den Mond schießen, andererseits bekam sie mit, wie glücklich ihre Mutter war. Sie kam ihr auf einmal viel schöner vor. Und Janine hatte ihre

Mutter schließlich lieb. Gerade wegen dieses Zwiespalts war der Essigpott immer ganz voll. Nicht, daß Janine Dr. Kerner gegenüber ungezogen war, nein, sie strafte ihn mit Verachtung. Wenn er da war, und das war oft, machte sie ein finsteres, trauriges Gesicht, sprach kaum, antwortete einsilbig, und wenn sie ihn selbst einmal ansprechen mußte, sagte sie: Jawohl Herr Doktor Kerner, nein Herr Doktor Kerner, wie Sie meinen, Herr Doktor Kerner. Das ewige »Herr Doktor Kerner« klang aus ihrem Mund wie ein Makel und nicht wie ein Titel, jedenfalls alles andere als höflich. Und sowie ihre Mutter und Kerner sich über seine und ihre Arbeit unterhielten, das taten sie oft, verschwand Janine in ihrem Zimmer. Sie konnte einfach nicht ertragen, wie gut sich die beiden verstanden. Und die beiden hatten stets Gesprächsstoff. Ihre Mutter hatte Kunstgeschichte studiert und wußte durch ihre Arbeit im Handelskontor viel über kunstgewerbliche Handwerkstechniken, über Töpferei beispielsweise. Und bei Kerners Ausgrabungen fand sich oft auch Tönernes aus alten Zeiten.

Das alles sorgte für stetes Auffüllen des Essigpotts.

An einem Wochenende, als Dr. Kerner zum Frühstück kam, legte er eine flache weiße Schachtel vor Janines Mutter.

»Morgengruß für meine Liebste«, sagte er und küßte ihre Hand. In der Schachtel lag, auf weißem Samt, ein Kranz von roten Rosen und in deren Mitte eine weiße Samtschachtel. Sabine sah Kerner mit großen Augen an.

»Mach auf«, sagte er lächelnd. Sie tat es, und einen Augenblick lang starrte sie wie gebannt auf den Inhalt.

»Himmel«, flüsterte sie, »die Scheibe von Nebra. Oh, Liebster.« Sie küßte ihn. »Die Scheibe von Nebra. Ich denk, ich träume. Janine, sieh doch.«

Auf dem weißen Samtpolster lag, an einer goldene Kette, eine goldene, gewölbte Platte, goldumrandet, innen tief himmelblau, wie der Himmel bei Nacht, voll mit lauter kleinen goldenen Punkten, an einer Seite ein Viertel eines goldenen Mondes, an der anderen die volle goldene Scheibe, dazwischen ein Kränzchen goldener Pünktchen und am unteren Rand ein gebogener goldener Streifen, hinter dem zunehmenden Mond noch ein solcher Streifen. Der Anhänger war wunderschön, und irgendwie erschien er Janine auch geheimnisvoll zu sein.

»Was ist das, die Scheibe von Nebra?« fragte sie.

»Erlaubst du, daß ich es dir erkläre?« fragte Dr. Kerner lächelnd.

»Ja, bitte«, sagte Janine eifrig und vergaß dabei völlig, daß sie Dr. Kerner ja nicht leiden können wollte.

»Es wird aber ein kleiner Vortrag«, sagte er, »nur zur Warnung«.

»Ja, bitte, ja«, sagte sie.

Und dann erklärte er es ihr: »Die Himmelsscheibe von Nebra ist eine 30 Zentimeter große bronzene Scheibe, der Mond und die Sterne sind aus Goldauflagen. Sie wurde mit zwei Bronzeschwertern mit goldenen Griffklammern und etlichen anderen Dingen in der Nähe der Stadt Nebra in einem Wald gefunden. Sie ist 3600 Jahre alt.«

»3600 Jahre«, sagte Janine, beinahe erschrocken. »3600 Jahre kann ich ja gar nicht denken.«

»Das verstehe ich«, sagte Dr. Kerner, »es wird etwas leichter, wenn man weiß, wozu sie diente. Zunächst ist klar, daß es sich um eine Art Kalender handelte. Du siehst hier, zwischen dem Sichelmond und dem Vollmond diese Sternenhäuflein von sieben Sternen. Das sind die Plejaden, die siehst du genauso noch heute am Nachthimmel. Steht der Sichelmond aus unserer Sicht rechts von den Plejaden, sind wir im Monat März, steht der Vollmond links von den Plejaden, sind wir im Oktober. Warum denkst du, waren diese Daten so wichtig, daß man sich eine so kostbare Arbeit dafür machte?«

»Das weiß ich doch nicht«, sagte Janine.

»Aber sicher weißt du es, die Menschen in der Bronzezeit waren Bauern, und ganz sicher die im Schwarzerdegebiet, wo noch immer das gute Korn herkommt«, sagte Kerner.

»Jetzt kapier ich es«, schrie Janine, »im März ist Aussaat und im Oktober ist Ernte.«

»Genau«, sagte Kerner, »und das waren für die Menschen damals nicht nur wichtige, sondern auch heilige Zeiten. Sie mußten ja ihr täglich Brot haben. Wie wir auch. Das Erntedankfest feiert man heute noch. Es gibt, wie du siehst, noch weitere Zeichen auf der Scheibe, aber da sind sich die Gelehrten nicht ganz sicher. Was sie wissen, und wenn du es auch wissen willst, erzähle ich es dir.«

»Au ja, bitte«, sagte Janine.

»Die Schwierigkeit bei den Erklärungen ist nämlich, daß die Scheibe von Raubgräbern ausgegraben wurde, 1999, und die, wie Raubgräber das oft tun, haben sie dabei beschädigt.«

»Raubgräber?« fragte Janine, »sind das Räuber?«

»Ja, das sind sie, sie rauben archäologische Fundstücke, indem sie entweder, wie im Nebra Fall, eine Fundstelle orten und sie ausplündern, oder, auch das ist schon öfter vorgekommen, sich an eine bereits von Archäologen in Angriff genommene heimlich heranmachen und plündern. Dabei beschädigen sie leider öfter mal die Funde. Sie sind entweder Laien oder bloß halb ausgebildet.«

»Und was machen sie dann damit?«

»Na, Geld. Sie verkaufen es, das Zeug bringt ganz viel Geld. Die Geschichte der Scheibe von der Ausgrabung bis zur endlichen Sicherstellung im Hallenser Museum, wo sie hingehört, ist ein richtiger Kriminalroman. Zum Schluß verlangte das letzte Hehlerpaar – Hehler sind Händler, die gestohlene Ware heimlich verkaufen –, die beiden verlangten 700 000 Euro für die Scheibe.«

»700 000 Euro, wow!« sagte Janine.

»Ja, aber da war ihnen die deutsche und die Schweizer

Polizei und der Landesarchäologe Dr. Meller schon auf der Spur. In Bern in der Schweiz, in einem Hotel, traf man sich, das Hehlerpärchen und Dr. Meller, der sich als Käufer ausgab, aber vor der Hotelzimmertür stand schon die Schweizer Polizei. Und deshalb ist die Himmelsscheibe von Nebra jetzt in Halle im Museum. Und du, mein Schatz«, sagte er zu Sabine, »du hast eine kostbare Rarität. Die Markenrechte für die Scheibe gehören nämlich dem Land Sachsen-Anhalt. Sie darf nicht ohne Lizenz desselben, und die kostet viel, viel Geld, abgebildet oder nachgebildet werden. Zu Erwerbszwecken. Aber da es mein liebes Schwesterchen war, das sie für mich für dich gezaubert hat, sie ist wirklich eine fabelhafte Goldschmiedin, ist das eine Familiensache und als solche fällt sie nicht unter das Gesetz.«

»Ui, soviel zu denken, und da muß ich aber noch viel mehr von wissen. Das sind ja lauter tolle Sachen.«

»Sind es auch, und wenn du was wissen willst, fragst du mich einfach«, sagte Dr. Kerner.

»Mach ich«, sagte Janine und meinte es auch.

Die Scheibe von Nebra hatte ein Loch in den Essigpott gehauen. Der Essig fing an auszulaufen.

In der nächsten Zeit begann Janine Dr. Kerner zuzuhören, wenn er sich mit ihrer Mutter unterhielt, und fing an, Fragen zu stellen. Sie fand Archäologie nun sehr spannend.

»Es muß doch toll sein, wenn man so was Tolles findet«, sagte sie einmal.

Kerner lachte: »Die Scheibe, das ist ein Jahrhundertfund«, sagte er, »was wir hauptsächlich finden, sind Scherben, Tonscherben aus allen Jahrhunderten seit der Scheibe. Manchmal kann man sie zusammensetzen. Ein ganzer Tonkrug oder ein Zinnkrug, wie wir beides bei der jetzigen Ausgrabung fanden, ist schon eine kleine Sensation. Wir sind gerade im 14. Jahrhundert. Es ist ein Bauernhof gewesen. Der Umriß seiner Mauern wurde von einem Hubschrauber aus entdeckt.

Von oben sieht man am Bewuchs der Wiese, wenn unter der Erde Gebautes ist. Und da die Gemeinde Drewitz erwägt, den Grund als Baugrund freizugeben, müssen wir, die Archäologen vorher ran, damit nichts Altes durch die Bauarbeiten vernichtet wird. Das ist Gesetz.«

»Erzählen Sie doch bitte weiter«, sagte Janine. »Wo haben Sie den Zinnkrug gefunden? Wie findet man das überhaupt in der Erde, so was? Woher weiß man, daß da was ist?«

»Nun, zuerst werden die Mauerreste freigelegt, wo die sind, wußten wir ja durch die Aufnahmen vom Hubschrauber. Sie sind noch 50 bis 60 Zentimeter hoch erhalten. Und dann wird die Oberfläche der Erde in den Innenräumen, die man ja jetzt kennt, ganz vorsichtig abgetragen, immer nur stückchenweise, bis man den Fußboden gefunden hat. Aber weißt du was, wenn du möchtest, zeige ich es dir. Hast du Lust?«

»Aber ja, klar, bitte, unbedingt!« Janine hopste vor Aufregung. Der Essigpott war leer.

»Gut«, sagte Kerner, »dann fahren wir Sonntag morgen nach Drewitz, genauer zur Grabungsstelle Drewitz Süd, und ich zeige dir, wie die Archäologen es machen.«

Am Sonntag in der Frühe fuhren sie los, ohne Mama, die hatte im Haushalt zu tun – sagte sie. Sie wollte die beiden zum ersten Mal miteinander allein lassen. Sie hoffte, bei dem Ausflug würde es endgültig gut zwischen ihnen werden. Janine war schon auf dem besten Weg, und die Nase direkt ins Mittelalter stecken zu dürfen, war, versteht sich, ein schönes Erlebnis und aufregend dazu.

Die Grabungsstelle lag inmitten eines kleinen Wäldchens, mehr hohe Büsche als Bäume, inmitten einer großen Wiese, durch welche weit hinten ebenfalls eine Straße führte. Das Haus, genauer die Reste, war klar erkennbar. Ein großes viereckiges Gemäuer, das freigelegte Mauerwerk etwa 60 Zentimeter hoch. Es bestand aus Feldsteinen und darauf zwei Schichten Ziegelsteine, und es hatte sieben Räume gehabt.

Zwei waren bereits bis auf den Boden ausgeräumt, ein dritter war noch nicht ganz von Erde befreit. Sie stiegen in das Haus hinein.

»Du wolltest wissen, wo wir den Zinnkrug gefunden haben«, sagte Kerner, »hier, in diesem großen Raum. An der Wand. Es waren Reste von Holzfasern drumherum und darüber, das läßt darauf schließen, daß hier ein hölzerner Schrank oder ähnliches gestanden hat. Und den Krug haben wir hier ausgegraben, im Nebenraum. Das war die Küche.« Die hatte einen Fußboden aus Ziegelsteinen und an einer Wand war ein viereckiges Gemäuer.

»Schau dir das genau an und sag mir, was das war«, sagte Dr. Kerner. Janine sah in das große Loch in der Mitte des Vierecks. Es war ganz schwarz innen.

»Ich glaube, ich weiß es«, sagte sie, »das war der Herd.«

»Richtig«, sagte Kerner, »genauer gesagt, die Feuerstelle. Darüber wurde ein Rost gelegt.«

»So ähnlich wie bei einem Grill?« fragte Janine.

»Genauso, und darauf wurden die Töpfe gestellt. Es gab auch, man weiß das von Zeichnungen aus der Zeit, ein

Gestell, an das man den Topf an einer Kette direkt über das Feuer hängte, das machte man mit sehr großen Töpfen«, sagte Dr. Kerner. »Und hier, in der Nähe der Feuerstelle, fanden wir den unbeschädigten Topf, an seinem Boden, das wurde erst im Labor festgestellt, waren zersetzte Überreste von Hirse, für den Hirsebrei, weißt du, deshalb war der Krug in der Küche.«

»Hirsebrei kenn ich bloß aus dem Märchen. Und die haben den wirklich gegessen?«

»Aber sicher«, sagte Kerner, »schmeckt gut.«

»Schmeckt gut, wirklich wahr?« fragte Janine verblüfft.

»Wirklich wahr, finde ich«, sagte er. »Ich kann dir ja mal einen kochen, dann kannst du ihn kosten.«

»Können Sie denn kochen?« fragte Janine noch verdutzter.

»Natürlich«, sagte Kerner. »Aber erst mal hier weiter, wenn wir schon hier sind, wollen wir doch mal sehen, ob neben dem Herd noch was ist. Die letzten zwei Schichten liegen noch.« Vorsichtig fegte er mit einer Art Handbesen die Erde etwa einen Meter breit von der Wand aus herunter.

»Gut, daß es nicht geregnet hat. Ist schön locker«, sagte er. »Jetzt du, vorsichtig.«

Janine machte es ihm nach. Es gelang ihr zwar nicht auf Anhieb, aber dann ging es immer besser. »Weiter, noch mal«, sagte Kerner, »bis wir auf dem Fußboden sind.«

Janine machte weiter, und dann – ihr blieb beinahe die Luft weg – »Da ist was. Ich sehe es.« Es war ein ringförmiges, tönernes Ding.

»Jetzt ist der Pinsel dran«, sagte Kerner. Er gab ihr einen großen Pinsel in die Hand. »Zuerst um den Rand herum ganz vorsichtig die Erde wegpinseln. Immer weiter nach unten, es ist nicht mehr tief.« Janine tat, was er ihr sagte. »Es ist wie eine kleine Schale«, sagte sie.

»Hm«, machte Kerner. »Warte, ich nehm sie hoch.« Er faßte unter das Schälchen. Es hatte einen kleinen Gußring und ließ sich leicht abheben, aus der Mitte rieselte die Erde schon heraus, als er es schräg hielt. An den Wänden blieb sie noch kleben, aber mit einem kleineren Pinsel ließ sich auch diese Erde erstaunlich leicht entfernen. Kerner fuhr mit dem Finger an der Innenseite der Schale entlang. »Das dachte ich mir schon, von der Lage her. Ich gratuliere, Janine«, sagte er. »Da hast du was Hübsches gefunden. Richtiges Archäologenglück.«

Janine starrte ihn an, sie hatte Herzklopfen. »Was, was ist es?« stotterte sie.

»Ein Fettnäpfchen«, sagte Kerner lächelnd, »es muß selbstverständlich noch ins Labor, aber ich habe so etwas schon gesehen. Kein Zweifel, es ist ein Fettnäpfchen. Da hast du richtig Glück gehabt, so was Niedliches.«

»Bitte, ich versteh gar nichts«, sagte Janine aufgeregt.

»Also«, sagte Kerner, »früher, im Mittelalter, schmierten die Leute ihre Lederstiefel mit Rindertalg ein, um das kostbare Leder vor Feuchtigkeit zu schützen. Rindertalg wird aber, wenn er kalt steht, ziemlich hart und läßt sich schlecht schmieren, und deshalb standen die Fettnäpfchen immer neben der Feuerstelle. Die Steine erwärmten sich ja auch. Da war es also warm, auf dem Boden. Genau da, wo du es jetzt gefunden hast, war der Platz für das Fettnäpfchen.«

»Das ist aber unpraktisch, da kann man doch aus Versehen reintreten«, sagte Janine.

»Genau«, sagte Kerner lächelnd, »kluges Kind.«

»Und was hat Mama neulich gesagt, als sie über diesen Kunden sprach, der immer so peinliche Sachen sagt, daß alle in Verlegenheit geraten?«

»Jetzt verstehe ich«, quiekte Janine. »›Es ist so peinlich, dieser Mensch tritt aber auch immer ins Fettnäpfchen‹, hat sie gesagt. Deshalb also.«

»Ja«, sagte Kerner, »daher kommt diese Redewendung. Denn selbstverständlich war es peinlich, wenn einer ins Fettnäpfchen trat, zumal ja jeder wußte, daß die da am Herd stehen. Die Hausfrau mußte nachher die Schmiere vom Boden putzen und ein frisches Näpfchen und Talg besorgen. Besonders erfreut hat sie das bestimmt nicht.«

Janine hopste vor Freude: »Ich hab was gefunden. Ich hab was Verrücktes gefunden. Da wird Mama staunen.«

Und dann merkte Janine, daß sie mal für kleine Mädchen mußte. Es war ihr schrecklich unangenehm, aber schließlich sagte sie es Dr. Kerner doch. »Da hinter den Büschen, da drüben, da kann dich niemand sehen.«

Sie lief hinter die Büsche, man konnte sogar ein paar Schritte in sie hineingehen, und war gerade dabei, ihre Jeans wieder zuzuknöpfen, als sie Stimmen hörte. Laute, unangenehme Männerstimmen. Erschrocken spähte sie durch die Büsche. Zwei Männer kamen auf Kerner zu, sie sahen sehr bedrohlich aus. Kerner sagte laut: »Noch einmal, verlassen Sie sofort die Grabungsstelle, Unbefugten ist der Zutritt hier untersagt. Ich bin Dr. Kerner, der Verantwortliche hier.«

»Aber jetzt nicht mehr«, sagte der Größere und schlug zu. Kerner fing den Schlag ab und stieß den Angreifer zurück. Der zweite Mann mischte sich ein. Kerner kämpfte gut und gekonnt, das begriff Janine sofort, aber sie begriff auch, daß die zwei am Ende in der Übermacht waren. Die Polizei! Die Polizei mußte her. Sie zog ihr Handy aus der Hintertasche und wählte den Notruf 110. Den hatte ihr Mama mal beigebracht. Sofort meldete sich die Stimme: »Polizeinotruf. Oberwachtmeister Bernd Schleusinger. Wer ist da?«

Sie flüsterte: »Janine Blomberg, bitte helfen Sie und kommen Sie schnell. Ich bin auf der archäologischen Grabungsstelle hinter Drewitz. Dr. Kerner, der leitet das hier, wird von zwei großen Männern angegriffen. Sie schlagen auf ihn ein, er kämpft, aber sie sind zu zweit. Ich habe solche Angst.«

»Und wo bist du, Janine?« fragte der Oberwachtmeister.

»Hinter den Büschen, die hier sind, ich mußte mal, deshalb, und da sind die gekommen, wo ich hier hinten war. Dr. Kerner hat mir alles gezeigt, ich bin die Tochter von Dr. Kerners – oh Gott, der hat ein Messer. Er hat zugestochen, er fällt hin. Bitte, bitte!«

»Wir sind schon unterwegs«, sagte die Stimme beruhigend. »Rühr dich nicht aus dem Versteck.«

Der eine Mann hatte sich zu Kerner gebückt, kam hoch und brüllte den anderen an. Janine hielt das Handy schnell in die Richtung der Männer.

»Bist du wahnsinnig? Ich habe gesagt: Keine Waffen und jetzt stichst du zu. Wir hauen ab.«

»Na und?« sagte der Messerstecher, »reg dich bloß nicht auf. Jetzt ist der Kerl wenigstens aus dem Rennen und wir können uns hier mal umsehen.«

»Du Vollidiot«, brüllte der andere. »Kapierst du gar nischt? Du hast uns nicht bloß sämtliche Bullen auf den Hals gehetzt, du hast uns das ganze Geschäft versaut. Sikorsky rührt doch kein Fundstück an, wo Blut dran klebt. Doch nicht bei dem Wind, den die Presse jetzt macht. Der ist doch nicht dämlich. Weg hier, los, los.«

Er schubste den anderen in Richtung der Parallelstraße. »Komm, los!«

»Haben Sie das gehört?« flüsterte Janine.

»Laut und deutlich«, sagte Schleusinger, »das hast du sehr gut gemacht. Kannst du sie noch sehen? Aber zeig dich ja nicht.«

»Sie laufen jetzt über die Wiese zur Straße hinten – zu einem Auto auf dem Wiesenweg, ein rotes Auto, dunkelrot, mehr kann ich nicht sehen«, sagte Janine.

»Fahren Sie nach rechts oder links?« fragte Schleusinger.

»Sie biegen nach rechts ein, auf die Straße. Jetzt sind sie weg.«

»Die Streife muß gleich da sein, Janine«, sagte Schleusinger.

»Ich hör schon die Sirene, Gott sei Dank. Kann ich jetzt zu ihm gehen?« fragte sie.

»Geh lieber erst noch auf den Weg, der zur Ausgrabung führt«, sagte Schleusinger, »und weise die Kollegen ein und laß dein Handy an.«

Er befürchtete nämlich, der Anblick des Verletzten würde erschreckend für Janine sein. Sie tat, wie er gesagt hatte, und nach ein paar Schritten sah sie schon die Polizisten, die den Weg hinauf rannten. »Ich bin Kommissar Januschek und du bist Janine, ja?«

Er schob sie hinter sich und lief zu Dr. Kerner. Zu dem anderen Polizisten, der das Funkgerät am Ohr hatte, sagte er: »Messerstich in die rechte Schulter, blutet mittelstark, nicht bei Bewußtsein.«

Der gab die Meldung weiter.

»Du kannst herkommen«, sagte Kommissar Januschek zu Janine. Sie kniete sich auf der anderen, der unverletzten Seite Kerners nieder und nahm ganz vorsichtig seine Hand in ihre Hände. Die Hand war kalt und er war ganz blaß, seine Augen waren geschlossen. Sie hätte am liebsten geweint, tat es aber nicht. Auf einmal flatterten seine Augenlider, er machte die Augen auf.

»Da sind Sie ja wieder«, sagte Kommissar Januschek. »Schön still liegen, der Notarzt ist gleich da. Ich bin Kommissar Januschek.«

»Polizei?« sagte Kerner leise, »wie kommen Sie denn hier her?«

»Ihre Tochter hat uns gerufen«, sagte Januschek. »Sie hat alles bestens erledigt.«

»Sie ist nicht meine Tochter, leider«, sagte Kerner. »Sie ist die Tochter meiner Freundin. Ich wünschte, sie wäre meine Tochter.«

»Bin ich doch«, sagte Janine.

Kerner sah sie an.

»Wirklich, Janine? Bist du jetzt wirklich meine Tochter?«, fragte er leise und seine Augen leuchteten sehr grün in seinem blassen Gesicht.

»Aber Daddy«, sagte Janine. »Das hab ich doch schon der Polizei gesagt. Und die Polizei darf man doch nicht anlügen, Daddy.«

»Das ist richtig«, sagte Kerner. »Da muß ich jetzt ganz schnell deine Mama heiraten, damit deine Wahrheit auch amtlich wird, nicht wahr, Herr Kommissar?«

»Unbedingt«, sagte der Kommissar mit ernster Miene und lächelnden Augen. Er hatte sofort begriffen, was zwischen den beiden vorgegangen war. »Unbedingt. Die Polizei rät stets zu dieser Maßnahme in einem Fall wie dem vorliegenden.«

»Herr Kommissar«, sagte Dr. Kerner. »Ich habe eine große Bitte: Könnten Sie so freundlich sein und das Fundstück, das Fettnäpfchen, ins Institut bringen? Es muß ins Labor. Jetzt ist doch kein Kollege erreichbar. Ich habe es hinter der rechten Mauer versteckt, als die Kerle kamen, in einer Plastehülle. Und Janine muß nach Haus. Und Frau Blomberg müssen wir Bescheid geben. Sie macht sich sonst Sorgen.«

»Geben Sie mir Ihre Autoschlüssel«, sagte der Kommissar. »Ich fahr Janine in Ihrem Wagen nach Haus. Und das Fundstück bring ich ins Labor. Ich kümmere mich um alles. Werden Sie bloß wieder gesund.«

Zwei Stunden später saßen Janine und Frau Blomberg an Kerners Bett. Der Arzt hatte sie beruhigt. Die Wunde würde heilen, der Patient war stabil, er mußte nur noch ein paar Tage im Krankenhaus bleiben, zur Sicherheit.
Da kam Kommissar Januschek zur Tür herein. »Wir haben sie«, sagte er, »sie sind schon in Untersuchungshaft. Der Grund, warum ich hier bin: der Messerstecher hat tatsächlich das Messer mit ihrem Blut in seine Gürtelhülle gesteckt.

Kaum zu glauben, er hat es nicht einmal abgewischt. Die Kripo braucht eine Speichelprobe von Ihnen für den DNA-Abgleich. Dann haben wir das feinste Beweismaterial für den Staatsanwalt.«

Am nächsten Nachmittag kam er noch einmal vorbei. »Wollte mal sehen, wie es Ihnen geht«, sagte er. »Das Fettnäpfchen ist im Labor. Schöne Grüße und gute Besserung. Und noch 'ne gute Nachricht wollte ich bringen, die ihr Archäologenherz bestimmt erfreut. Die Kripo hat den Hehler verhaftet, und was sie bei dem im Lagerraum an Fundstükken entdeckten, wird Ihren Kollegen noch richtig Arbeit machen. Endlich haben wir den Raubgräbern auf die Finger klopfen können.«

Natürlich freute sich Dr. Kerner über die Nachricht.

»Und alles dank Ihrer Tochter«, sagte der Kommissar. »Solche Kinder könnten wir mehr gebrauchen!«

Dr. Kerner wurde nach fünf Tagen aus dem Krankenhaus entlassen. Er sollte sich aber noch schonen und nicht arbeiten. Also nutzte er die Zeit, um sich mit den Vorbereitungen für die Hochzeit zu beschäftigen. Janine freute sich sehr, nicht nur, weil ihre Mutter so glücklich war, sondern auch, weil sie es jetzt toll fand, eine richtige Familie zu werden. Und natürlich auch, weil sie für ihr kluges Verhalten am Tatort überall ein dickes Lob bekam.

Drei Tage vor der Hochzeit, sie waren bereits in Dr. Kerners Haus gezogen, Janine saß gerade neben ihrer Mutter auf dem Sofa, sie ruhten sich ein wenig vom Einräumen aus, kam Dr. Kerner herein. Er setzte sich neben Janine und legte eine weiße Samtschachtel vor sie hin. »Für meine Lebensretterin«, sagte er. Sie öffnete die Schachtel, und da lag sie zum zweiten Mal an einer goldenen Kette: die Scheibe von Nebra.

»O Daddy«, Janine fiel ihm um den Hals. Und dann nahmen die beiden Erwachsenen Janine in die Arme zwischen sich, und die drei kuschelten so richtig schön miteinander.

»Ich möchte gern«, sagte Dr. Kerner, »daß meine beiden Damen den Schmuck zur Hochzeit tragen. Ich glaube inzwischen wirklich daran, daß mir die Scheibe von Nebra Glück gebracht hat.«

»Uns auch«, sagten die beiden.

»Sie bringt eben überhaupt Glück«, sagte Janine.

Mama und Daddy lächelten. »Aber ja«, sagten sie.

Da riß die Wolkendecke am Himmel auf und ein Sonnenstrahl fiel geraden Weges auf die Scheibe. Mond und Sterne leuchteten hellgolden auf.

»Hey, seht doch, der Himmel scheint unserer Meinung zu sein«, sagte Kerner.

»Aber selbstverständlich ist er das, Daddy. Muß er doch«, sagte Janine. »Schließlich ist ihr voller Name: Himmelsscheibe von Nebra.«

Die stille Pauline

Es war an einem Sonntagmorgen um halb vier, als Hannes Kerner aufwachte. Natürlich war er noch müde, aber vergnügt und sehr zufrieden mit sich selbst war er auch. Er hatte sich nämlich vorgenommen, sehr früh aufzustehen. Warum? Er wollte stoppeln gehen, Kartoffeln stoppeln. So nennt man das, wenn man auf einem abgeernteten Feld die Kartoffeln, die noch in der Erde verblieben waren, ausbuddelt und aufsammelt.

Hannes wollte seine Mutter überraschen. Die schlief noch tief und fest. Kein Wunder, die ganze Woche hatte sie hart und lange gearbeitet auf den Feldern von Kolkow, einem kleinen Dorf am Rande des havelländischen Luchs. Die beiden lebten allein in einem kleinen Häuschen auf einem kleinen Stück Land am Ende von Kolkow. Hannes' Vater, er war Maurer gewesen, war schon im Jahre 1890 bei einem schlimmen Arbeitsunfall zu Tode gekommen. Da war Hannes gerade fünf Jahre alt gewesen. Jetzt war er zwölf Jahre alt und beinahe schon erwachsen. Sagte er manchmal zu seiner Mutter. Die lachte und sagte: »Und wie! Du wirst von Tag zu Tag älter. Wie machst du das bloß?«

Die beiden verstanden sich wirklich gut. Hannes hatte große Hochachtung vor seiner Mutter. Er half nach der Schule oft genug auf den Feldern und wußte genau, wie hart seine Mutter arbeiten mußte, um sie beide durchzubringen. Und trotzdem konnte sie so schön Quatsch mit ihm machen. Er hatte sie sehr lieb. Deshalb wollte er sie heute auch, wo sie mal ausschlafen konnte, mit einem tollen Frühstück überraschen. Schnell und leise klatschte er sich Wasser ins Gesicht, schlüpfte in seine Arbeitsklamotten, nahm Korb, Dreizack und Petroleumlampe aus dem Schuppen, es war ja noch dunkel, und schlich davon. Zu Bauer Stegmüllers, ihres Nachbarn Kartoffelacker waren es nur sieben Minuten. Dort durfte er stoppeln. Bauer Stegmüller hatte es ihm, als er um Erlaubnis fragte, sofort gestattet. Er war immer nett zu den Kerners.

Hannes kniete sich gleich in die erste Furche am Wegrand, zündete die Lampe an, schob sie vor sich und fing an, in ihrem Lichtkreis umzuharken. Wie immer waren genug einzelne Knollen in der Erde geblieben. E wußte, er würde den Korb, und der war nicht klein, rechtzeitig voll bekommen. Als er gerade gleich drei Kartoffeln in den Korb warf, sagte eine Männerstimme neben ihm: »Ganz schön blöd, Junge, mit 'ner Lampe Kartoffeln klauen. Das Licht sieht man 'ne Meile weit.«

Hannes erschrak, er hatte niemanden kommen hören, und sah hoch. Neben ihm auf dem Weg stand ein Mann, ärmlich gekleidet, den Hut tief in das Gesicht gezogen, auf dem Rücken einen Rucksack, über den ein zusammengerollter Sack geschnallt war. Lumpen-Ede!

»Ich klau nicht«, sagte Hannes. »Ich darf stoppeln. Stegmüller hat es mir erlaubt.«

Lumpen-Ede zog sich den Hut noch tiefer auf die Nase, er hatte einen blutigen Stoff-Fetzen um die linke Hand gewickelt, und ging, Unverständliches brummelnd, den Weg weiter hinunter.

Hannes war froh, als er weg war. Der Kerl war ihm unheimlich. Nicht etwa, weil er Lumpensammler war und ganz arm. Nein, einfach so. Lumpen-Ede zog immer über die Dörfer im ganzen großen Umland, sammelte Lumpen bei den Leuten und brachte sie in die Filzfabrik nach Neuruppin. Dort wurde das Zeug gewaschen, geschreddert und zu Filz gepreßt. Lumpen-Ede war im ganzen Land bekannt. Viel Geld verdiente er nicht. Vielleicht war er deshalb so sonderbar. Hannes war jedenfalls froh, als er verschwunden war.

Der Korb war nach gut einer Stunde randvoll, und Hannes ging nach Haus. Mutter schlief immer noch fest. Sehr gut. Hannes machte sich gleich an das Frühstück. Er kochte nämlich gerne. Schon als er noch klein war, hatte er seiner Mutter oft in der Küche geholfen. Später, wenn Mutter meist erst abends von der Arbeit kam, hatte er selbst gekocht. Inzwischen war er schon ein ziemlich guter Koch geworden.

Also schälte er Kartoffeln und Äpfel, rieb beides über die Reibe, gab etwas Mehl, Zuckerrübensirup und Eier dazu, auch Zimt, mischte den Teig gut durch und tat Schmalz in die Pfanne. Eine Preßkohle und ein Stück Holz hatte er schon auf die Glut im Herd gelegt, als er das Wasser für den Kornkaffee aufgesetzt hatte. Er brühte den Kaffee auf, tat den Kaffeewärmer über die Kanne und briet die Pufferplätzchen. Während sie langsam garten, deckte er den Tisch. Jetzt konnte Mutter kommen. Tat sie auch. Der leckere Duft war ihr in die Nase gestiegen und hatte sie aufgeweckt. Noch im Nachthemd, die Strickjacke drüber, kam sie in die Küche.

»Hm, was riecht denn hier so gut?« fragte sie.

»Dein Frühstück«, sagte Hannes, »bitte Platz zu nehmen.« Er hob den Deckel von der Schüssel mit den Pufferplätzchen.

»Ach, ist das schön«, sagte die Mutter, gab ihm einen Kuß und setzte sich. Dann sah sie den noch immer vollen Kartoffelkorb in der Ecke stehen. »Warst du etwa schon stoppeln?« fragte sie beinahe erschrocken.

»War ich«, sagte Hannes.

»Ach mein Schatz«, sagte seine Mutter, »danke.« Und gab ihm noch einen Kuß.

Dann frühstückten sie beide und schwatzten gemütlich miteinander.

Am Montag morgen – Hannes' Mutter war zur Arbeit gegangen, Hannes räumte gerade die Küche auf, er hatte ja noch Herbstferien – kam Mieke Stegmüller angerannt. Sie ging in die gleiche Klasse der Dorfschule wie Hannes, und beide waren befreundet.

»Hannes, Hannes, stell dir vor, der Nachtklau hat wieder zugeschlagen«, rief sie, »der Postbote hat es eben erzählt. Bei den Leibermanns in Hirtebach.« Hirtebach war das Nachbardorf von Kolkow, etwa dreieinhalb bis vier Kilometer entfernt. »Papa kennt die Leibermanns. Sind schon älter. Die waren ein paar Tage in Berlin, bei ihrem Sohn, der hat gerade ein Baby gekriegt, das wollten sie doch gleich sehen«, sagte Mieke. »Und jetzt ist alles Geld und der Schmuck von Frau Leibermann weg. So eine Gemeinheit.«

»Schon wieder der verdammte Nachtklau«, sagte Hannes, »hört denn der verdammte Kerl niemals damit auf?«

»Sieht nicht so aus«, sagte Mieke. »Man kann kein Haus mehr allein lassen.«

»Jedenfalls nicht, wenn man was im Kasten hat«, sagte Hannes. »Da müssen gleich zwei Wachmänner her, wenn einer verreisen muß.«

Die beiden hatten ganz recht mit ihrer Wut. Der Nachtklau, so nannten ihn die Leute, quälte die Menschen in halb Havelland schon seit mehr als vier Jahren. Immer wieder, in unregelmäßigen Abständen, brach er in Häuser, deren Bewohner aus irgendwelchen Gründen nachts nicht zu Haus waren, ein. Er ging immer auf die gleiche Weise vor. Er schnitt mit einem Glasschneider ein Stück einer Fensterscheibe aus, entriegelte, durch das entstandene Loch fassend, das Fenster von innen, stieg ein und sackte Geld und Schmuck ein. Nie stahl er etwas anderes. Nur Geld, Gold und Silber.

Selbstverständlich suchte die Polizei fieberhaft nach dem Dieb. Inzwischen gab es bei der Kriminalpolizei in Neuruppin bereits eine Sonderkommission für Nachtklau-Fälle. Die stand mit allen Polizeiwachen im Umland in Verbindung. Die Beamten hatten hart an den Fällen gearbeitet. Es ging ihnen schon längst an die Ehre, daß sie den Kerl nicht zu fassen kriegten. Der schien aber auch schier unsichtbar zu sein. Nie hatte jemand etwas auch nur nicht ganz Gewöhnliches gesehen, geschweige denn einen verdächtigen Menschen erblickt. Und das, obwohl die Neuruppiner Bilderbögen oft genug über Nachtklaus Einbrüche berichteten und die Leser immer wieder aufriefen, möglichst wachsam zu sein. Die Neuruppiner Bilderbögen waren damals so etwas, wie es heute die Illustrierten sind. Nur waren die Bilder keine Photos, sondern Zeichnungen. Praktisch für die Leute, welche die Texte nicht so gut lesen konnten.

Dienstag morgen war Hannes ganz aufgeregt. Er sollte zu seiner Tante nach Neuruppin fahren. Seine Tante war Schneiderin und wollte ihm eine neue Jacke für den Winter nähen. Mutter hatte die kleine Tragekiepe, die mit dem Deckel, für ihre Schwester vollgepackt mit Äpfeln und Birnen, frischem Kohl und Rüben. »Geh rechtzeitig los«, hatte sie gesagt, als sie zur Arbeit ging. »Die Kiepe ist schwer, und du brauchst eineinhalb Stunden zum Bahnhof. Die stille Pauline wartet nicht.«

Stille Pauline hieß der Zug, der von Paulinenaue nach Neuruppin fuhr. Die Strecke war erst vor 17 Jahren gebaut worden. Die ersten 13 Jahre wurde die stille Pauline von dem Lokführer Hartkopp gesteuert. Der Hartkopp war bekannt dafür, daß er besonders gut fahren konnte. Nicht verwunderlich, er war ein sehr erfahrener Lokführer. Der Zug glitt förmlich über die Schienen dahin. Hartkopp hatte Fernzüge und Güterzüge durch alle deutschen Länder gefahren, ehe er in seinen Heimatort Paulinenaue zurückkehrte und die Lok der stillen Pauline übernahm. Vor ein paar Jahren war er gestorben. Seitdem ging Hartkopp als Geist die Strecke ab. Dies wurde jedenfalls überall erzählt. Seit er tot war, blieb die stille Pauline auf freier Strecke plötzlich stehen, was ihm nie passiert war. Dann sagten die Leute: »Der olle Hartkopp hat sie angehalten. Was hat er denn nur?« Manchmal, und das war das seltsame, gab es einen erkennbaren guten Grund. Einmal, nach einem schweren Nachtsturm, war ein dicker Baum auf das Gleis gestürzt und lag hinter einer unübersichtlichen Kurve. Vor der Kurve noch ging der stillen Pauline plötzlich die Dampfpuste aus. Sie blieb stehen. Ein andermal, ebenso plötzlich, fuhr sie einfach nicht weiter, weil, wie sich herausstellte, ein ausgebüxter Ochse auf der Schiene lag. »Der olle Hartkopp paßt eben auf seine Pauline auf«, sagten die Leute dann. Es gab noch mehr solcher Geschichten um die stille Pauline und den ollen Hartkopp.

Hannes war kurz nach seiner Mutter aus dem Haus gegangen. Er sollte den Vormittagszug nehmen, wollte aber, wegen des langen Weges mit der schweren Kiepe, eine gemütliche Pause einlegen. Als er noch lange vor seiner geplanten Pause an dem Gleis ankam, das seinen Weg kreuzte, kam der Morgenzug aus dem Wald. Und blieb stehen. Genau vor Hannes Nase machte der Schaffner die Tür auf und sah hinaus. Geistesgegenwärtig rannte Hannes zu ihm.

»Darf ich mitfahren?« fragte er. »Kann ich bei Ihnen eine Karte kaufen? Ich muß nach Neuruppin.«

Der Schaffner sah die schwere Kiepe. Er hatte ein gutes Herz. »Steig ein, Junge«, sagte er und half ihm sogar noch mit der Kiepe. »Geh ins Traglastenabteil«, sagte er.

Hannes sah durch das Türfenster des Abteils. Da saß Lumpen-Ede mit drei vollen Säcken. Seine Hand war jetzt ordentlich verbunden. »Muß ich da rein zu Lumpen-Ede?« fragte Hannes den Schaffner. »Der ist mir so unheimlich.«

»Na, dann hier rein«, sagte der Schaffner und schob ihn durch die gegenüberliegende Tür. »Ist ja heute nicht voll.«

Nur einer der vier Plätze auf den einander gegenüberstehenden Bänken, gleich hinter der Tür, war besetzt. Ein Herr saß dort und las in den Neuruppiner Bilderbögen.

»Setz dich hier hin«, sagte der nette Schaffner und half Hannes sogar, die Kiepe in das Gepäcknetz zu hieven. Als der Schaffner das Geld kassiert und ihm die Fahrkarte gegeben hatte, fragte er noch: »Warum ist dir denn Lumpen-Ede so unheimlich?«

»Na, überhaupt ist er irgendwie sehr sonderbar. Und Sonntag nacht hat er mir einen Schreck eingejagt. Ich war so um vier Uhr stoppeln, durfte ich. Auf einmal steht er neben mir, habe ihn überhaupt nicht kommen hören, war doch ganz still, hat den Hut bis auf die Nase runtergezogen und auch noch ein blutiges Tuch um die linke Hand gewickelt, quatscht mich blöd an und latscht weiter. Ich war froh, wie er weg war.«

»Warum warst du denn schon so früh auf dem Feld?« fragte der Herr, der Hannes gegenüber saß. »Da war es doch noch dunkel.«

»Hatte die Petroleumlampe mit«, sagte Hannes, »und so früh, weil ich doch Frühstück machen wollte für Mutter, die sollte mal ausschlafen. Mit den Kartoffeln, wissen Sie.«

»Was hast du dann gemacht?« fragte der Schaffner lächelnd.

»Kartoffel-Apfel-Plätzchen gebraten, mit Sirup und Zimt«, sagte Hannes. »Mutter mag es süß. Hat ihr gut geschmeckt.«

»Das glaub ich«, sagte der Herr, »wo kommst du denn her?«
»Aus Kolkow.« Der Herr sah nachdenklich aus. Der Zug fuhr an.

»Na endlich«, sagte der Schaffner und ging weiter.

Aber der Herr und Hannes unterhielten sich noch eine ganze Weile. Als sie kurz vor Neuruppin waren, sagte der Herr leise: »Hör zu, Hannes, ich bin Kriminalkommissar Boitzenbrink. Ich möchte, daß du mit mir ins Büro kommst. Wir machen ein Protokoll über Sonntag nacht. Und dann lasse ich dich zu deiner Tante bringen. Einverstanden?«

»Na klar«, sagte Hannes.

So hielten sie es. Als alles aufgeschrieben war, sagte Hannes, der ja nun wirklich kein Dummkopf war, zu Kommissar Boitzenbrink: »Als ich gestern abend zu Mutter wegen des Einbruchs in Hirtebach gesagt habe, vielleicht ist Lumpen-Ede doch der Nachtklau, hat sie gemeint, das sei unwahrscheinlich. Sie hat gesagt: Der arme Teufel kann sich ja nicht mal ein Bier am Abend leisten.«

»Ich verstehe sie«, sagte Boitzenbrink. »Aber Spuren muß man nachgehen. Ich erkläre es dir später. Jetzt bringt dich Wachtmeister Velter erst mal zu deiner Tante.«

Die Erklärung war einfach. Es gab eine Spur. Von der wußte aber nur die Polizei. Der Täter hatte, so wie er es immer tat, die aus dem Fensterglas herausgeschnittene Scherbe links von sich neben dem Fenster auf die Erde geworfen. Diesmal waren an der Scherbe Blutspuren. Als nun Hannes erwähnte, daß Lumpen-Ede ein blutiges Tuch um die linke Hand gewickelt hatte, klingelten in Boitzenbrinks Kopf die Alarmglocken. Ihm war klar: Wenn die herausgeschnittene Glasscherbe stets rechts vom Fenster lag, war daraus zu schließen, daß der Täter gewohnt war, die Scherbe mit der linken Hand herauszuziehen und wegzuwerfen, während er mit der rechten Hand durch das entstandene Loch nach dem Fensterriegel innen griff, um das Fenster für den Einstieg zu öffnen. Die Blutspur an der Scherbe von Hirtebach mußte also von der linken Hand des Täters stammen. Und Lumpen-Ede hatte ein blutiges Tuch um die linke Hand gewickelt.

Die Alarmglocken wurden noch lauter, als Kommissar Boitzenbrink Lumpen-Ede beobachtete, wie dieser auf dem ersten Neuruppiner Bahnhof, in der Nähe der Filzfabrik, mit seinen Säcken ausstieg und noch immer einen Verband um die linke Hand trug. Wenn Lumpen-Ede um vier Uhr in Kolkow gewesen war, konnte er mühelos den Einbruch in Hirtebach zwischen zwei und drei Uhr bewerkstelligt haben.

Der Kommissar ordnete eine Hausdurchsuchung in Lumpen-Edes Kate an. Drei Stunden später fand diese statt. Erfolgreich. Unter Lumpen-Edes Bett fanden Boitzenbrink und seine Beamten eine gut getarnte Falltür. Man erkannte sie nur, wenn man das Bett weghob. Darunter befand sich ein sauber ausgemauertes, mit Brettern verschaltes, viereckiges Kellerloch. Darin standen drei kleine Kisten. Die eine voll Goldschmuck, die andere voll Silberschmuck, die dritte voller Geldscheine. Lumpen-Ede wurde verhaftet.

Natürlich verbreitete sich die Nachricht von dem Fund und der Verhaftung Nachtklaus, sprich Lumpen-Edes, rasend schnell im ganzen Havelland. Die Neuruppiner Bilderbogen brachten einen langen Bericht und eine ganze Seite schöner Zeichnungen. Und es wurde denen, die nachdachten, auch klar, warum weder die Leute noch die Polizei Lumpen-Ede je ernsthaft in Verdacht gehabt hatten. Zum einen ahnte niemand, daß dieser einsilbige Sonderling alle Gespräche, alles, was er hörte, sich merkte und so eine Menge Wissenswertes über die Menschen in den Dörfern sammelte. Zum anderen war er so schlau gewesen, niemals in der Gegend einzubrechen, in der er kurz zuvor Lumpen gesammelt hatte, sondern immer dort, wo er schon länger nicht gewesen war. Aber der

Hauptgrund, warum kein Verdacht auf ihn gefallen war, war sein armseliges Leben. Wer kommt schon auf die Idee, daß ein Mann, dessen Hauptmahlzeit gewöhnlich aus ein paar Schmalzstullen und Wurstbrühe für 'nen Groschen vom Schlächter besteht, auf Kisten voll Gold und Silber sitzt.

Tatsächlich hatte Herr Lumpen-Ede von Nachtklau – die Leute machten sich einen Spaß daraus, ihn so zu nennen – nicht ein einziges gestohlenes Stück veräußert, keine einzige gestohlene Mark verbraucht. Nach den Listen der gestohlenen Gegenstände und Gelder, die bei der Polizei lagen, war alles noch vorhanden. Warum er diesen Schatz so eisern gehortet hatte, kam bei seiner Vernehmung heraus. Lumpen-Ede hatte einen Traum. Er wollte nach Amerika auswandern. Aber nicht als armer Wicht, wie so viele Menschen es taten. Nein, er wollte Geld mit in das neue Leben im neuen Land nehmen. Er wollte damit eine Filzfabrik in Amerika aufmachen und reich werden. Der Traum war aus. Er kam für Jahre ins Gefängnis.

Kommissar Boitzenbrink und Hannes Kerner wurden sehr bekannt im Lande. Die Bestohlenen, die so unerwartet ihre Kostbarkeiten, ihre Gelder wiederbekamen, waren glücklich. Viele wollten dem Jungen, dessen Aufmerksamkeit zur Lösung des verzwickten Falles geführt hatte, etwas Gutes tun. So bekam Hannes nach dem Schulabschluß eine Lehrstelle als Koch im feinsten Restaurant der Gegend, dem »Schwanenhof«. Weil es ihm noch immer großen Spaß machte zu kochen, schaffte er es, seine Gesellenprüfung mit einer Eins und seine Meisterprüfung sogar mit Auszeichnung zu machen. Er wurde ein berühmter Koch. Seine Mutter mußte nicht mehr so schwer arbeiten. Und da der Schwanenhof wegen seiner feinen Küche mehr und mehr Ansehen genoß, machte ihn der Besitzer, der keine Kinder hatte, zu seinem Teilhaber.

Kriminalrat Boitzenbrink kam gerne mal allein oder mit seiner Frau vorbei und genoß Hannes' leckere Speisen. Sie waren inzwischen Freunde geworden. Wenn Boitzenbrink kam, setzte Hannes sich ein Weilchen zu ihm an den Tisch und sie plauderten.

Eines Abends, der Saal war voll, saß an einem Doppeltisch eine Gruppe festlich gekleideter Gäste. Offensichtlich hatten sie etwas zu feiern. Als Hannes kam und sich zu Boitzenbrink setzte, standen ein Herr und eine Dame von besagtem Doppeltisch auf und kamen zu Hannes und Boitzenbrinks Tisch.

»Herr Boitzenbrink, Herr Kerner, mein Name ist Urban«, sagte der Herr. »Meine Frau und ich freuen uns sehr, Sie beide heute hier zu treffen. Wir möchten Ihnen etwas sagen.« Die Dame in einem eleganten Kleid aus silberfarbener Seide trug ein kunstvoll gearbeitetes goldenes Schmuckensemble. Kette und Ohrringe, Armband und Ring aus großen Aquamarinen schimmerten blau in die Welt. »Sehen Sie diesen Schmuck, meine Herren?« sagte die Dame. »Mein Mann hat ihn mir zur Hochzeit geschenkt. Ich trage ihn heute aus besonderem Anlaß.«

»Heute ist unser 16. Hochzeitstag«, sagte der Herr.

»Ich habe diesen Schmuck an drei unserer Hochzeitstage getragen«, sagte die Dame. »Am vierten Hochzeitstag war er fort. Gestohlen. Zu unserem fünften Hochzeitstag konnte ich ihn wieder anlegen. Und seitdem an jedem weiteren Hochzeitstag.«

»Und das«, sagte der Herr, »haben wir Ihnen beiden zu verdanken.«

»Nicht nur uns beiden, Herr Urban«, sagte Boitzenbrink lächelnd. »Wir waren zu dritt. Es war der dritte, der den Stein der Aufklärung im Fall Nachtklau ins Rollen brachte.«

»Wir beide«, sagte Hannes Kerner, »hätten uns nämlich niemals getroffen, hätten niemals über Lumpen-Ede miteinander reden können, wenn, ja wenn – und zwar genau vor meiner Nase – olle Hartkopp nicht die stille Pauline angehalten hätte.«

Maus + Micky = Mickymaus

Freitagmorgen, Daniel, elf Jahre alt, Verstand im Kopf, Verstand in den Händen, machte sich schnell sein Frühstücksmüsli zurecht. Mama war schon zur Arbeit, er war allein, was ihn nicht störte, sie waren ein gut eingespieltes Team.

Erst als er schon fast aufgegessen hatte, bemerkte er, daß die Kornflockentüte ein Loch hatte und Cornflakes auf dem Küchenboden verstreut lagen. Und dann sah er noch etwas. Eine Maus! Aber nicht etwa eine gewöhnliche graue Hausmaus. Nein, sie war größer, hatte weiße Füße und große, runde Ohren. Blitzschnell hatte sie sich zwei Kornflocken geschnappt und war unterm Küchenschrank verschwunden.

»Sehr gut«, sagte Daniel, »dann brauche ich nachher nicht aufzufegen.« Er nahm noch eine Handvoll Flocken aus der Tüte, legte sie vor den Schrank. »Guten Appetit, Kleine«, sagte er leise. »Bis nachher«, zog die Küchentür hinter sich zu, nahm seine Mappe, schloß die Wohnungstür ab und machte sich auf den Weg zur Schule.

Als er sich auf seinen Platz setzte, sagte er zu Claudia, seiner Nachbarin: »Stell dir vor, ich habe eben 'ne Mickymaus in unserer Küche gesehen.«

»Was?!« schrie Marion, die hinter ihnen saß, »du hast die Mickymaus in der Küche gesehen, Daniel, die Mickymaus?«

»Na ja«, sagte Daniel, »es war 'ne Maus mit großen, runden Ohren.« Aber es war schon zu spät. Seine Antwort ging im Gelächter der Klasse unter. Dann kam Herr Lammert, ihr

Klassenlehrer, herein und der Unterricht begann. In der Pause ging das Geflaxe und Gelächter weiter. Obgleich Daniel zu erklären versuchte, warum er eine lebendige Maus Mickymaus genannt hatte, verstand ihn kaum einer. Kalle, der Klassen-Groß-Macker, griff die Sache gleich mit Begeisterung auf. Kalle hatte Daniel nämlich auf dem Kieker. Daniel war einer der Klassenbesten, und Kalles Noten bewegten sich um die Vier herum. Kalle war der Meinung, Schule sei uncool, lernen sei eines echten Kerls unwürdig, und alle, die Zweien und Einsen schrieben, täten das bloß, um sich bei den Lehrern, den alten Blablaboköppen, einzuschleimen. Daniel war also ein armseliger Weichling und Streber. Und jetzt das!

»Der Streber ist ein Spinner, der wird immer dümmer, jetzt spielt er schon zu Haus mit seiner Mickymaus«, sang er gleich zu Anfang der großen Pause stolz den anderen vor.

»N auf M! Reim dich oder ich freß dich«, sagte Daniel, aber das hörten die wenigsten. Wie so oft, wenn Kalle loslegte, gab er den Ton an. Jedenfalls sagten die anderen nichts, und manche machten mit.

Daniel war froh, als die Schule vorbei war. Der blöde Kalle nervte, aber so war das nun mal. Er dachte auf dem Heimweg lieber über die Maus nach, genauer, wie er sie einfangen und behalten konnte. Denn einfangen mußte er sie, das war klar. Mama würde keine frei herumlaufende Maus dulden.

Als er zu Hause ankam, war sein Plan fertig. Zuerst streute er ein paar Kornflocken unter den Küchenschrank; die am Morgen heruntergefallenen hatte die Maus schon gefressen. Schnell machte er sich seinen Möhreneintopf warm und aß sein Mittagessen.

»Entschuldige, Mauslin«, sagte er leise in Richtung Küchenschrank, »ich hab Hunger. Aber gleich kümmere ich mich um dich, Mauslin.« Leise sprach er, weil die Maus doch ein kleines Tier war, gewöhnliche Lautstärke tat ihren Ohren vielleicht weh, dachte er sich. Und sie bei einem Namen zu nennen machte sie vielleicht zutraulicher. Dann nahm er eine ziemlich tiefe Plasteschachtel, legte sie mit der Öffnung nach vorn auf die Seite und polsterte sie mit einem Seiflappen aus. Da hatte die Maus was Weiches, um darauf zu liegen. Er holte den Gitterrost aus dem Backofen – er mußte sie ja einsperren – und stellte das Gitter vor die Lücke zwischen Schrank und Kommode in seinem Zimmer. Die eine Seite befestigte er mit Klebeband, so daß man das Gitter auf- und zuklappen konnte. Dahinter kam das Maushaus und da hinein ein uralter Teddy und ein Salz- und Pfeffernäpfchen mit Wasser. Es blieb noch genügend Platz für die Maus, um zu spielen. Er mischte Cornflakes, Reis, Apfelschnitzel, Haferflocken, Sonnenblumenkerne und ein paar Brösel geriebenen Käse und machte kleine Haufen daraus. Zwei in der Küche – die letzte vor der offenen Küchentür – , drei im Korridor bis vor die Tür seines Zimmers, in seinem Zimmer vier Häuflein bis vor das Maushaus. Das Häuflein da war das größte. Und dann setzte er sich so auf sein Bett, daß er die offene Tür im Auge hatte, hoffend, die Maus würde der Köderstrecke, die er gelegt hatte, folgen.

Sie tat es. Als sie vorm Maushaus verharrte, schlich er auf Strümpfen heran und klappte das Gitter vorsichtig zu. Und die Maus, die saß auf ihren Hinterbeinen, hielt ein Stück Apfel in den Vorderpfötchen und schaute ihn nur kurz an.

»Alles in Ordnung, Mauslin«, flüsterte Daniel. »Ich tu dir nichts, futter nur schön weiter.«

Sie tat es. Daniel war erstaunt darüber, wie zutraulich sie war.

Eine Stunde später kam seine Mutter. Daniel hatte schon den Kaffeetisch im Wohnzimmer gedeckt, den Kaffee für Mama und den Kakao für sich gekocht. Meistens brachte Mama den Kuchen mit, diesmal hatte sie es nicht geschafft, beim Bäcker vorbeizugehen. »Macht nichts«, sagte Daniel, »essen wir eben Marmeladenbrot.«

Mama gab ihm einen Kuß. »Ach mein Großer«, sagte sie, »ich hatte heute einen harten Tag. Wie gut, daß du es mir so leicht und schön machst.«

»Na ja«, sagte Daniel, »schön ist es schon, jedenfalls find ich es schön. Aber ob du das jetzt leicht nimmst, weiß ich nicht ... Mama, wir haben eine Maus.«

»Was?« sagte seine Mutter, halb verblüfft und halb erschrocken. »Eine Maus?«

»Ja, aber keine gewöhnliche. Komm, ich zeig sie dir. Ich hab sie schon gefangen.« Er zog seine Mutter in sein Zimmer. Die Maus lag auf dem Bauch vom Teddy, und als Daniel sie ansprach, schaute sie auf.

»Die ist aber niedlich«, sagte seine Mutter. »So eine hab ich noch nie gesehen. Du willst sie behalten, nicht wahr?«

»Ja bitte«, sagte Daniel.

»Dann müssen wir uns um eine ordentliche Behausung für sie kümmern«, sagte seine Mutter. »Das Backofengitter brauchen wir ja, oder wie soll ich meinem verwöhnten Jungen morgen seinen Nudelauflauf mit Kräutersahne und Fetakäse und Oliven machen?«

»Ach Mami«, sagte Daniel und schmuste erst einmal mit Mutter. Da klingelte es an der Tür. Frau Erdmann, die ältere Dame, die erst vor einigen Monaten in die Wohnung über ihnen eingezogen war, stand vor der Tür. Man hatte sich schon des öfteren im Treppenhaus getroffen und ein wenig geredet. Sie war eine sehr nette Dame.

»Entschuldigen Sie die Störung, Frau Maiser«, sagte sie »mir ist eine von meinen Mäusen ausgerückt. Ich habe nämlich eine Mäusesippe, es sind wertvolle Tiere, amerikanische Hirschmäuse. Wenn Sie also eine Maus mit großen Ohren sehen sollten, tun Sie ihr bitte nichts, sagen Sie mir Bescheid, bitte.«

»Das tue ich hiermit«, sagte Frau Maiser lachend, »das letzte Mal, als ich sie sah, hatte sie es sich auf dem Bauch vom Teddy meines Sohnes bequem gemacht. Kommen Sie herein, bitte.«

»Da bin ich aber erleichtert«, sagte Frau Erdmann, »das ist bestimmt ein Platz, der ihr gefällt.«

Sie gingen in Daniels Zimmer. »Es ist Frau Erdmanns Maus, Daniel«, sagte seine Mutter.

»Oh ...« Daniel bemühte sich, nicht zu enttäuscht auszusehen, aber Frau Erdmann bemerkte es doch.

Die Maus lag noch immer auf dem Bauch vom Teddy. »Offensichtlich gefällt es ihr bei dir sehr gut«, sagte Frau Erdmann, »und den Käfig, den du da erfunden hast, der ist auch nicht schlecht. Wie hast du sie da hineinbekommen?« Daniel erzählte es ihr.

»Sehr gut«, sagte Frau Erdmann. »Möchtest du sie behalten, Daniel?«

»Ja bitte«, sagte Daniel.

»Und Mama erlaubt es?« fragte Frau Erdmann.

»Tut sie«, sagte Frau Maiser.

»Dann gehört sie jetzt dir«, sagte Frau Erdmann.

Daniel bedankte sich. Er stotterte beinahe vor Freude.

»Sie muß natürlich in einen artgerechten Käfig«, sagte Frau Erdmann. »Ich habe noch einen kleineren im Keller, den ich im Moment nicht brauche. Sie können ihn gern haben, bis Sie sich einen richtigen besorgt haben.«

Und dann lud sie Frau Maiser und Daniel zu sich zum Streuselkuchenessen und »Mäusekundelernen« ein. Es wurde ein aufregender Nachmittag.

Frau Erdmann hatte sechs Mäuse. Sie lebten in einem großen, zwei Meter langen Käfig mit einem hohen Rand. Der war auch nötig, denn sie hatten ein Sandbad, in dem sie buddelten, Heustreu, Wurzeln und Leitern zum Klettern, Holztreppchen und Äste. Als Häuschen dienten ausgehöhlte Kokosnüsse. Eine schlief gerade darin, eine andere tanzte derweil auf einem quergespannten Seil herum, während eine dritte einen aufragenden Ast emporgeklettert war und sich, den Ast mit allen vier Pfötchen umklammernd, die Welt von oben betrachtete. Daniel konnte sich nicht sattsehen. Immerzu taten die Mäuse etwas, das man gar nicht erwartet hatte. Er konnte oft gar nicht so schnell gucken. Die Frauen mußten ihn beinahe vom Käfig weg an den Kaffeetisch ziehen. Außer dem Streuselkuchen stopfte er dann so viel Wissen über Mäuse und die Haltung von Mäusen in sich hinein, daß sein Kopf beinahe platzte – sagte er. Frau Erdmann ermahnte ihn noch, unbedingt jeden Tag um den Käfig herum Staub zu saugen, weil das Tierchen den Sand, in dem es zu spielen liebt, aus dem Käfig stäubt. »Darfst du nie vergessen«, sagte sie, »sonst knirscht es nach drei Tagen bei jedem Schritt in der Wohnung.«

»Vergesse ich bestimmt nicht«, versprach Daniel.

»Wenn du es wirklich tust und sonst alles richtig machst, und daran zweifle ich nicht«, sagte Frau Erdmann, »dann kriegst du noch eine Maus dazu. Mein Sohn will eine weggeben. Ich sag ihm Bescheid. Es sind gesellige Tiere, eine allein würde traurig werden.«

»O danke, da freu ich mich schon drauf«, jubilierte Daniel.

Am Montag ging es schon in der ersten Pause wieder los. »Na, hat unser kleines Streberchen auch brav mit seiner Mickymaus gespielt«, tönte Kalle.

»Hab ich«, sagte Daniel.

»Eh, jetzt ist der völlig übergeschnappt«, schrie Kalle, »wir haben einen echten Irren in der Klasse.« Einige lachten, andere aber sahen sich fragend an. Daniel saß ruhig da. Ihnen schwante langsam, daß da irgendwas dahintersteckte. Aber was?

Herr Lammert hatte die ganze Zeit vor der offenen Klassentür gestanden und das Geschrei mitbekommen. Nach der Stunde, als alles zur großen Pause auf den Schulhof rannte, rief er Daniel zu sich und fragte ihn, was es auf sich habe mit der Mickymaus. Daniel erzählte ihm die ganze Geschichte.

»Aber das ist doch sehr interessant«, sagte Her Lammert, »eine echte Hirschmaus, oder Weißfußmäuse, wie man sie auch nennt, aus Amerika. Diese Tiere sind hier sehr selten zu sehen. Meinst du, du könntest sie mitbringen in die Schule? Das wäre doch etwas für den Naturkundeunterricht.«

»Aber ja«, sagte Daniel. »Frau Erdmann hat einen kleinen Tragekäfig. Wenn sie zum Tierarzt muß mit einer Maus, braucht sie ihn ja! Sie wird ihn mir bestimmt leihen.«

»Wenn ja, dann bringe sie aber morgens gleich ins Lehrerzimmer zu mir. In der Klasse wäre es zu unruhig.«

»Alles klar, mach ich«, sagte Daniel.

Und genau so lief alles am nächsten Tag ab. Frau Erdmann fuhr Daniel sogar mit ihrem Wagen zur Schule, damit er nicht mit dem Käfig durch die lauten Straßen laufen mußte. »Ich hole dich auch wieder ab«, sagte sie, »und dann erzählst du mir genau, wie es in der Biostunde war.«

Zur Biostunde kam Herr Lammert mit dem Käfig, der mit einer leinenen Schutzhülle bedeckt war, in die Klasse, stellte ihn auf den Lehrertisch und sagte: »Daniel hat uns heute etwas sehr Interessantes mitgebracht, das wir hierzulande kaum lebendig zu sehen bekommen.« Er nahm die Hülle vom Käfig. »Was ihr hier seht, ist keine gewöhnliche Maus, sondern eine amerikanische Wildmaus, Hirschmaus oder Weißfußmaus genannt. Es gibt von diesen Mäusen über 50 verschiedene Arten, die über ganz Nord- und Südamerika verbreitet sind. Sie leben in Wäldern, Feldern, Dünen, an den Küsten, in den Bergen, auch in Höhlen. Ihre Nahrung besteht aus Körnern und Kernen, auch aus Gemüse und Käfern und Würmern. Ihre Feinde in der freien Natur sind Eulen, Wiesel, Schlangen und Füchse. Schaut sie euch also gut an, es ist ein kleiner Fremdling in unserem Land.«

»Die ist ja süß«, riefen die Mädchen. Und Marion sagte: »Jetzt versteh ich, die sieht der Mickymaus wirklich ähnlich.«

»Umgekehrt wird 'ne Maus draus«, sagte Daniel. »Als Walt Disney anfing, Filme zu machen, hatten er und sein Partner Iwerks, der ebenfalls Zeichner ist, ihr Studio in einer alten New Yorker Garage, und in der geisterte immer mal eine Maus mit großen runden Ohren rum. Ob von dieser Unterart oder einer der anderen Hirschmäuse mit großen Ohren, weiß man nicht. Iwerks hat sie abgezeichnet und daraus dann Mickymaus gemacht. Aber das Vorbild war eine solche lebende Maus. Der erste Mickymaus-Film wurde am 18. November 1928 in einem New Yorker Filmtheater gezeigt und war ein großer Erfolg. Einmal, weil den Leuten die Maus so gut gefiel, zum anderen, weil es ein Tonfilm war, der war damals ja noch ganz neu.«

»Also, ich finde diese Mickymaus ganz süß«, sagte Marion, »wo kann man so eine Maus kaufen?«

»Ja, wollte ich auch gerade fragen«, sagten gleich mehrere. »Nirgendwo«, erwiderte Herr Lammert. »Die Einfuhr von Mäusen aus anderen Kontinenten ist heutzutage verboten.«

»Die von unserer Nachbarin leben schon lange Zeit in der Familie«, erzählte Daniel. »Ihr Urgroßvater war Seemann und brachte einmal aus Amerika ein paar Mäuse für seine Kinder mit, im Jahre 1885. Seitdem hielten sie sich immer diese Mäuse. Sie gehören sozusagen zur Familie.«

Als die Stunde vorüber war, es war die letzte des Tages, standen die meisten Kinder noch immer um den Käfig herum und beobachteten, wie Mauslin, auf den Hinterbeinen hockend, in den Vorderpfoten ein Stück Keks, genüßlich daran knabberte.

»Sie ist wirklich süß«, sagte jemand.

»Hört endlich mit diesem blöden Gelaber auf«, raunzte Kalle, »Mann, ihr seid ja alle mit 'nem Weichspüler gepudert. 'ne Maus! Daß die zu dem Streber da paßt, ist ja klar. Echte Typen haben Ratten und nicht«, sagte er gemeinen Tones und hielt sein Gesicht so dicht vor den Käfig, daß Daniel seinen Arm schützend herum legte, »und nicht so 'ne lächerliche Pipimaus.«

Und da geschah es. Mauslin stand plötzlich hoch aufgerichtet auf seinen Hinterbeinen, stützte sich mit einer Pfote an einem Gitterstab ab, hob den Kopf, sah Kalle gerade in die Augen und stieß einen lauten, schrillen, scharfen Pfiff in so hoher Tonlage aus, daß es in den Ohren wehtat. Kalle zuckte erschrocken zurück.

»Den Anpfiff hast du verdient«, sagte Daniel. Die Klasse lachte und klatschte. Bravo!

Kalle zog, »Idioten« murmelnd, ab, und Daniel sagte leise zu Mauslin: »Das war toll, ich bin stolz auf dich, mein Mauslin.« Mauslin sah ihn von der Seite an, als ob er ihn verstanden hätte und machte leise »piep«.

Als sie die Treppen hinuntergingen, sagte Claudia zu Daniel: »Das war wirklich beeindruckend, dieser Anpfiff. Aber eins kapiere ich nicht. Mauslin kann doch die menschliche Sprache nicht verstehen, wieso hat er verstanden, was Kalle gesagt hat?«

»Nicht wörtlich, natürlich nicht«, sagte Daniel, »aber er hat die Gehässigkeit im Ton mitbekommen, denke ich, denn er hat ja reagiert wie auf einen Feind, den er abschrecken wollte.«

Zwei Wochen später saßen Frau Erdmann und die beiden Maisners beim Nachmittagskaffee und Bienenstich. Neben ihnen Mauslins Käfig auf einem Rolltischchen, das Daniel stets mit sich durch die ganze Wohnung zog, weil er immer mit Mauslin redete, was die offensichtlich sehr mochte. Frau Erdmann, der Daniel erzählt hatte, was in der Schule passiert war, fragte ihn, ob dieser Kalle immer noch soviel Ärger mache.

»Er versucht es«, sagte Daniel, »aber es wird nichts mehr draus. Früher, wenn Kalle auf jemanden losging, waren die meisten still. Jetzt gehen gleich zwei oder drei dazwischen. Er kann auf großen Macker machen soviel er will, irgendwie klappt es nicht mehr. Entweder es wird gelacht, oder alle sagen, hör endlich auf mit deinem Quatsch. Mauslin hat alles verändert.«

»Na ja«, sagte seine Mutter, »Kalle hat sich eben blamiert, weil er nicht gemerkt hat, daß du nicht gesponnen hast.«

»Das auch«, sagte Daniel. »Aber es war Mauslin selber. Es war der Pfiff. Ich denke, daß sich manche geschämt haben, als sie sahen, wie ein Tier von zwanzig Zentimeter Körperlänge Kalle gegenüber einen Mut bewies, den sie, Menschen, von einhundertfünfzig Zentimeter Größe, nicht aufbrachten. Mein Mauslin ist eben ein echter Held.«

»Piep«, sagte Mauslin, »piep.«

Zaubergarn

Anja war ein Mädchen, das gerne Handarbeiten machte. Manche mögen das sonderbar finden, andere nicht, für Anja jedenfalls war es die schönste Beschäftigung in ihrer freien Zeit. Sie strickte, häkelte, stickte, und sie war gut darin. Es machte ihr Freude, etwas Hübsches zu fertigen. Sonst hatte Anja kaum noch Freude. Ihre Eltern stritten sich ständig, es wurde, so schien es Anja, immer schlimmer mit ihnen, und Anja blieb immer öfter »außen vor«, so, als ob es sie gar nicht gäbe. Anja hatte entsetzliche Angst, daß sich ihre Eltern scheiden lassen würden, denn natürlich hatte sie alle beide lieb.

In der Schule war es neuerdings auch scheußlich. Eine sitzengebliebene Schülerin, Isa mit Namen, terrorisierte die ganze Klasse. Sie hatte sich zwei Helferinnen zugelegt, Britta, eine Dicke, die alles tat, was Isa befahl, damit die sie bloß nicht wegen ihrer Speckschwarten hänselte, und Ilona, die alle als »unter ihrem Niveau« verachtete, die keine teuren Markenschuhe trugen. Diese »Dreierbande«, so wurden sie insgeheim genannt, sorgte für Unfrieden in der Klasse. Böse Sprüche und gemeine Hänseleien waren sowieso an der Tagesordnung, aber manchmal auch Schläge, wenn eine von ihrem Taschengeld nichts hergeben oder keine stundenlangen Gespräche von ihrem Handy dulden wollte. Statt daß die Klasse sich zusammenschloß und sich gegen diese miesen Typen zur Wehr setzte, duckten und schluckten alle.

Die Dreierbande hatte besonders Anja auf dem Kieker. Sie

hatte mitbekommen, daß Anja gerne Handarbeiten machte. Seitdem war sie die »Oma«.

»Na, Oma, zittern dir die Beine? Wenn du mir nicht die Matheaufgaben schreibst, kommst du ins Altenheim.« In der Art ging das ständig. Anjas Freundinnen Christa und Celine erging es nicht besser. Christas Mutter, die ihre Arbeit verloren hatte, verdiente sich ein Zubrot mit Putzen. Also war Christa die »Putze« und mußte die Bank abwischen, auf die Britta sich zuvor mit ihren dreckigen Schuhen gestellt hatte. Celine war Klassenbeste und trug eine Brille. Also war sie die »Brillenschlange«. Immer, wenn die Dreierbande in Celines Nähe kam, machten sie »Zisch-Zisch, Frösche auf den Tisch« oder »Wieviel Mäuse hat die Brillenschlange zum Frühstück gefressen?«.

Eines Nachmittags, es war wieder besonders schlimm in der Schule gewesen, wollte Anja ihren Eltern endlich von dem Ärger erzählen. Daraus wurde aber nichts, weil die beiden sich wieder einmal fürchterlich stritten. Anja hatte es satt, nahm ihre Jacke und rannte an die frische Luft. Die war allerdings sehr frisch. Es war nämlich Sturm. In der schmaleren Seitenstraße, in der Anja wohnte, war es noch nicht so wild. Als sie aber um die Ecke in die große Straße bog, pustete der Sturm ihr so in den Rücken, daß sie beinahe vier Häuser weit rennen mußte. Sie hielt dennoch eine Weile durch, weil sie so traurig war, aber dann wurde es ihr doch zu viel. Sie drehte um und kämpfte sich gegen den Wind die Straße zurück. Um sie herum flogen Zeitungsblätter, eine Mütze. Die Leute auf der Straße, umflattert von ihren Mänteln, hielten ihre Taschen und Hüte fest, Blechbüchsen schepperten im Rinnstein. Plötzlich segelte eine große weiße Plastiktüte mit flatternden Henkeln geradewegs auf Anja zu und klatschte gegen ihre Brust. Unwillkürlich hielt Anja sie fest. Es war etwas Weiches drin. Sie sah sich die Tüte an. Eine weiße Tüte, in der Mitte ein großes goldenes Tor, und im Tor eine wunderschöne, rosa-rot-gold-silbern schimmernde Blüte. So was hatte Anja noch nie gesehen. Sie schaute in die Tüte und erblickte etwas in Seidenpapier Eingewickeltes. Noch ehe sie das Papier vorsichtig an einer Ecke lüftete, wußte Anja, was es war. Garn. Ein wunderschönes, weiches Seidengarn, das in den Farben der Blüte auf der Tüte schimmerte. Tatsächlich schien es noch mehr Farben zu haben, obgleich das ja eigentlich nicht möglich war. Auf alle Fälle war es etwas sehr Teures, das war ihr gleich klar. Sie blickte die Straße entlang. Jemandem mußte der Sturm die Tüte aus der Hand gerissen haben. Und derjenige mußte vor ihr in die gleiche Richtung wie sie gegangen sein, die Tüte war ihr ja von vorn entgegengekommen. Wenn der Verlust bemerkt wurde, dann würde derjenige oder diejenige doch in Windrichtung zurückgehen, dachte Anja. Sie ging also weiter, hielt sich die Tüte auffällig vor den Bauch und schaute sich die Leute, besonders die Frauen, die ihr entgegen kamen, an. Keiner schien etwas zu suchen. Niemand blickte sie auch nur an. Bis sie zur Ecke ihrer Straße kam.

Da stand eine Dame und sah ihr lächelnd entgegen. Es war eine alte Dame, und sie war wunderschön. Zart und zierlich, mit einem Kopf voller silberner Löckchen, einem schönen Gesicht und großen, leuchtenden, grünen Augen. Ihr Lächeln war sehr lieb.

»Das ist Ihre Tüte, nicht wahr?« sagte Anja.

»Ja, das ist sie«, sagte die Dame.

»Und du hast sie aufgefangen. Wie findest du das Garn?«

»Toll«, sagte Anja, »ich habe noch nie so schönes Garn gesehen.«

»Und du kennst dich aus, nicht wahr?« sagte die Dame. »Du machst gerne Handarbeiten.«

»O ja, sehr gerne«, sagte Anja.

»Dann behältst du das Garn und machst dir was Schönes draus«, sagte die Dame.

»O wirklich, ich darf es behalten?« sage Anja voller Freude.
»Ja«, sagte die Dame. »Der Wind hat dich doch ausgesucht.«

»Dann muß ich mich ja auch bei dem Wind bedanken. Und bei Ihnen. Ich bedanke mich ganz doll. Und danke, lieber Wind.«

»Uiii«, machte der Wind, und Anja mußte lachen. Die Dame auch. Sie strich Anja über das Haar und sagte: »Mach's gut, Anja. Und denk daran: Wer seine Arbeit liebt, den liebt seine Arbeit. Und nun lauf heim, es wird dunkel.«

Anja machte noch einen Knicks, sagte noch einmal Dankeschön und lief los. Erst nach zehn, fünfzehn Schritten fiel es ihr auf: Woher wußte die Dame ihren Namen? Sie drehte sich um. Die Dame war fort. Wo sie gestanden hatte, glitzerte es einen Augenblick lang, wie ein tanzendes Licht. Dann war auch das fort und die Straße leer.

Anja ging nach Hause. Ihre Eltern hatten nicht einmal gemerkt, daß sie weggewesen war, sie waren immer noch am Zanken. Anja ging in ihr Zimmer und nahm sich das Garn heraus. Es war noch schöner, als sie gedacht hatte. Dunkelrosa mit Gold- und Silberglitzern, aber je nachdem, wie das Licht darauf fiel, schimmerte es lila, grün, blau auf. Es war wunderschön. Anja wurde ganz vergnügt, als sie es sah, und konnte nicht widerstehen, sie mußte gleich etwas häkeln. Sie wußte auch sofort, was und wie. Sie machte drei kleine Blüten, Rosenblüten ähnlich, eine größere noch, kunstvoll die Blütenblätter, zog die drei kleineren auf ein gehäkeltes Band und hängte die große Blüte ein, zwei Bändchen unter die mittlere Kleine, wie ein Anhänger unter einer Kette mit Schmucksteinen. Und so band sie sich die Blütenband-Kette auch um den Hals. Es sah sehr gut aus.

Am nächsten Morgen zog sie ein weißes T-Shirt an und legte ihr Blütenband um. Es war noch hübscher als am Abend zuvor. Sie ging damit in die Schule. Und das war ein Fehler.

Die große Pause dauerte noch keine fünf Minuten, da hatte sie schon die Dreierbande um sich.

»Sieh da, die Oma hat sich rausgeputzt. Wie unpassend für die Oma! Bind ihr das Ding mal ab, Britta, sofort.« Und schon hielten sie Anja die Arme fest und nahmen ihr das Blütenband weg.

Christa wollte dazwischen gehen, und sofort hieß es: »Mach, das du weg kommst, Putze, sonst wirst du uns das nächste Mal den Hintern putzen.« Und damit waren die drei weg. Celine, die noch kurz mit dem Lehrer geredet und deshalb nur den lachenden Abgang der Dreierbande mitbekommen hatte, sagte: »Wir müssen endlich was unternehmen. So geht das nicht weiter. Das war so ein schönes Stück, und jetzt haben sie es unter sich aufgeteilt. Isa hat sich das Mittelteil gekrallt. Schade drum, es war so hübsch.«

»Hat's euch wirklich gefallen?« fragte Anja.

»Und wie«, sagten beide.

»Ich mach euch auch welche, ich habe noch Garn. Bloß in der Schule, da tragen wie sie nicht mehr«, sagte Anja und häkelte die Bänder noch an den nächsten beiden Tagen. Ihre beiden Freundinnen freuten sich sehr darüber, und wenn sie sich am Nachmittag trafen, trugen sie alle drei die Blumenbänder. Und dann häkelte Anja noch zwei große Blüten, zog jede auf ein dünnes Lederband und legte sie erst einmal beiseite.

In den nächsten Wochen passierte soviel, daß man durcheinanderkommt, wenn man es erzählen will. Deshalb werden die Ereignisse jetzt einzeln erzählt und numeriert, damit man sie auseinanderhalten kann.

Geschehnis Nummer Eins

Anja saß in ihrem Zimmer, nebenan stritten sich ihre Eltern wieder einmal. »Schluß jetzt«, sagte sie zu sich selbst, ging in die Küche, nahm den Fleischklopfer, marschierte ins Wohnzimmer und haute mit dem Fleischklopfer auf den Tisch. »Schluß jetzt«, sagte sie zu ihren Eltern. Und dann legte sie los: »Ihr seid abscheulich und gemein. Ihr könnt schon gar nicht mehr wie normale Menschen reden. Es ist zum Kotzen. Papa muffelt und meckert, Mama giftet und zetert. Früher, da habt ihr euch mal lieb gehabt, und mich auch. Jetzt wißt ihr gar nicht mehr, daß es mich gibt. Wenn mich einer in den Gulli schmeißen würde, würdet ihr es nicht einmal merken. Wenn ihr nicht endlich mit diesem blöden Gezanke aufhört, hau ich hier ab.«

Ihre Eltern starrten sie beide völlig verblüfft an.

»Anja«, sagte ihre Mutter entsetzt, »wie redest du mit deinen Eltern?«

»Na so, wie meine Eltern miteinander reden. Ich hab's von ihnen gelernt«, sagte Anja. Sie sah, wie es um die Mundwinkel ihres Vaters zuckte, und wußte, sie war auf dem richtigen Weg. »Ich mach euch einen Vorschlag«, sagte sie, »und wenn ihr mich noch lieb habt, nehmt ihn an. Wenn ihr nicht macht, was ich sage, ziehe ich zu Oma und Opa, die zanken sich nicht. Ich hab hier was für euch gehäkelt.« Sie legte die beiden Rosen mit den Bändern auf den Tisch. »Die müßt ihr euch um den Hals binden und nie abnehmen. Und immer, wenn einer von euch den anderen anschimpfen will, muß er vorher die Rose anfassen. Dann kann er sagen, was er will. Überlegt es euch.«

Sie ging in ihr Zimmer. Lange Zeit blieb es still, dann hörte sie ihre Eltern reden. Reden, nicht zanken. Als sie schon im Bett lag, kam erst ihre Mutter und gab ihr einen Gute-Nacht-Kuß. Sie hatte das Lederband mit der Rose um. Dann kam ihr Vater, gab ihr einen Kuß und zeigte ihr das Band um seinen Hals. Er sagte: »Gute Nacht, mein kleiner Engel.«

Geschehnis Nummer zwei

Sporthalle, 16. Minute des Unterrichts. Britta bricht beim Laufen zusammen, liegt bewußtlos am Boden. Die Lehrerin versucht ihr zu helfen, ohne Ergebnis. Der Notarzt wird gerufen, Britta in das Krankenhaus gebracht. Einige Tage später erfährt die Klasse, daß Britta krank ist und vorläufig nicht wiederkommt. Später geht ein Gerücht um, sie sei in ein medizinisches Abspeck-Internat eingewiesen worden, weil ihr Herz nicht mehr mitmacht bei ihrem Übergewicht. Die Klasse lästert: »Wenn sie erst mal 50 Pfund abgespeckt hat, leckt sie vielleicht nicht mehr jedem Dreckstück die Stiefel.« Britta kommt nicht wieder.

Geschehnis Nummer drei

Christas Mutter, Frau Borswig, arbeitete an drei Tagen, Montag, Dienstag und Donnerstag von sechs Uhr morgens bis mittags in einem Bürogebäude. Weil Schulschluß und Arbeitsschluß fast zusammenfielen, pflegte Christa ihre Mutter von der Arbeit abzuholen. Sie kauften dann auf dem Heimweg noch was ein, und zu Hause angekommen, kochten sie gemeinsam das Mittagessen. Vor einiger Zeit hatte Christa, als sie auf ihre Mutter wartete, eine nette junge Dame kennengelernt. Christa hatte sie zuvor schon öfters in das Nebenhaus gehen sehen, diesmal riß der Dame der Henkel von einer Plastetüte ab, als sie aus ihrem kleinen blauen Auto stieg, und etliche Äpfel kullerten auf das Pflaster. Christa hatte sie aufgesammelt, die Dame hatte sich bedankt, und so waren sie ins Gespräch gekommen. Fräulein Walters, so hieß die Dame, erzählte ihr, daß ihre Großmutter, die etwas gebrechlich war, im Nebenhaus wohnte. Christa erzählte von ihrer Mutter, und Fräulein Walters lernte sie dann auch kennen. Übrigens hatte sie Christas Blütenband bewundert.

An diesem Montag nun stand Fräulein Walters in einem wunderhübschen weißen Kostüm mit Perlenstickerei, weißen

Handschuhen, weißen Pumps und höchst verzweifelt vor ihrem Auto. Christa sah auch gleich, warum. Irgendein Typ hatte das Auto von oben bis unten mit roter Farbe beschmiert. Die Frontscheibe war völlig bedeckt, ebenso die Seitenscheiben.

»Christa«, sagte Fräulein Walters, »ich bin verzweifelt. Ich muß in einer halben Stunde im Rathaus auf dem Standesamt sein. Mein Auto ist nicht zu gebrauchen, Taxis stehen hier auch nirgends.«

»Auf dem Standesamt?« fragte Christa, »wollen Sie etwa heiraten?«

»Ja, und ich hab nicht mal einen Lappen, um die Frontscheibe abzuwischen.«

»Moment, ich hole Mutti«, und damit sauste Christa ins Haus, in den Keller, wo die Reinigungssachen lagerten. Ihre Mutter wollte gerade abschließen. Als sie hörte, was passiert war, drückte sie Christa Putzlappen und Flaschen mit Reinigungsmitteln in die Hand und griff zum Eimer.

»Los, raus, ich komm mit dem Wasser hinterher.«

Im Nu waren die beiden beim Auto und fingen an zu putzen. Fräulein Walters wollte helfen, aber Frau Borswig sagte: »Das fehlt noch. Dreckspritzer auf dem Brautkleid. Gehen Sie hübsch beiseite, wir schaffen das schon.« Und das taten sie auch. Zwar nicht das ganze Auto, aber die Scheiben waren klar, und Fräulein Walters konnte losfahren.

»Schön vorsichtig fahren«, sagte Frau Borswig noch, »die Zeit reicht.«

Als Christa und ihre Mutter am nächsten Mittag auf dem Weg zum Einkaufen waren, hielt neben ihnen ein großes, silbernes Auto. Fräulein Walters klopfte ans Fenster, stieg aus, auf der anderen Seite ein großer, blonder Mann.

»Frau Borswig, Christa, darf ich Ihnen Herrn Tramme, meinen Mann, vorstellen?«

Herr Tramme schüttelte ihnen die Hände. »Ich freue mich,

die rettenden Engel meiner Liebsten zu sehen«, sagte er. »Nicht auszudenken, was passiert wäre, wenn sie zu spät gekommen wäre. Meine Tante Melli hätte die ganze Hochzeitsgesellschaft mit Unglücksvoraussagen genervt. Sie ist nämlich abergläubisch und meint, wenn die Braut sich verspätet, wird die Ehe unglücklich.«

Alle lachten und Trammes luden Borswigs zum Mittagessen ein. Es wurde ein leckeres Vergnügen in einem schönen Restaurant. Beim Gespräch erwähnte Frau Borswig, daß sie lange Zeit, von der Lehre an, in einer Bäckerei als Verkäuferin gearbeitet hatte, bis der Bäcker aus Altersgründen den Laden schloß und sie keine Arbeit mehr fand.

»Dann haben Sie gleich wieder welche, wenn Sie wollen«, sagte Herr Tramme. »Ich bin Bäcker, und ich mache gerade meinen dritten Laden auf. Wir sind noch beim Einrichten. Wollen Sie mitmachen, Frau Borswig?«

»Und wie«, sagte sie, »und wie!«

»Fein«, sagte er, »morgen vormittag besprechen wir alles. Abgemacht?«

»Abgemacht«, sagte Frau Borswig.

Am nächsten Mittag, als Christa aus der Schule kam, stand ihre Mutter davor und strahlte über das ganze Gesicht. Christa brauchte gar nicht zu fragen. Mutter hatte feste Arbeit. Von da an wurde ihr Leben schöner. Nicht nur, weil sie mehr Geld hatten, sondern weil ihre Mutter so glücklich war. Selbst wenn sie müde nach Hause kam, hatte sie gute Laune.

Geschehnis Nummer vier

Am Montagvormittag, mitten im Deutschunterricht, öffnete sich die Klassentür, der Direktor kam mit zwei Polizisten herein. »Die Schülerin Isa Kritkowsky in mein Zimmer! Nimm deine Mappe mit.«

Isa ging, die Tür fiel hinter ihnen zu, die Klasse saß stockstill. Und dann fingen alle an zu tuscheln und zu plappern und sahen zu Ilona hin. Die war blaß geworden und sah verstört aus.

Fräulein Kömentinger, die Lehrerin, wartete eine Weile und sagte dann: »Genug geredet, wir machen weiter.«

Aber sehr aufmerksam waren ihre Schüler diesmal nicht gerade. Isa kam nicht wieder zur Schule. Nach und nach sprach sich herum, was passiert war. Sie war beim Stehlen in einem Kaufhaus erwischt worden. Da sich herausstellte, daß dies schon das zweite Mal war, hatte der Kaufhaus-Detektiv sie der Polizei gemeldet. Die Polizei stellte fest, daß schon mehrere Meldungen aus anderen Supermärkten, Kaufhallen und Geschäften vorlagen. Isa war eine Gewohnheitsdiebin. Die Polizei informierte das Jugendamt, das auch schon mehrmals mit Isas Eltern geredet hatte. Aber die konnten offensichtlich nichts tun. Vielleicht weil ihnen ihre Schnapsflasche wichtiger war als ihre Tochter. Isa kam in ein Heim für schwer erziehbare Kinder am Rande der Stadt.

Geschehnis Nummer fünf

Rechtsanwalt Dr. Frankenfeld, Celines Vater, zerbrach sich den Kopf, so sehr, daß er beinahe Kopfschmerzen kriegte. Der Grund: Er war als Pflichtverteidiger eines wegen Raubüberfalls auf eine Tankstelle angeklagten Mannes berufen worden.

Jeder Mensch, der vor Gericht gestellt wird, hat das Recht auf einen gesetzeskundigen Verteidiger. Wenn er kein Geld hat, den zu bezahlen, beruft das Gericht einen solchen, eben den »Pflichtverteidiger«. Folgendes hatte sich ereignet: Am zweiten März um 10.15 Uhr abends war ein maskierter Mann, Pudelmütze mit Augenausschnitt überm Gesicht, in die Tankstelle Holmer Straße gestürmt, die schon leer von Kunden war, hatte der Tankstellenbesitzerin eine Pistole vorgehalten und das Geld aus der Kasse verlangt. Sie mußte es in eine Tüte stecken, die der Räuber ihr hinlegte, was sie natürlich tat, sie wollte ja nicht riskieren, erschossen zu werden. Dann rannte der Räuber mit der Beute, etwa 950 Euro, hinaus. Das alles hatte mal gerade sechs Minuten gedauert. In der nächsten Minute hörte die Tankwartin ein Motorrad davon brausen. Sie rief die Polizei. Die kam sofort und fand gleich zwei Zeugen bei der Tankwartin vor. Der eine, ein älterer Herr, Herr Lembke, war mit seinem Hund unterwegs gewesen. Der andere, Fritz Düren, war ein Kurierfahrer auf dem Rückweg, der eine wichtige Eilsendung zugestellt hatte. Beide hatten, der eine von der einen, der andere von der anderen Seite, den Räuber, einen jungen Mann, gesehen, als dieser, zu seinem Motorrad rennend (es war eine grüne Kawasaki), sich die Maske vom Kopf gerissen und den Schutzhelm übergestülpt hatte, ehe er davonraste. Es war wahrscheinlich, daß er die beiden gar nicht bemerkt hatte. Die Zeugen konnten ihn, wie sich später bei der Aufnahme des Protokolls herausstellte, ziemlich genau und übereinstimmend beschreiben. Einen jungen Mann, blond, mittelgroß. Natürlich wußte Kriminalkommissar Krausmann, der die Protokolle aufnahm und den Fall bearbeitete, nicht, wo er den Täter suchen sollte. In der Photokartei der einschlägig bekannten Räuber hatten die Zeugen ihn jedenfalls nicht gefunden. Da kam ihm ein Zufall zu Hilfe. Fritz Düren, der Kurierfahrer, hatte am nächsten Tag eine Sendung in einem ganz anderen Stadtteil abgeliefert, und, zurück zum Versand radelnd, einen Mann mit einer Einkaufstüte aus einer kleinen Kaufhalle kommen sehen. Er erkannte den Täter sofort. Der ging schräg über die Straße in ein Mietshaus, und als Düren durch die offene Einfahrt in den Hof schaute, stand dort das Motorrad, die grüne Kawasaki. Er rief sofort Kommissar Krausmann an. Der bat ihn, dort zu warten, kam schnell mit zwei Beamten angefahren, sie gingen ins Haus, machten den jungen Mann, Thomas Bärless war sein Name, schnell ausfindig. Der, mit der Anschuldigung konfrontiert, sagte sofort, er sei es nicht gewesen. Der Kommissar fragte Düren: »Sind Sie sicher, daß dies der Mann ist, den Sie gesehen haben?«

»Ganz sicher«, sagte Düren. Das gleiche sagte Herr Lembke. Er sah durch eine Scheibe eine ganze Reihe von Männern mit Nummern vor der Brust, unter ihnen Thomas Bärless, Nummer drei, und erkannte ihn ebenfalls sofort. »Nummer drei«, sagte er. Wieder wurde gefragt: »Sind Sie sicher?«

»Ganz sicher«, sagte Herr Lembke. Thomas Bärless wurde in Haft genommen, Dr. Frankenfeld zum Verteidiger bestellt. Er sprach mit dem Kommissar, er sprach mit den Zeugen, er sprach mit dem Mandanten. Der blieb dabei. »Ich habe die Tat nicht begangen. Ich kann kein Verbrechen zugeben, das ich nicht getan habe. Ich habe zur Tatzeit schon im Bett gelegen, weil ich Frühschicht hatte.« Frankenfeld fuhr zum Betrieb, bei dem Bärless arbeitete. Er sprach mit dem Meister, mit den Kollegen. Alle sagten das gleiche. »Der Thomas – Räuber? Gibt's nicht! Unmöglich!« Frankenfeld hatte das erwartet. Und er glaubte beiden Seiten. Den Zeugen und dem Mandanten und dessen Kollegen.

Am Abend vor der Verhandlung, beim Abendessen zu Hause, saß er immer noch da, wußte nicht ein noch aus und starrte vor sich hin. Seine Frau fragte ihn: »Was ist denn los, Lieber? Rede doch endlich. Du mußt doch nicht alles in Dich reinfressen.« Da erzählte er schließlich die ganze Geschichte. »Du siehst«, schloß er, »in welcher Klemme ich stecke. Ich glaube den Zeugen, ich glaube dem Angeklagten. Beides geht nicht!«

»Wieso denn nicht?« fragte Celine. »Der Bärless kann doch einen Zwillingsbruder haben, von dem er nichts weiß. Und der war's.«

»Wie kommst du denn auf die Idee, Kind?« fragte ihr Vater. »Aber Papa«, sagte Celine, »Du hast mir doch zum Geburtstag selber das Doppelte Lottchen geschenkt. Meinst du denn, daß so was nicht auch in Wirklichkeit passieren kann? Du hast doch gesagt, daß Bärless in einer Pflegefamilie aufgewachsen ist. Der Zwilling kann doch zu einer anderen gekommen sein, so daß die nicht voneinander wissen.«

»Das wäre sehr ungewöhnlich«, sagte Dr. Frankenfeld. »Aber ganz unmöglich ist es nicht.«

Am nächsten Morgen fuhr er zum Standesamt. Es dauerte genau 20 Minuten, da spuckte der Computer die Abschriften zweier Geburtsurkunden aus: Thomas Bärless, geb. 18.2.1983 um 6.37 Uhr, Marienkrankenhaus, und Lukas Bärless, geb. 18.3.1983, 6.42 Uhr, Marienkrankenhaus. Mutter verstorben, Vater unbekannt. Er benachrichtigte sofort Kommissar Krausmann. Der sagte nur: »Donnerwetter, das ist es! Ich rufe sofort das Einwohnermeldeamt an. Bleiben Sie am Handy.« Kurz darauf hatte der Kommissar die Adresse, und die beiden trafen sich dort. Vor dem Haus stand eine grüne Kawasaki, mit anderer Nummer. »Auch das noch«, sagte der Kommissar. »Straffällig ist dieser Bärless auch noch nicht geworden.« Sie klingelten, ein junger Mann öffnete die Tür und den beiden, obgleich sie ja wußten, was sie erwartete, verschlug es für einen Moment den Atem. Vor ihnen stand das Ebenbild von Thomas Bärless. »Kriminalpolizei«, sagte Krausmann. Der junge Mann wurde blaß und ging gesenkten Kopfes ihnen voran in ein kleines Zimmer, setzte sich und blickte zu Boden. »Sie wissen, warum wir hier sind«, sagte der Kommissar, »Sie haben den Überfall auf die Tankstelle in der Hohmerstraße begangen.« Der junge Mann schwieg. »Es ist besser, Sie reden«, sagte Frankenfeld. »Ich bin Dr. Frankenfeld, der Verteidiger Ihres Bruders, der sitzt heute auf der Anklagebank für das, was Sie getan haben.«

Lukas Bärless hob den Kopf. Er war jetzt ganz weiß im Gesicht und zitterte. »Bruder?« stammelte er, »ich habe doch gar keinen Bruder.«

»O doch, haben Sie, einen Zwillingsbruder, der weiß auch nichts von Ihnen. Sieht Ihnen aber so ähnlich, daß die Augenzeugen Sie beide verwechseln konnten.«

»O mein Gott, ich war es, ich hab die Tankstelle überfallen. Das Geld ist noch da, in der Tasche, nehmen Sie es und mich müssen Sie gleich verhaften.«

»Mach ich«, sagte der Kommissar, und seine Stimme klang ungewöhnlich milde, »ich verhafte Sie wegen Raubüberfalls am 20.7. in der Hohmerstraße. Und jetzt fahren wir zum Gericht, da machen Sie dann Ihre Aussage.«

»Und da ist mein Bruder? Wirklich?« fragte Lukas Bärless. »Wirklich«, sagte Dr. Frankenfeld.

Die Verhandlung war um 11.30 Uhr angesetzt, sie waren fünf Minuten zu spät vor der Tür des Gerichtssaals. Die beiden Zeugen, Herr Lembke und Herr Düren, die vor der Tür warteten, bis sie in den Zeugenstand gerufen werden würden, sprangen auf und starrten Lukas Bärless fassungslos an. Sie hatten zehn Minuten zuvor gesehen, wie Thomas Bärless von einem Polizisten in den Saal geführt wurde. Und jetzt kam der noch mal!

Der Richter und der Staatsanwalt und die Tankstellenbesitzerin waren ebenfalls bereits im Gerichtssaal, und der Richter hatte gerade den Staatsanwalt verwundert gefragt, wo der Anwalt des Angeklagten sei. »Keine Ahnung«, sagte der Staatsanwalt, »aber Kommissar Krausmann, der den Fall bearbeitet, ist auch noch nicht da.«

»Nanu«, sagte der Richter, »warten wir noch etwas.« Da öffnete sich die Tür und die drei kamen herein. Im Saal wurde es ganz still. Thomas Bärless war aufgesprungen, die beiden Brüder standen regungslos und sahen sich an. Die Köpfe der Zuhörer im Saal wandten sich von einem zum anderen Bruder hin und her. Die beiden, jetzt, da man sie beide zusammen sah, war es besonders verblüffend, die beiden glichen einander wirklich wie das eine sprichwörtliche Ei dem anderen sprichwörtlichen Ei. Und dann hatten sie auch noch die gleichen Sachen an: schwarze Lederjacke, Jeans, T-Shirt, nur war das von Thomas blau und das von Lukas grün. Aber das war auch der einzige erkennbare Unterschied. »Bitte um Entschuldigung für unsere Verspätung. Wir mußten erst diesen Zeugen abholen. Lukas Bärless.«

Lukas Bärless ging nach vorn und sagte: »Herr Richter, ich war es. Ich habe die Tankstelle überfallen.« Er sah seinen Bruder an. »Ich wußte nicht, daß ich einen Bruder habe.«

»Ich auch nicht«, sagte Thomas Bärless. »Es tut mir leid, bitte entschuldige«, sagte Lukas. »Ist schon gut«, sagte Thomas. »Jetzt bist du ja da. Herr Kommissar, erklären Sie uns das mal«, sagte der Richter. »Kommen Sie nach vorn in den Zeugenstuhl.« Nach den üblichen Formalitäten wie Name, Beruf, Wohnsitz übergab er dem Gericht die Abschriften der Urkunden. Der Kommissar berichtete, daß Dr. Frankenfeld heute morgen herausfand, daß Thomas Bärless, der übrigens der Erstgeborene ist, einen Zwillingsbruder, Lukas, habe, daß sie beide nach Ermittlung der Adresse denselben aufsuchten und dieser, als er von der Verhaftung seines Bruders erfuhr, sofort ein Geständnis abgelegt und ihm das geraubte Geld übergeben habe sowie die Gaspistole, die er bei dem Überfall benutzt hatte. »Er hat mich gebeten, ihn gleich zu verhaften!« schloß der Kommissar.

Der Richter sah Lukas an.

»Na ja, klar«, sagte der, »ich kann doch meinen Bruder nicht in den Knast gehen lassen für den Mist, den ich gebaut habe.«

»Ich verstehe«, sagte der Richter. »Angesichts dieser ungewöhnlichen Umstände schlage ich einen ungewöhnlichen Verfahrensweg vor, das spart der Justiz Zeit und Geld. Ich schließe das Verfahren gegen Thomas Bärless wegen erwiesener Unschuld und ordne Haftentlassung an. Ich eröffne das Verfahren gegen Lukas Bärless. Herr Staatsanwalt, die Anklage bitte.« Der Staatsanwalt nickte lächelnd und verlas seine Anklageschrift. Er brauchte ja nur den anderen Vornamen einzusetzen. Ehe er Lukas vernahm, entließ der Richter die Zeugen, sie konnten gehen. Taten sie aber nicht, sie setzten sich unter die Zuhörer. Lukas sagte: »'s war genau so, wie es der Herr Staatsanwalt gesagt hat.«

»Warum haben Sie es denn getan?« fragte der Richter.

»Die Gartenbaufirma, bei der ich gelernt und gearbeitet habe, ist pleite gegangen«, sagte Lukas, »und Arbeit habe ich nicht mehr gefunden und irgendwie habe ich Mietschulden gemacht. Und wahnsinnige Angst gehabt, auf der Straße zu landen. Deshalb.« Und dann entschuldigte er sich bei der Tankstellenfrau.

Der Staatsanwalt sagte, auch aus Angst dürfe man keine Straftat begehen, und forderte ein Jahr und zwei Monate Gefängnis, allerdings wegen seines Geständnisses zur Bewährung auszusetzen.

Rechtsanwalt Frankenfeld sagte, der Angeklagte zeige keine kriminelle Energie, sei einsichtig und bat um eine milde Strafe. Das Urteil: neun Monate Freiheitsstrafe, ausgesetzt zur Bewährung, Bewährungszeit: zwei Jahre und 100 Stunden gemeinnützige Arbeit. »Und ich möchte Sie hier nie wieder sehen«, sagte der Richter zum Angeklagten.

»Werden Sie nicht, Herr Richter«, sagte Thomas. »Ich paß schon auf ihn auf.«

»Sehr gut«, sagte der Richter, »aber bevor ich die Verhandlung schließe, möchte ich doch von Ihnen, Dr. Frankenfeld, wissen, wie sind Sie denn auf die Idee mit den Zwillingen gekommen?«

»Nicht ich bin darauf gekommen«, sagte Frankenfeld. »Das war meine kleine Tochter.«

»Wie das, Ihre kleine Tochter?« fragte der Richter verblüfft.

Frankenfeld berichtete über das Gespräch vom Vorabend. Der Richter lachte. »So etwas ist mir in meiner ganzen langen Amtszeit noch nicht untergekommen. Da haben wir Erich Kästner und seiner klugen kleinen Leserin die Aufklärung dieses Falles zu verdanken.«

»Und ich«, sagte der Staatsanwalt, »weiß jetzt, was ich meiner Tochter zum Geburtstag schenke.«

»Die Verhandlung ist geschlossen«, sagte der Richter.

Thomas ging zu Lukas und nahm ihn in die Arme. »Komm mal her, kleiner Bruder«, sagte er.

»Ja, großer Bruder«, sagte Lukas. Und dann hielten sich beide ganz fest.

»Alles Gute euch beiden«, sagte der Richter.

»Vielen Dank, Herr Richter, das haben wir schon«, sagten beide.

Unter den Zuhörern saß ein Reporter des Stadtkuriers, der klapperte öfter die Gerichtsverhandlungen ab in der Hoffnung, auf einen berichtenswerten Fall zu stoßen. Nun, das war wirklich einer. Am nächsten Morgen prangte über einem Dreispalter im Stadtkurier die Schlagzeile: »Der doppelte B. Wie Dichter Kästner einen Kriminalfall löste.«

GESCHEHNIS NUMMER SECHS

Herr und Frau Palsinger, Ilonas Eltern, saßen am späteren Abend beisammen und hielten Rat. Es gab einiges zu bereden. Die Firma, für die sie seit ihrem Schulabschluß arbeiteten, die letzten Jahre als Reisevertreter, hatte ihnen ein großartiges Angebot gemacht. Sie sollten als Abteilungsleiter die beiden neuen Vertriebsabteilungen übernehmen. Die Firma Sternkorn stellte feine Mehle, auch Mehlmischungen für Quarkkeulchen oder Eierkuchen oder Kaiserschmarrn her, die sehr gefragt waren. Jetzt vergrößerte sich der Betrieb noch einmal, und die Direktion wollte die Palsingers, die sie kannten und schätzten, in den Hauptbetrieb zurückhaben. Als Reisevertreter hatten sie von der städtischen Filiale aus gearbeitet. Da der Hauptsitz von Sternkorn etwa 30 Kilometer entfernt vom Heimatdorf der Palsingers, Töllenbrink, entfernt lag, hieß das, zurück ins Dorf ziehen. Den Palsingers war das gar nicht so unrecht. Sie hatten sich in der Großstadt zwar gut eingelebt, aber manchmal wünschten sie sich doch, wieder zu Hause zu sein, über die weiten Felder zu schauen mit dem großen Himmel über sich. Sie wollten das Angebot annehmen. Zumal noch hinzukam, daß Frau Palsingers Onkel Heinrich, der allein in seinem großen Haus in Töllenbrink lebte, ihnen angeboten, ja sie gebeten hatte, zu ihm zu ziehen. Sie brauchten nicht einmal Miete zu zahlen.

Das Problem, über das sie beratschlagten, war Ilona. Sie haßte das Dorf. Jedes Jahr, in den Ferien, wenn Palsingers nach Hause zu ihren Eltern fuhren, gab es Gezeter und

Geschrei. »Blöde Landeier«, war noch das Mildeste, was Ilona sagte. Sie überlegten gerade, wie sie Ilona den Umzug schonend beibringen konnten, als Tante Gertie aufgeregt ins Zimmer kam.

Tante Gertie war eine entfernte Verwandte Frau Palsingers, auch aus Töllenbrink. Sie führte den Haushalt der Palsingers, die ja meist unterwegs waren, war eine sehr gute Hausfrau und ein lieber Mensch. Ein wenig schwerhörig war sie. Jetzt zitterte sie und war sichtlich verstört. »Die Bonbonschälchen, die Bonbonschälchen von meiner Großmutter sind aus der Vitrine verschwunden.«

Palsingers liefen in Tante Gerties Zimmer. Die Vitrine war zwar mit feinen alten Tassen, Porzellanpüppchen, Gläsern vollgestellt, aber die Schälchen fehlten.

»Vorige Woche, als ich alles abgestaubt habe, hatte ich sie noch in der Hand«, sagte Tante Gertie.

Und dann waren sie alle drei sehr still. Wer sollte die Schälchen, die ja einen gewissen Wert hatten, so alt und fein bemalt, wie sie waren, wer sollte sie denn aus der Vitrine genommen haben? Es war kein Fremder in der Wohnung gewesen.

»Wir werden die Sache morgen nachmittag klären«, sagte Herr Palsinger. »Heute ist es zu spät.«

Am nächsten Morgen, Herr Palsinger hatte eine geschäftliche Kleinigkeit zu erledigen, ging er eine schmale Querstraße in Richtung seiner Wohnung entlang. Er kam an einem Trödlerladen vorbei. Fast zufällig schaute er in das Fenster, und da standen Tante Gerties Porzellanschälchen. Er ging hinein, fragte nach dem Preis. 50 Euro das Stück. Er kaufte die Schälchen und fragte, als der Händler sie einpackte, fast beiläufig: »Wer verkauft denn so hübsche alte Stücke?«

»War 'ne junge Dame, hatte sie von Oma geerbt«, sagte der Händler. »Die Jugend kann mit den alten schönen Sachen nichts mehr anfangen. Zu ungebildet.«

»Sehr wahr«, sagte Palsinger und ging. »Junge Dame«, dachte er, innerlich den Kopf schüttelnd. Ilona konnte zwar älter aussehen, als sie war, besonders wenn sie sich schminkte, aber daß sie ein halbes Kind war, dem er ohne elterliche Einwilligung keine Antiquität hätte abkaufen dürfen, das mußte dem Händler klar gewesen sein. »Die weißeste Weste seiner Zunft hat der auch nicht«, sagte er später zu seiner Frau, als er ihr die Sache erzählte.

»Unsere Tochter ist eine Diebin«, sagte Frau Palsinger. »Und mir ist schlecht.«

In diesem Augenblick klingelte es. Herr Palsinger öffnete. Draußen stand Herr Pohlmann, der Vater einer Mitschülerin von Ilona.

»Entschuldigen Sie die Störung«, sagte er, »aber ich muß mit Ihnen reden. Leider über Unerfreuliches, aber ich denke, Sie müssen es wissen. Es geht um Ihre Tochter. Sie nimmt den anderen Kindern das Handy weg und telephoniert endlos auf deren Rechnung. Ich habe es jetzt erst, weil die Karte schon wieder alle war, mit Mühe aus meine Tochter rausbekommen. Sie hat Angst, wollte nicht reden. ›Die verprügeln mich, wenn ich petze‹, hat sie gesagt.«

»Um Himmels willen, das wird ja immer schlimmer.«

»Nein, Herr Pohlmann, Sie hatten ganz recht, uns das zu sagen. Wir müssen was tun.«

»Wir müssen alle was tun«, sagte Pohlmann. »Es gab da scheinbar eine Clique, die besonders schlimm war. Eines dieser Mädchen soll sogar von der Polizei geholt worden sein. Wissen Sie da was?«

Die Palsingers verneinten. Ilona hatte ihnen nichts gesagt.

»Wir kümmern uns«, versprachen sie Herrn Pohlmann.

Als er fort war, sagte Frau Palsinger: »Nichts wie raus und nach Haus.« Palsinger nickte.

Als Ilona aus der Schule kam, stellten ihre Eltern sie zur Rede. Zunächst wegen des Verkaufs der Schälchen.

»Ich dachte, sie merkt es nicht, sie hat doch den ganzen Schrank voll von solchem Zeugs«, maulte Ilona.

»Wie bitte, du stiehlst und glaubst, du darfst das, weil die Bestohlene es nicht mitkriegt? Bist du wahnsinnig?« schrie ihre Mutter.

»Na ja, ich habe doch das Geld gebraucht für das T-Shirt von den Red Boys. Das ist doch gerade in. Alle haben es.«

»Und deshalb wirst du zur Diebin und zur Räuberin. Du nimmst den anderen das Handy weg und telephonierst auf ihre Kosten.«

»Was, die Pohlmann, die dumme Zicke, hat gepetzt? Na, die kann was erleben.«

»Nichts wird sie erleben«, sagte Herr Palsinger. »Du wirst nicht mehr in diese Schule gehen. Wir ziehen um nach Töllenbrink. Du kommst dort in die Schule.«

Einen Augenblick lang starrte Ilona ihre Eltern an, begriff, daß sie das ernst meinten, und begann zu toben. »Nein, nein«, schrie sie, »das könnt ihr nicht machen. Nicht mit mir. Ich geh nicht in das Kuhdorf, das blöde. Wie könnt ihr mir das antun, ihr seid gemein. Da komm ich nicht mit, niemals. Wenn ihr das tut, haue ich ab. Ihr seht mich nie wieder. Ihr seid gemein, gemein seid ihr.« Und sie trampelte tatsächlich mit den Füßen wie ein kleines Kind.

»Schluß jetzt«, sagte ihr Vater mit einer so kalten Stimme, wie sie Ilona noch nie gehört hatte. Er nahm sie bei den Schultern, schob sie in die Abstellkammer und schloß von außen ab. »Noch heute, zu meinen Eltern, die können strenger sein als deine«, sagte er zu seiner Frau.

Die nickte traurig. »Bleibt uns nichts anderes übrig«, sagte sie. »Wir könnten den Umzug ja gar nicht bewerkstelligen bei dem Aufstand, den sie machen würde.«

Sie und Tante Gertie packten schnell die notwendigsten

Sachen für Ilona zusammen, während Herr Palsinger seine Eltern anrief und ihnen die Lage schilderte. Dann holte er seine Tochter aus der Abstellkammer, verfrachtete sie ins Auto, schnallte sie an und fuhr los. Die ganzen 185 Kilometer bis Töllenbrink sprachen sie kein Wort miteinander. Ihr Vater schwieg, weil er darüber nachdachte, wie es passieren konnte, daß seine Tochter auf so eine schiefe Bahn geraten konnte. Er machte sich Vorwürfe. Weil sie, berufsbedingt, soviel unterwegs waren, hatten sie zu wenig von ihr mitbekommen. Wenn sie zu Hause waren, schien immer alles in Ordnung zu sein. Jetzt wußte er, daß sie sich getäuscht hatten und wohl auch hatten täuschen lassen, weil Ilona ihnen immer die brave Tochter vorgelebt hatte. Nun, jetzt, wo sie normale Arbeitszeiten haben würden, würden sie sich mehr um sie kümmern. Er hoffte, daß noch alles mit der Zeit gut werden würde. Und in Töllenbrink, wo jeder jeden kannte und die beiden Sippen, Tanten, Onkel, Vettern und Basen lebten, konnte sie auch keine schlimmen Sachen machen, es würde sofort rauskommen.

Ilona saß die ganze Zeit da wie das Häufchen Unglück. In Töllenbrink leben zu müssen, war das schlimmste, was sie sich denken konnte. Einmal, weil sie mit der Natur, den Wäldern, Bächen, Feldern, auch den Tieren und Pflanzen nichts anfangen konnte. Das war eine fremde Welt für sie. Und die Menschen, die dort lebten, waren ihr genauso fremd. Sie hatte Angst vor ihnen. Nicht ganz zu Unrecht. Durch ihr oft unfreundliches Getue, ihre Angeberei hatte sie sich nicht nur unbeliebt, sondern auch lächerlich gemacht. Sie hatte sich sogar einen gar nicht schönen Spitznamen eingehandelt. Das kam so: Sie saßen zusammen mit Basen, Vettern und deren Freunden, als Ilona, die im Dorfladen eine Modezeitschrift kaufen wollte, zu ihrer Base Annegret sagte: »Komm mit.«

»Geht nicht jetzt«, sagte die, »ich muß in den Stall.«

»Oh, richtig, du mußt ja wohl lernen, Kühe zu melken. Wie ekelig.« Sprach's und stolzierte von dannen. Die anderen grinsten bloß oder tippten sich den Vogel an die Stirn. Aber Annegrets älterer Bruder Bernd, der ein flinkes Mundwerk hatte, sagte mit vorgespieltem, übertriebenem Vorwurf in der Stimme: »Aber Schwesterchen, wie kannst du nur so taktlos sein! Ihre Doofheit, Prinzipissa von Blödsheim, trinken doch nicht Milch von Kuh! Prinzipissa trinken nur Milch von Tüte!« Alle lachten, aber von da an hieß sie nur Prinzipissa, und so manches Mal wurde der volle »Titel«, den ihr Bernd verliehen hatte, angeführt. Es würde lange dauern, und Ilona mußte sich sehr ändern, bis sie den Titel würde ablegen können.

Noch am nächsten Tag meldete ihr Vater sie von ihrer alten Schule ab.

Anja war mit Christa bei Celine für den Nachmittag verabredet. Sie wollten gemeinsam für die Deutschstunde ein Gedicht lernen. Da kam ihr Vater unerwartet nach Hause, sagte, er habe sich frei nehmen können und freue sich auf einen gemütlichen Nachmittag. Anjas Mutter sagte: »Wunderbar«, sie sei gerade mit ihrer letzten Zeichnung – sie arbeitete für eine Werbeagentur – fertig geworden.

»Oh«, sagte Anja, nicht ohne Hintergedanken, »so ein Pech. Ich muß zu Celi und Christa, pauken, ein Gedicht. Geht zusammen besser. Aber ihr müßt Euch trotzdem einen schönen Nachmittag machen, hört ihr?«

»Deine gehorsamen Eltern hören und gehorchen«, sagte Anjas Mutter lachend.

»Brave Eltern, gute Eltern«, lobte Anja, nahm ihre Tasche, bekam zwei Küßchen und ging. Sie klinkte die Zimmertür aber nicht ein, ging zur Wohnungstür, machte sie auf, ließ sie laut zufallen, öffnete sie leise wieder, schlich lautlos zur Zimmertür zurück und lugte durch den Spalt. Sie hatte richtig gefühlt. Die beiden hielten sich fest umschlungen und küßten sich. Aber wie! Anja zog die Wohnungstür, diesmal fast lautlos, von außen zu und tanzte beinahe die Treppe herunter. Als sie bei Celine eintraf, war Christa schon da. Auf dem Tisch standen Tassen und Teller, eine große goldene Thermoskanne und ein mit einer Haube abgedeckter Kuchenteller.

»Tatü-Tata«, sagte Christa, »hat mir Frau Tramme für uns geschenkt.« Sie nahm die Haube ab.

»Wow«, schrien die beiden anderen. Auf dem Teller lag eine ganz große Hälfe von Trammes Traumtorte. Die trug ihren Namen zu Recht. Sie war ein Gedicht. Ein Backgedicht. Eine Schichttorte aus Teigblättern feinsten Mandelteiges, befüllt, abwechselnd, mit einer Creme von weißer Schokolade und Himbeerkonfitüre, überzogen mit weißem Zuckerschokoladenguß, verziert mit kandierten Himbeeren. »Toll«, sagte Anja. »Aber wir sind schlaue Kinder. Erst die Arbeit und dann um so mehr Vergnügen. ›Das gereimte Jahr‹ von James Krüss, also los.« Und obwohl die drei zwischendurch lachten und alberten, hatten sie das Gedicht in erstaunlich kurzer Zeit im Kopf. Sie hörten sich noch einmal gegenseitig ab. »Gut so«, sagte Celine, »klappt alles, Schluß mit Pauken.«

»Sag mal, Anja«, fragte Christa, »du bist so vergnügt, geht es mit deinen Eltern jetzt besser?«

»Besser?« sagte Anja, »es geht bestens, bestens, bestens. Ich sag euch, die beiden sind auf einmal total verknallt. Die sind richtig süß.«

»Das ist ja mal eine gute Nachricht«, sagte Celine, »aber ich habe auch eine. Bei uns ist es nämlich richtig vergnüglich geworden. Mein Vater hat doch immer davon geträumt, mit Onkel Fred, ihr wißt ja, mein Patenonkel, zusammenzuarbeiten, und der ebenso. Aber das ging aus Geldgründen nicht. Doch jetzt, nachdem die Presse einen solchen Wind um den Bärless-Fall gemacht hat, jetzt hat Papa soviel Arbeit, daß er es allein gar nicht schaffen kann. Neulich haben er und Onkel Fred sich als Partner in der Kanzlei zusammengetan. Und obgleich die beiden wirklich ackern müssen, sind sie quietschfidel, und am Wochenende haben sie für uns alle eine Ballonfahrt gebucht.«

Anja und Christa klatschten: »Bravo, bravo.«

»Aller guten Nachrichten sind drei«, sagte Christa. »Ich hab nämlich auch eine. Mama macht einen Fortbildungskurs, weil sie die Leitung der neuen Tramme-Filiale übernehmen wird. Frau Tramme kriegt ein Baby, ist superselig und wird nach der Geburt die Buchhaltung für alle drei Läden übernehmen. Die beiden haben sich ja immer gut verstanden, aber jetzt sind die so was von gut drauf, daß sie selbst griesgrämige Kunden zum Lachen bringen.«

Celine starrte vor sich hin, sagte dann: »Hört mal, Mädchen, da ist doch was sonderbar. Wir haben ein geklautes Blütenband mit vier Blüten. Innerhalb von fünf Wochen nach dem Klau löst sich die Dreierbande in Nichts auf, und in der Klasse herrscht auf einmal Friede, Freude, Eierkuchen. Selbst wenn der Eierkuchen manchmal ein bißchen schwarz war, das ist ja nichts gegen die Zeit der Dreierbande.«

»Du hast recht«, sagte Christa, »es geht ja noch weiter.«

»Eben«, sagte Celine. »Wir haben viermal verschenkte Blüten. Unsere beiden Bänder und die beiden Rosen von Anjas Eltern.«

»Und alle drei Familien«, sagte Christa, »haben ganz verschiedene Sorten von Glück bekommen.«

»Und die Bärless-Jungs auch noch«, sagte Celine.

»Und selbst die Trammes erfinden immer neue Leckereien, und die Läden werden immer voller«, sagte Christa.

»Das meine ich ja, da ist doch was sehr sonderbar, Anja?«

Anja sagte: »Vielleicht ja oder vielleicht nein. Ich habe euch nicht alles gesagt, als ich euch von der schönen alten Dame erzählte, die mir das Garn geschenkt hat. Ich hab gedacht, ihr denkt, ich spinne. Also, sie hat einmal Anja zu mir gesagt. Erst als ich ein Stück meine Straße hinunter war, hab ich's geschnallt. Woher wußte sie meinen Namen? Und weiter, auch das ist mir erst hinterher aufgefallen. Der Sturm war so stark, daß sich die Leute die Mützen auf dem Kopf festhielten und die Mäntel vorm Bauch zu. Aber ihr Mantel hat sich nicht bewegt und die silbernen Kringellöckchen auf ihrem Kopf auch nicht, und ich, als ich vor ihr stand, hab auch nichts vom Sturm gemerkt. Es war, als ob der Sturm extra ein windstilles Loch um sie herum gemacht hat. Als mir das klar wurde, hab ich mich nach ihr umgedreht, aber da war niemand, nur ein heller tanzender Lichtfleck, und dann war der auch fort. Ich glaube«, sagte Anja, »das war eine gute Fee.«

»Dann sollten wir uns bei ihr bedanken«, sagte Christa.

»Ja«, sagten die beiden.

Und alle drei sagten: »Dankeschön, gute Fee.«

Und dann setzten sie sich an den Teetisch und aßen Trammes Traumtorte auf und tranken Honigbuschtee dazu, natürlich mit Karamelzucker.

Rätselmärchen

Achim Brückner, 24 Jahre alt, Student der Naturwissenschaften, Fachgebiet Astronomie, war der beste Student, nicht nur seines Jahrgangs. Und der sonderbarste. Er sprach kaum jemals mit einem Mitstudierenden, blieb stets allein, wurde nie bei irgendeinem Treff außerhalb der Uni gesehen, niemand wußte etwas von ihm, außer, daß er für sein letztes Referat wieder ein »Ausgezeichnet« bekommen hatte. Und, das war den Mädchen aufgefallen, daß er immer sehr höflich war. Natürlich wurde über ihn gelästert. Die einen hielten ihn, ob seiner Begabung, für hochnäsig, die anderen für etwas verrückt. Als einmal, wie so oft, einige beim Mittagessen in der Mensa über ihn herzogen – er war dort noch nie gesehen worden –, sagte Tina Kracht, ein sehr kluges Mädchen und übrigens auch Spitzenstudentin, »hört auf damit, Brückner ist weder verrückt noch eingebildet, noch menschenfeindlich. Dazu ist er viel zu höflich. Er bückt sich, um einen heruntergeflatterten Zettel von jemand anderem aufzuheben, und wenn der sich bedankt, lächelt er freundlich und geht schweigend weiter. Ist euch nicht klar, was das bedeutet? Höflichkeit, und Brückner ist zu allen, Männlein und Weiblein, höflich, heißt Achtung vor anderen Menschen zu haben, ihnen nicht feindlich oder verachtend gegenüber zu stehen. Andererseits spricht er mit diesen Menschen nicht, oder nur rein fachlich, warum? Offensichtlich nicht aus Unfähigkeit, wir haben ihn alle schon in Seminaren reden gehört. Also gibt es etwas, das es ihm verbietet, zu anderen Menschen Verbindung aufzunehmen. Und es muß etwas sehr, sehr Schwerwiegendes sein, was eine solche harte Wirkung ausübt.«

»Ich glaube, da ist was dran, an dem, was du vermutest«, sagte ein Kommilitone, »denn glücklich wirkt er ja nun nicht gerade.«

»Ja«, sagte Tina, »mehr so, als ob er eine schwere Last zu tragen hat.«

Wenn sie erfahren hätte, wie sehr und auf welche Weise sie recht hatte, wäre sie sicher drei Stunden mit einer Gänsehaut herumgelaufen. Eine Gänsehaut hatte Achim Brückner nicht, als er in ruhigem Tempo zu seiner Jagdhütte fuhr. Zu vertraut war er mit dem Schrecken, der ihn dort erwartete. Seit Generationen im Besitz der Familie, samt dem riesigen Wald, der sie umgab, war die Hütte seit alters der Fluchtort für die Brückners gewesen, wenn der Fluch, stets von Vater auf Sohn vererbt, wieder zuschlug. Sein Vater hatte den Schrecken nicht verkraftet, er hatte sich das Leben genommen. Seine Mutter war bereits bei seiner Geburt gestorben. Achim war bei seinem Großvater aufgewachsen, der sein Bestes getan hatte, um den Enkel zu lehren, sein schlimmes Schicksal zu ertragen, ohne sich aufzugeben.

Ihr Schicksal?

Sie waren Werwölfe. Bei jedem Vollmond verwandelte sich ihr Körper in eine unförmige, behaarte Gestalt. Ihre Hände wurden zu klauenartigen Gebilden, ihr Mund wurde zu einem reißzähnigen Maul. Sie mußten heulen, und eine wahnsinnige Gier auf rohes Fleisch befiel sie. Am Ende einer solchen Nacht des Grauens fielen sie in tiefe Bewußtlosigkeit und wenn sie – wieder als Menschen – daraus erwachten, waren sie so schwach und voller Schmerzen, als ob man sie durchgeprügelt hätte. Erst am nächsten Tag konnten sie sich wieder unter Menschen wagen.

Noch vor dem Tod seines Großvaters hatte Achim alles gelesen, was über Werwölfe berichtet, erzählt und gesagt wurde. Aus dem Mittelalter gab es viele Geschichten, aus der Neuzeit keine mehr. »Sind wir die einzigen Werwölfe, die noch übrig sind?« hatte er seinen Großvater gefragt.

»Vielleicht«, sagte der, »aber vielleicht haben die in der heutigen Zeit noch lebenden gelernt, so wie wir auch, sich gut zu verstecken. So gut, daß niemand etwas von dem Fluch mitbekommt. Und so mußt du dich auch verhalten. Selbstverständlich darfst du auch mit niemandem darüber sprechen, verstehst du, mit niemandem!«

»Mit niemandem?« hatte Achim gefragt. »Und Großmutter? Hast du der auch nichts gesagt?«

»Doch«, sagte sein Großvater lächelnd, »aber sie hat mich geliebt.«

Seitdem wußte Achim, was Liebe ist. Da war er 14 Jahre alt. Mit 16 Jahren setzte der Fluch ein. Die ersten sieben Vollmondnächte war sein Großvater noch mit ihm zusammen in der Hütte, sonst hätte er den Schrecken vielleicht nicht überstanden. Aber Großvater hatte ihm alles beigebracht. Die Fensterläden außen zu schließen, die inneren mit Schlössern zu sichern. Die Doppeltür des Raumes, in dem sie die Nacht verbringen mußten – wie eine große Gefängniszelle war der –, ebenfalls von innen zu sichern. Denn nicht nur durfte sie kein Mensch sehen, auch sie durften keinen Menschen zu Gesicht bekommen, sonst hätten sie, in ihrem wölfischen Zustand, den Menschen angefallen. Die alten Geschichten waren voll von solchen Untaten. Stattdessen, um den Blutdurst zu stillen, kamen Klumpen rohen Fleisches in die Zelle. Am Morgen waren dann nur noch ein paar Fetzen davon übrig. Dicke, schalldämpfende Kissen brauchten sie, damit dämpften sie das Heulen, in das sie ausbrachen. Am Tag, wenn alles vorbei war, mußte die Zelle von abgefallenen Haarflocken und blutigen Fleischfetzen gesäubert werden, und sich selbst mußten sie mit vielen Eimern frischen Wassers aus dem Brunnen übergießen und sich dreimal abseifen, damit sie nicht stanken. Es war immer scheußlich, doch sie standen es durch.

Nach dem Tod seines Großvaters hielt sich Achim eisern an das Gelernte. Nur so konnte er überhaupt damit leben. Und mit seiner Wissensschaft. Die Sternenkunde war sein Halt. Das Lernen, die Arbeit, das Nachdenken ließen ihn sein Schicksal vergessen. Man könnte sagen, er flüchtete vor dem Mond in die Weite des Weltraumes. Und vor Tina Kracht. Nur allzuoft hatte er sich dabei ertappt, sie anzusehen. Sie war so schön und so klug. Und sie war nicht ablehnend. Im Gegenteil, manchmal sah es so aus, als ob sie sich mit ihm unterhalten wollte. Aber das durfte nicht sein. Keine Frau konnte einen wie ihn mögen, und wenn doch, dann war es ja noch schlimmer. Er konnte sich doch einer Frau nicht antun. Er hatte, als Kind, einmal gehört, wie seine Großmutter zum Großvater sagte: »Sie war nicht stark genug, um diese Last mit ihrem Mann zu teilen, deshalb starb sie bei der Geburt.« Seine Mutter. Seine Großmutter war stark genug, aber er hatte früh mitbekommen, welche Angst sie quälte, wenn Großvater auf der Hütte war, obgleich sie es vor ihm zu verbergen suchte. Nein, das durfte man keiner Frau antun, und schon gar nicht einem Kind, einem Sohn, dem er den Fluch vererben würde. Also durfte es Tina für ihn nicht geben.

Wieder, als er in der Hütte eintraf, nahm er sich vor, Tina nicht mehr anzusehen. Zum Glück waren Sommerferien, er hoffte, bis zu Semesterbeginn würde er sich wieder in den Griff bekommen.

Die Hüttenzeit, die Schreckenszeit, verlief wie immer. Alle Vorbereitungen treffen, sich in der Zelle einschließen, Hitzewallungen, Zuckungen, Haarflocken am ganzen Körper hervorpressen, toben, Fleisch zerfetzen, ins Kissen heulen, umfallen, bewußtlos werden, zerschlagen, mit Übelkeit aufwachen, alles saubermachen in der Zelle, abschließen und sich waschen, waschen, waschen. Und etwas trinken. Essen konnte er erst am nächsten Tag. Und, wie immer, nach Hause fahren und arbeiten. Er saß bereits an seiner Doktorarbeit. Und auf dem Heimtrainer und den anderen Sportgeräten, die in seiner Kammer standen, trainieren. Er mußte ja immer in guter körperlicher Verfassung sein, sonst würde er nicht durchhalten können.

Ein paar Tage später, es war ein sehr heißer Tag gewesen, ging er gegen Abend in den nahegelegenen Park, um Luft zu schnappen. Als er um die Ecke in einen kleinen Weg einbog, stand plötzlich Tina vor ihm.

»Hallo«, sagte sie lächelnd.

»Hallo«, sagte er. Sie sahen sich an und konnten nicht mehr voneinander wegsehen. Die ganze Welt um sie herum war fort, es gab nur noch sie beide. Nach vielen Sekunden, zu vielen, schien es ihm, setzte sein Verstand wieder ein. Er sprang zurück, über sein weißes Gesicht liefen Tränen.

»Nein, Liebste«, flüsterte er verzweifelt, »nein, Liebste, es darf nicht sein«, drehte sich um und lief, beinahe taumelnd, davon. Entsetzt sah sie ihm nach. Sie begriff, er durfte sie nicht lieben, obwohl er sie liebte. Aber warum? Die Handbewegung, die er gemacht hatte, als ob er sie zärtlich von sich wegschieben wollte, hatte fast so gewirkt, als ob er sie vor sich beschützen wolle. Was für ein schreckliches Geheimnis steckte dahinter? Sie dachte lange nach und beschloß, geduldig zu sein und nicht aufzugeben.

»Eines Tages werde ich herausfinden, was mit ihm ist. Ich werde mir doch meine große Liebe nicht von irgendeinem verdammten Teufel klauen lassen«, brummelte sie vor sich hin, als sie nach Hause ging.

Brückner war verzweifelt. Das einzige, was ihn von seiner Verzweiflung ablenkte, war die Arbeit, und wenn er nicht Zeit seines Lebens die härteste Selbstbeherrschung hätte üben müssen, hätte nicht einmal Arbeit geholfen. Die Liebe ist eben auch eine Himmelsmacht. Und hier waren gleich zwei Himmelsmächte im Spiel, die ihn zwischen sich aufrieben. Er verließ seine Wohnung nur noch, um das Notwendigste zum Leben einzukaufen und die Tageszeitung. Ansonsten gab es nur noch die Doktorarbeit und den Zimmersport.

Der nächste Vollmond war am 29. Juli, 22 Uhr. Er fuhr am späten Nachmittag zur Hütte, wie immer, nur noch schwermütiger, traf alle Vorbereitungen und schloß sich halb zehn Uhr in der Zelle ein. Es wurde zehn Uhr, halb elf, dreiviertel elf. Nichts geschah. Er wurde nervöser und verstörter mit jeder Minute. Was war los? Warum setzte die verdammte Folter nicht endlich ein? Er verstand gar nichts mehr. Die Gedanken wirbelten in seinem Kopf herum, und irgendwann schlich sich das Bild von Tina in den Wirrwarr, er dachte an sie, an ihr Lächeln, der Ausdruck ihrer Augen, als sie sich im Park gegenüberstanden – und schlief ein. Als er aufwachte, war es zehn Uhr morgens. Nichts war geschehen. Er stand auf, völlig verwirrt stolperte er aus der Zelle und kippte sich als erstes einen Eimer Wasser über den Kopf. Dann öffnete er die Hüttentür. Die Sonne strahlte durch das

Grün der Bäume, die Vögel zwitscherten, und Achim begriff seine Welt nicht mehr. Zehn Jahre lang hatte er Monat für Monat einen Tag nach dem Vollmond wie ein geprügelter Hund, der längst kein Wolf mehr war, vor dieser Tür gestanden, und jetzt war er ausgeschlafen und hatte Hunger auf Frühstücksbrötchen. Schließlich raffte er sich auf und fuhr nach Hause.

Dort angekommen, ging er als erstes in sein Arbeitszimmer. Sein Blick fiel, beinahe zufällig, auf die Frontseite einer Abendzeitung, die er vor einer Woche an die Wand über seinem Schreibtisch gepinnt hatte. Sie zeigte auf der einen Seite das Photo eines Mannes im weißen Raumanzug, der über schwarzen, steinigen Grund sprang. Das Bild war umrahmt von einer riesigen, weißen Schlagzeile: »20. Juli 1969 – Der erste Mensch auf dem Mond gelandet«. Brückner stand wie erstarrt. Ein Gedanke war ihm durch den Kopf geschossen. Aber dann wagte er nicht, daran zu glauben. Er sank in den Sessel, vergrub seinen Kopf in den Händen. War das möglich? Schließlich meldete sich der Wissensschaftler in ihm zu Wort. Wenn du eine sinnvolle Annahme hast, mußt du ihre Richtigkeit durch Nachforschung oder Experimente beweisen. »Das werde ich tun, Experimente«, sagte er laut zu sich selber.

Und er tat es. Am 29.7., dem nächsten Vollmonddatum, war er wieder in der Zelle der Hütte. Nichts geschah. Am 27.8. das gleiche. Jetzt, nach dem dritten Mal war er sich sicher. In all den zehn Jahren hatte der Fluch bei jedem Vollmonddatum zugeschlagen. Seit der Mondlandung schon zum dritten Mal nicht. Ihm war jetzt klar: Als der Mensch den Mond betrat, verlor der Mond seine böse Macht über den Menschen. Der Fluch war erloschen. Es gab keine Werwölfe mehr auf der Welt. Er war frei.

Ein Glücksgefühl, wie er es nie zuvor gekannt hatte, floß durch ihn hindurch. Ja, der Schatten der Vergangenheit hing immer noch über ihm, zehn Jahre Leben kann man nicht fortwerfen, aber dennoch beschloß er, mit Tina zu sprechen. Gleich bei Semesteranfang.

Als er ihr entgegenkam, sah Tina sofort, daß er sich verändert hatte. »Dir geht es besser«, sagte sie zur Begrüßung.

Er nickte: »Ich will dich um Verzeihung bitten für mein Verhalten im Park. Ich konnte nicht anders, ich bin mir selbst jetzt noch nicht ganz sicher, ob ich das hier tun darf, mit dir reden und dich fragen, ob wir nach dem Examen, wenn der Streß vorbei ist, uns irgendwo treffen könnten, wo wir Zeit und Ruhe haben?«

»Wir werden Ferien am Meer machen«, sagte Tina, »und dann kannst du mir alles erzählen.«

»Ja, das ist schön, aber es wird schwer werden, nicht nur für mich, auch für dich. Wenn du mich dann noch haben willst, mußt du mir sagen, daß ich dich küssen darf.«

»Einverstanden«, sagte Tina. Und dachte: »Befehlen werde ich es dir, mein Liebster.« Denn sie war sich ganz sicher, was immer das schreckliche Geheimnis gewesen war, welches noch immer seinen Schatten über ihn warf, seine Schuld war es nicht.

Die Prüfungen verliefen gut. Sie bekamen ihre Doktordiplome und beide die Glanznote Magna cum laude. Großes Lob.

Gleich nach dem Examen fand eine europäische internationale Tagung aller mit der Erforschung des Weltraumes befaßten Institute und Wissensschaftler statt. Tina Krachts und Achim Brückners Doktorvater hatte dort einen Vortrag zu halten, und er nahm die beiden mit zu dieser Tagung. Er war nämlich stolz auf seine hochbegabten Schüler. Die freuten sich natürlich sehr, es war eine Ehre, und es war ungeheuer spannend und lehrreich. Einer der Journalisten, selbst Naturwissenschaftler, der für ein bekanntes Magazin über die Tagung berichtete, wurde auf die beiden aufmerksam.

Nicht, weil sie ein so schönes Paar waren, und das waren sie, sondern weil sie die jüngsten Teilnehmer waren. Er informierte sich bei ihrem Professor und beschloß, ein kleines Interview mit ihnen zu machen. Motto: Was haben die Nachwuchswissenschaftler vor, was werden sie arbeiten, was wünschen sie sich. Also redete er mit ihnen, und zum Schluß fragte er: »Woran würden Sie am liebsten arbeiten, was wäre Ihr wissenschaftliches Traumziel? Dr. Kracht?«

Tina sagte: »Die Planetenmonde, zum Beispiel die Monde des Jupiter. Ich würde gern alles über sie wissen.«

»Und Sie, Dr. Brückner?« fragte der Journalist. »Was ist ihr Traumziel?«

»Ich werde mein Leben lang nur einem Ziel mit all meiner Kraft zuarbeiten«, sagte Brückner. »Mein Ziel? Landung des Menschen auf dem Mars.«

Frage: Warum Mars?

Lösung: Mars = Kriegsgott.

Sein Stern – Mars. Sein Altar im alten Rom auf dem nach ihm benannten Campus Martius – Marsfeld.
Martius – Monat März. Beginn der Kriegszeit im alten Rom. Die Frühlingsfeste im alten Rom galten der Weihung des Kriegsgerätes: Weihung der Waffen am 19. März, Weihung der Schlachthörner am 23. März

Älteres Deutsch: Martialgesetze – Kriegsrecht
Englisch: martial law – Kriegsrecht
Spanisch: ley marcial – Kriegsrecht
Italienisch: legge marziali – Kriegsrecht

Noch heute im Deutschen gebrauchtes lateinisches Fremdwort:
martialisch – kriegerisch, grob, wild

Geschwister

Es war eine stille Gegend in der lauten Stadt. Eine Reihe schöner alter Mietshäuser, eine schmale Fahrstraße, dahinter eine kleine Grünanlage. Vor einem der Häuser stand, am Rande des Bürgersteigs, eine große alte Linde. Sie stand unter Naturschutz. Weil sie im Frühjahr über und über mit Blüten bedeckt war, machten manche Menschen aus den anliegenden Straßen extra einen Umweg, um sie zu bewundern. Etwas links von der Linde, auf dem Balkon im ersten Stock eines Hauses, stand neuerdings zwischen Blütenstauden auch ein Baum. Der war etwa 40 Zentimeter hoch und auch eine Linde. Es war nämlich ein Bonsai. Bonsais sind echte Bäume, welche auf besondere Art aus Trieben der großen Bäume gezüchtet werden, daß sie klein bleiben. Sie sehen aber genau aus wie die großen Bäume, nur eben ganz klein. Die Japaner haben die Kunst, solche Bäume zu ziehen, in vielen Jahrhunderten entwickelt.

Als die Linde diesen Winzling sah, war sie sehr erstaunt. »Wer bist denn du?« fragte sie. »Du bist doch so klein, daß es dich gar nicht geben kann!«

Bäume reden miteinander, muß man wissen. Natürlich in der Baumsprache, die wir Menschen nicht verstehen, außer einigen wenigen Menschen, die kriegen manchmal ein bißchen was davon mit.

»Wer bist du?« fragte die Linde noch einmal.

»Ich bin Lindi, so nennen mich meine Menschen. Ich bin eine Bonsai. Ich komme aus Japan. Die Japaner züchten so kleine Bäume aus großen, weißt du.«

»Ich bin die Linda«, sagte die große Linde. »Warum machen die denn das?«

»Weil sie Gärten lieben, aber viele haben gar keinen Platz dafür, es ist ja eine Insel, weißt du. Und so machen sie oft aus einem winzigen Stückchen Land einen wunderschönen Park mit Blumen und Büschlein und einem Teichlein, so groß wie eine Waschschüssel der Menschen, und uns, den Bonsais.«

»Jetzt verstehe ich«, sagte Linda. »Und wie bist du hierhergekommen?«

»Ein Freund von meinem großen Menschen, er arbeitet in Japan an Windrädern, hat mich für meinen großen Menschen mitgebracht. Weil mein kleiner Mensch, der Sohn vom großen, mal was über Bonsais gelesen hat und ihn nach uns gefragt hat.«

»Und jetzt bist du hier. Herzlich willkommen, kleine Schwester.«

»Danke große Schwester, du kannst dir gar nicht vorstellen, wie ich mich freue, hier neben einer großen Schwester zu stehen. Es ist mir eine Ehre.« Und so redeten sie weiter über dies und jenes und natürlich auch über die Menschen. Linda, die seit hundert Jahren auf der Straße stand, kannte jeden einzelnen, der da wohnte – und im Laufe der hundert Jahre da gewohnt hatte. Die Großmanns, so hießen Vater und Sohn, Lindis Menschen, waren gerade erst eingezogen. »Mein großer Mensch«, sagte Lindi »der ist jetzt glücklich, weil er hier in der großen Stadt, vorher waren wir in einer viel kleineren, eine richtig gute Arbeit hat. Die Menschen müssen ja arbeiten, um zu leben. Da haben wir es besser. Aber mein kleiner Mensch, der macht mir Sorgen. Der ist erst zehn Jahre gewachsen und mußte all seine Freunde zurücklassen. Und hier, in der neuen Schule, da müssen Menschen ja hingehen, da kennt er niemanden. Und sehr nett sind sie da wohl auch nicht zu ihm. Jedenfalls ist er traurig.«

»Kann ich mir gut vorstellen, Lindi«, sagte Linda. »Du glaubst nicht, was ich hier schon alles gesehen habe. Auf der Straße und durch die Häuserfenster, was Menschen sich so alles antun. Da können wir nur die Zweige schütteln. Ist der kleine Mensch denn nett zu dir?«

»O ja, sehr sogar«, sagte Lindi. »Er redet sogar mit mir, wenn er mir zu trinken gibt. Und manchmal krieg ich auch ein Küßchen aufs Blatt, und er sagt: Machs gut, Lindilein, wenn er zur Schule geht.«

»Der ist also ein Lieber«, sagte Linda. »Wir müssen uns was einfallen lassen, damit er nicht mehr traurig ist.«

»Oh, das wäre gut«, sagte Lindi.

Und sie ließen sich etwas einfallen. Mit ihrer genauen Kenntnis aller Bewohner der Straße fiel es Linda nicht schwer, einen schlauen Plan zu entwerfen. Lindi war begeistert. Gleich am nächsten Tag konnten sie den Plan umsetzen.

Thomas Großmann, so hieß Lindis kleiner Mensch, kam aus der Schule nach Haus. Man konnte ihm schon von weitem ansehen, daß es nicht gerade erfreulich gewesen war. »Dorftrottel« hatten welche hinter ihm gesagt, laut genug, damit er es hörte. Geredet hatte kaum einer mit ihm. Müde setzte er sich auf die kleine Bank, die neben Lindas Stamm, noch unter ihrer Krone, im Schatten stand. Drei Minuten später kam Thomas Kleinert, der Junge wohnte ein Haus weiter und war fünfzehn Jahre alt, ebenfalls aus derselben Schule. Als er an Großmanns Balkon vorbei ging, rieselte plötzlich ein Blütenregen auf seinen Kopf, seinen Hals, über seine Nase. Völlig verdutzt zuckte er zurück und blieb stehen, dabei zufällig in Thomas Großmanns Richtung blickend. Genau in diesem Augenblick rieselte ein Regen von Blüten auf Thomas Großmann nieder. Auf seinen Kopf, seinen Hals, seine Nase. Die beiden starrten sich einen Augenblick lang an, und dann fingen sie an zu lachen. »Hey«, sagte der große Thomas »daß die Linde dich bepudert, habe ich gesehen, aber vorher mich, ich war doch noch gar nicht unter ihr.«

»Nein«, sagte der kleine Thomas. »Du warst unter der ...«, und zeigte mit dem Finger auf den Balkon. Thomas setzte sich neben Thomas.

»Ich bin Thomas«, sagte er.

»Ich bin auch Thomas«, sagte der.

Sie sahen sich an, und irgendwie wußten sie, daß der andere keine Witze machte. Prompt fingen sie wieder an zu lachen.

»Das Bäumchen ist ja wirklich eine Linde«, sagte Thomas Kleinert, »ist es das, was man Bonsai nennt?«

»Ja«, sagte Thomas Großmann. »Ein Freund meines Papas hat es uns aus Japan mitgebracht.«

»Ich hab noch nie einen Bonsai in Natur gesehen«, sagte der große. »Find ich schön.«

»Ich auch«, sagte der Kleine. »Wenn jetzt wer ›Thomas‹ ruft, wen von uns meint er dann?«

»Recht hast du«, sagte der Große. »Ich schlage vor, ich bin Tom und du bist Tommy. Einverstanden?«

»Sehr gut«, sagte Tommy. »Dann verwechseln wir uns nicht.«

Sie redeten noch ein bißchen und gingen dann heim.

Am nächsten Morgen trafen sie sich auf dem Schulweg und schwatzten wieder ein wenig. Trotz des Altersunterschieds konnten sie gut miteinander reden. Dumm waren sie ja beide nicht.

Drei Tage später – es war in der großen Pause, Tommy stand wieder mal allein da – tauchten plötzlich zwei Jungs aus einer 10. Klasse vor ihm auf. Die beiden waren bekannte Schläger. Typ: erbärmlicher Feigling fühlt sich stark, wenn er mit drei anderen von seiner Sorte einen einzelnen zusammenschlägt oder einen kleinen, der ihm gerade mal bis zum Magen reicht, verprügelt. Sie wollten Geld haben. »Wenn du dein Taschengeld nicht gleich rausrückst, wird's aber sehr unangenehm für dich, Kleindorfdoof.«

Natürlich hatte Tommy Angst. Sie waren zu zweit und jeder der beiden war größer und stärker als er.

»Ich hab kein Geld«, sagte er so gefaßt wie ihm möglich.

»Ach ja? Da werden wir wohl mal nachsehen müssen«, sagte der eine.

»Das werdet ihr nicht tun«, sagte eine ruhige Stimme. Tom. Er schob Tommy hinter sich. »Ihr laßt Tommy von jetzt ab in Ruhe, ich will euch nie mehr in seiner Nähe sehen«, sagte er genauso ruhig wie vorher.

»Ja, ja, schon gut, war ja bloß Spaß«, brummelte der eine, und beide zogen ab.

Tommy starrte Tom mit offenem Mund an. »Danke, Dankeschön«, stammelte er. »Aber warum, wieso gehorchen die dir?«

»Ich mache seit sechs Jahren Kung Fu«, sagte Tom. Es klingelte. »Wir reden nachher, du gehst heute nicht allein nach Haus. Du wartest auf mich.«

»Mach ich«, sagte Tommy und ging in die Klasse.

Das Mädchen, Rita, das neben ihm saß, sagte beinahe aufgeregt. »Du, du kennst Thomas Kleinert?«

Tommy nickte. »Er wohnt im Nebenhaus«, sagte er, »wir reden manchmal miteinander. Warum fragst du?«

»Er ist der tollste Junge in der Schule, weißt du das nicht?« sagte Rita.

»Ich bin doch erst ein paar Wochen hier«, sagte Tommy, »ich mag ihn, und was er eben gemacht hat, war wirklich toll. Aber warum der tollste?«

»Weil er im vorigen Jahr, als wir noch vier von den Lumpen in der Schule hatten, zwei mußten inzwischen weg, gleich alle vier fertig gemacht hat. Er allein, gegen alle vier, und er hat gekämpft und gesiegt. Die waren auf ein Mädchen aus ihrer Klasse losgegangen, weil die nichts von denen wissen wollte. Er ist ein Kung-Fu-Kämpfer. Er ist wirklich der Tollste.«

»Ich verstehe«, sagte Tommy.

Auf dem Heimweg bedankte sich Tommy noch einmal bei Tom und bat ihn, ihm zu erklären was Kung Fu genau ist. »Ich weiß nur, das es etwas ähnliches ist wie Karate«, sagte er, »oder Judo.«

»Ist es«, sagte Tom »aber es ist eine der feinsten und anspruchsvollsten Kampfkünste. Kung Fu bedeutet ›Etwas durch harte und geduldige Arbeit Erreichtes‹, und das trifft auch wirklich zu, man muß lange und viel üben. Und Geduld haben.«

»Ich weiß nicht, ob ich das schaffen würde«, sagte Tommy. »Aber ich möchte es so gerne versuchen. Meinst du, ich könnte es lernen?«

»Sicher«, sagte Tom, »die buddhistischen Mönche in den Shaolin Klöstern, die diese und viele andere Kampfkünste entwickelt haben und seit 1000 Jahren üben, haben alle mal als kleine Jungs angefangen. Frag deinen Vater, und wenn er einverstanden ist, nehme ich dich mit zum Training.«

Linda und Lindi, welche die beiden Thomase beobachteten, waren sehr zufrieden.

»Dein kleiner Mensch ist schon viel munterer geworden«, sagte Linda.

»Ja, und ich hoffe nur«, sagte Lindi, »daß mein großer Mensch dem Kung-Fu-Lernen zustimmt. Das ist etwas ganz Feines, nicht nur für die Verteidigung im Kampf, auch gut für die Gesundheit und den Kopf.«

Vater Großmann wußte das auch. Als ihm Tommy am Abend alles erzählte und ihn fragte, ob er zum Kung-Fu-Training gehen dürfe, sagte er sofort ja. Und er sagte auch: »Den Tom möchte ich jetzt aber wirklich kennenlernen. Lade ihn doch mal ein.«

Das war aber gar nicht nötig. Am nächsten Vormittag nämlich, es war Sonnabend, kamen Tommy und sein Vater vom Einkaufen und trafen vor ihrem Haus, unter der Linde, Tom und seine Mutter, die ebenfalls vom Einkaufen kamen. Die Söhne machten Vater und Mutter miteinander bekannt und stellten ihnen den jeweils anderen vor. Tommys Vater bedankte sich bei Tom für seine Hilfe auf dem Schulhof.

»Sie können stolz auf ihren Sohn sein«, sagte er zu Frau Kleinert.

»Bin ich auch«, sagte sie und lächelte.

Sie ist sehr hübsch, dachte Tommy, aber wenn sie lächelt, ist sie noch hübscher.

Die Linde rauschte, und sein Vater sagte auf einmal: »Warum sollen sich Mama und Papa eigentlich die Mühe machen, heute Mittagessen zu kochen? Darf ich Sie, Gnädigste, und unsere beiden Sprößlinge zum Essen einladen? Zum Italiener oder Inder oder Griechen oder Chinesen.«

»Zum Chinesen«, sagten beide Jungen sofort.

»Dann auf zum Chinesen«, sagte Frau Kleinert lachend, »wir tun ja immer, was unsere Kinder anordnen.«

»Wir sind eben wohlerzogene Eltern«, sagte Herr Großmann.

Es wurde ein langer und schöner Mittag. Sie verstanden sich alle vier sehr gut und beschlossen, sich in Zukunft öfter zu treffen. Von nun an ging Tommy mit Tom zum Training, die Zusammenkünfte fanden immer öfter statt, und als Frau Kleinert und Herr Großmann eines Abends ohne ihre Söhne miteinander ausgingen, überraschte das die beiden gar nicht mehr.

Am nächsten Tag, auf dem Weg zur Schule, sagte Tom: »Du, dein Alter sah aber gestern abend richtig super aus. Ich hab nämlich heimlich aus dem Fenster geguckt.«

»Und deine Mutter sah super super aus«, sagte Tommy, »oder glaubst du etwa, ich hätte nicht aufgepaßt? Ich hab hinter Lindi gehockt.«

Sie lachten beide. »Mann, wenn das was wird mit den beiden, das wär der Knaller«, sagte Tommy.

»Der Verknaller, würde ich mal sagen«, meinte Tom.

Was sie nicht wußten, es war schon etwas geworden. Als Michael Großmann und Tessa Kleinert vom Parkplatz zu ihren Häusern geschlendert waren, hatten sie sich noch auf die Lindenbank gesetzt, weil die Sternennacht so schön war. Linda rauschte leise und duftete süß, und Lindi sah im schimmernden Licht des Mondes aus wie ein Baum aus dem Feenwald. Sie hatten sich geküßt, und dann konnten sie nicht aufhören sich zu küssen.

»Also Lindi, Schwesterchen«, sagte Linda, »das gefällt mir sehr, was ich da sehe.«

»Mir auch, Schwesterherz«, sagte Lindi. »Ich wußte gar nicht, daß mein Mensch so zärtlich sein kann.«

»Die Liebe kann alles bei den Menschen machen«, sagte Linda. »Ist mir schon öfter aufgefallen.«

Als Toms Mutter am Nachmittag von der Arbeit kam, begriff Tom sofort, was los war. So hatte er seine Mutter noch nie gesehen.

»Ich sag dir, Tommy«, sagte er, als er mit seinem Freund zum Training ging, »die leuchtet geradezu von innen.«

»Ich weiß genau, was du meinst«, sagte Tommy, »bei meinem Papa ist auch so 'ne Innenbeleuchtung angegangen.«

»Gut, sehr gut«, sagte Tom. »Nach dem Training reden wir weiter.«

Sie saßen danach, wie immer, es war schon zur Gewohnheit geworden, unter der Linde.

»Wir müssen den beiden jetzt möglichst viel Zeit und Platz lassen«, sagte Tom.

»Ja«, meinte Tommy, »damit das richtig gut weitergeht. Das wollen wir doch, nicht?«

»Na klar«, sagte Tom. »Wollen wir.«

Eine Weile waren sie still. Dann fragte Tommy: »Wie bin ich beim Training? Sags mir ehrlich.«

»Wenn du so weitermachst wie jetzt, gut. Du darfst nur nicht aufgeben und nachlassen.«

»Ich geb nicht auf«, sagte Tommy, »ich will doch so werden wie du.«

»Wenn du Kung Fu so weitermachst, wirst du werden, wie du bist, und das ist richtig so«, sagte Tommy.

Von da an achteten sie darauf, möglichst viel gemeinsam zu machen und ihre beiden Eltern möglichst wenig zu beanspruchen. Zuerst hielten Michael Großmann und Tessa Kleinert es für Zufall, daß sie immer mehr Zeit füreinander hatten, aber dann merkten sie auf.

»Sag mal, Liebster«, sagte Tessa, als sie eines Nachts wieder einmal unter Linde saßen – sie liebten diesen Platz seit ihrem ersten Kuß – »sag mal, spinne ich, oder lassen uns unsere beiden Kindlein absichtlich so gern allein?«

»Der Gedanke ist mir auch schon gekommen«, sagte Michael. »Neulich verschwanden die beiden, weil Tom Tommy angeblich bei Mathe helfen mußte, dabei schreibt Tommy meistens Einsen.«

»Und vorgestern brauchte Tom Tommy als Unterstützung bei Recherchen am Laptop für die Geschichtsarbeit«, sagte Tessa. Sie sahen sich an. »Es sieht fast so aus, als ob unsere beiden schlauen Schlingel uns verkuppeln wollen. Was meinst du, sollen wir ihnen den Gefallen tun?« sagte Michael.

»Ich denke, wir tun es«, sagte Tessa.

Er nahm sie in die Arme: »Dann will ich es auch richtig machen«, sagte er. »Tessa, ich liebe dich, willst du meine Frau werden?«

»Michael, ich liebe dich«, sagte Tessa, »willst du mein Mann werden?«

Und dann sagten beide Ja und küßten sich.

»Na endlich«, sagte Linda.

»Wieso? Sie haben es doch gleich gewußt«, sagte Lindi. »Mein Mensch jedenfalls, das habe ich ihm längst angesehen.«

Am nächsten Abend, sie saßen auf Großmanns Balkon, sagten sie Tom und Tommy, daß sie heiraten würden.

»Was? Tatsächlich?« machte Tom erstaunt. »Was? Wirklich?« machte Tommy ebenso. Und dann sagten sie beide wie aus einem Munde: »Das hätten wir nie, nie für möglich gehalten.«

Aber ganz hielten sie die Faxerei nicht durch, weil sie viel zu froh waren. Sie fingen schon beim letzten Wort an zu lachen. Ihre Eltern nahmen sie in die Arme, und beide Jungs fanden es schön, auf einmal einen Vater und eine Mutter zum Kuscheln zu haben.

Lindi und Linda waren sehr zufrieden. »Das ist eine gute Sache, die wir da eingerührt haben«, sagte Lindi.

»Find ich auch«, sagte Linda.

Aber ihre gute Laune änderte sich schnell. »Linda, Schwester, Schwester bitte«, rief Lindi plötzlich ganz verzweifelt. »Unsere Menschen reden gerade darüber, daß sie sich jetzt eine neue Wohnung suchen müssen, wo sie doch zusammenwohnen wollen. Dann muß ich ja weg von dir. Das halte ich nicht aus. Da geh ich ein ohne dich, Linda.«

»Ruhig Saft, Kleines, ruhig Saft«, sagte Linda. »Laß mich mal überlegen. Ja, natürlich! So wird das gehen. Gleich morgen, Schwesterchen, du wirst sehen, kommt alles in Ordnung, keine Angst. Das machen wir schon.«

»Ja? Bitte, bitte«, sagte Lindi. Sie ließ aber trotzdem die Äste hängen, so sehr hatte sie der Gedanke, von Linda fort zu müssen, geängstigt.

Am nächsten Nachmittag, es war ein sehr heißer Tag, sah Tessa Kleinert, als sie vom Parkplatz in ihre Straße einbog, Frau Willinger, ihre Nachbarin, vor sich, die ein paar Einkaufstüten trug. Die Willingers, ein älteres Ehepaar, und die Kleinerts hielten gute Nachbarschaft, weshalb Tessa auch sofort erkannte, daß es Frau Willinger nicht gut ging. Sie rannte zu ihr und nahm ihr die schweren Einkaufstüten ab. »Frau Willinger, Sie sind ja ganz blaß«, sagte sie erschrocken »Kommen Sie erst mal auf die Lindenbank. Da ist es ein bißchen kühler.«

Dankbar sank Frau Willinger auf die Bank. »Mir geht es wirklich schlecht«, sagte sie schwer atmend. »Danke schön.«

»Die Hitze ist ja auch anstrengend«, sagte Tessa.

»Es ist nicht nur die Hitze« sagte Frau Willinger. Und dann nach einer Pause, die Linde rauschte leise: »Es ist so schön hier«, sagte sie. »Mein ganzes Leben habe ich hier gelebt, meine Eltern wohnten ja schon hier. Mein ganzes Leben. Und jetzt muß ich fort. Das macht mich fertig.«

»Fort? Frau Willinger, warum denn?« fragte Tessa bestürzt.

»Ach«, sagte die, »die ganz gewöhnlichen Lebensumstände. Wie Sie ja wissen, Frau Kleinert, ist meine jüngste Tochter im Januar nun auch ausgezogen. Die Wohnung ist viel zu groß für uns beide, wir müssen uns eine kleinere, passende suchen. Doch der bloße Gedanke, hier wegzuziehen, liegt mir wie ein Zentnerstein auf dem Herzen. Nimmt mir die Luft weg.«

»Frau Willinger«, rief Tessa, »den Stein schmeißen wir gleich runter. Wir tauschen. Sie nehmen meine Wohnung und ich nehme Ihre.«

»Was? Was sagen sie da?« Frau Willinger starrte sie an. »Sie wollen die große viereinhalb Zimmerwohnung haben?«

»Ja, will ich, und ich bin mehr als froh, sonst hätte auch ich hier wegziehen müssen, und das will ich so wenig wie Sie.« Sie lachte. »Frau Willinger, Michael Großmann und ich, wir heiraten. Und also brauchen wir für uns vier ihre Wohnung, und Sie brauchen meine für Sie zwei.«

»Das ist ja wie ein Wunder«, sagte Frau Willinger. Sie hatte Tränen in den Augen vor Freude. »Herr Großmann, das ist doch der nette Mann von nebenan, nicht?«

Tessa nickte.

»Er sieht sehr gut aus«, sagte Frau Willinger lächelnd. Sie war gar nicht mehr so blaß wie zuvor.

»Ja«, sagte Tessa, »das sehe ich auch so.«

Dann lachten die beiden erst einmal und beschlossen, am Sonnabend vormittag eine Besprechung mit allen sechs Umzüglern zu machen. »Und ich«, sagte Frau Willinger, »koch uns ein Mittagessen dazu.« Dann gingen sie heim.

»Siehst du, Schwesterchen, nun ist alles wieder gut, ja?« sagte Linda.

»Ja«, sagte Lindi, »es ist wundervoll. Du bist so klug, Schwester, wie du immer alles so hinkriegst, das ist wirklich toll.«

»Große Schwestern sind dazu da, klug zu sein«, lachte Linda.

Die Besprechung der sechs, denn Tom und Tommy waren selbstverständlich dabei, verlief geradezu vorbildlich. Obgleich soviel zu bedenken war, kamen sie mit der Einteilung der notwendigen Arbeiten schnell voran; und erleichtert und froh, wie sie waren, hatten sie alle richtig schlaue Einfälle, wie man etwas praktisch durchführen oder schön einrichten könne. Und genau so glatt und reibungslos ging der Umzug vor sich. Nach drei Wochen saßen beide Familien glücklich in ihren neuen Wohnungen.

»Und mit unserem Hochzeitsfest weihen wir unsere neue Wohnung ein«, sagte Herr Großmann.

Das taten sie. Es war ein schönes Fest. Nach dem Standesamt fuhren sie zum Chinesen, dem es eine Ehre war, ein besonders leckeres Hochzeitsessen aufzutragen, dann in die neue Wohnung. Ihre Hochzeitsgäste, nicht viele, Schwester, Bruder, Schwager, Schwägerin, beider Töchter, die Freunde und Freundinnen und selbstverständlich die Willingers, waren sehr angetan von der Wohnung und beglückwünschten die Großmanns noch einmal. Alle unterhielten sich gut miteinander und tanzten vergnügt in den Abend hinein.

Am nächsten Vormittag, es war ein Sonntag, saßen die vier auf dem Balkon. Gemütlich auf ihren Liegesesseln, noch ein wenig müde, genossen sie den Tag. Es war ein stiller Tag in der stillen Straße. Die Sonne schien, kein Lüftchen regte sich, und Lindi und Linda sahen so wunderbar aus, als ob ein großer Künstler sie in die flimmernde Luft gepinselt hätte.

»Die beiden Linden sehen heute noch schöner aus als sonst«, sagte Michael Großmann.

»Das ist nur gerecht«, sagte Tommy, »ohne sie wären wir ja gar nicht hier.«

»Wie meinst du das denn?« fragte sein Vater.

»Na, die beiden haben uns Kinder doch miteinander bekannt gemacht«, sagte Tom.

»Ich dachte, ihr habt euch in der Schule kennengelernt«, sagte seine Mutter.

»Nö, das waren Lindi und Linda. Wir sagen immer Linda zu der großen, weil die kleine Lindi heißt«, sagte Tom. Und dann erzählten sie von dem Blütenregen und wie sie danach miteinander geredet hatten. »Na ja«, sagte Tommy, »und dann haben wir vier uns unter der Linde getroffen und haben euch einander vorgestellt.«

Die beiden Erwachsenen sahen sich an. »Und wir«, sagte Tessa lächelnd, »haben uns unter der Linde zum erstenmal geküßt.«

»Und ich«, sagte Michael lächelnd, »habe dir unter der Linde den Heiratsantrag gemacht.«

»Da seht ihr's doch. Immer Linde«, sagte Tom.

Tessa Großmann sah plötzlich sehr nachdenklich aus. »Die Wohnung«, sagte sie »ich glaube, unsere schöne Wohnung hier verdanken wir auch den beiden. Wir saßen ja unter der Linde, als mir Frau Willinger von ihrem Kummer wegen des geplanten Auszuges erzählte. Aber Frau Willinger ist nicht der Mensch, der sein Herz auf der Zunge trägt. Wenn wir im Hausflur miteinander geredet hätten, und das haben wir ja oft genug getan, dann hätte sie mir davon nichts gesagt. Aber unter der Linde, dem leisen Rauschen, dem Duft, dem Anblick von Lindi in der Sonne, da ist ihre ganze Verzweiflung, das alles verlassen zu müssen, in ihr hochgekommen, und sie hat geredet.«

»Es sieht ja beinahe so aus, als ob wir hier ein paar grüne Schutzengel vorm Fenster haben«, sagte Michael.

»Kann schon sein«, meinten Tom und Tommy.

»Hast du das gehört, Schwesterherz?« sagte Lindi. »Unser Mannmensch sagt, wir sind grüne Schutzengel.«

»Ich hab's gehört. Das ist ein sehr großes Lob, Schwesterchen«, sagte Linda. »Schicken wir ihnen doch einen Gruß als Dankeschön.«

Durch die Luft schwebten zwei Lindenblätter auf den Balkon, ein großes und ein kleineres. Über dem Tisch tanzten sie miteinander, wie Blätter das so tun. Nur: da war doch gar kein Wind! Dann sanken sie nieder und legten sich dicht nebeneinander auf das weiße Tischtuch.

»Wie schön«, rief Tommy und gab Lindi einen Kuß auf ein Blättchen.

»Ebenfalls«, sagte Tom und pustete einen Kuß zu Linda hinüber.

Tessa sagte leise: »Danke. Ich werde euch einrahmen, auf weißer Seide, unter Kristallglas.«

»Und ich mache euch einen goldenen Rahmen herum«, sagte Michael.

»Und dann hängen wir euch mitten über das Sofa«, sagte Tom.

»Da können wir euch immer sehen«, sagte Tommy, »auch wenn es im Winter dunkel ist.«

Hirse süß – Hirse salzig

Die Kerners saßen gemütlich beisammen am Abendbrottisch, als Janine, Dr. Kerners Stieftochter, sagte: »Daddy, du hast mir doch in Drewitz versprochen, Hirsebrei für mich zu kochen.«

»Hab ich und mach ich, wenn du willst«, sagte Kerner.

»Na unbedingt, ich will doch wissen, wie das Zeug aus dem Märchen schmeckt«, sagte Janine.

»Wie soll er denn sein, heutig oder mittelalterlich?« fragte Dr. Kerner.

»Mittelalterlich«, sagte Janine. »So, wie sie ihn damals gekocht haben, als der Drewitzer Hauskoch noch lebte.«

»Gut«, sagte Dr. Kerner. »Und möchtest du ihn süß oder salzig haben?« fragte er.

»Süüüüß«, quiekte Janine.

»Gut«, sagte ihr Vater, »dann kochen wir beide am Sonnabend Hirsebrei. Würdest du auch welchen mögen, Liebste?« fragte er seine Frau.

»Aber sicher«, sagte die, »wenn ihr beide euch im Mittelalter rumtreiben wollt, komm ich doch mit.«

Am Freitag abend kam Dr. Kerner mit einer vollen Einkaufstüte nach Haus, und am Sonnabend morgen, noch vor dem Frühstück, nahm er Janine mit in die Küche.

»Los geht's«, sagte er. »Wir brauchen für uns drei 150 Gramm Hirse, abgewogen, denn nach dem Gewicht müssen wir die Milch abmessen. Dreimal soviel, also 450 ml Milch. Aber erst einmal brausen wir die Hirse mit heißem Wasser ab, falls etwas Öl ausgetreten ist durch das Schälen, das wird ranzig und schmeckt schlecht. Und dann wird sie in Wasser eingeweicht und zwei Stunden oder länger stehen gelassen. So, jetzt können wir frühstücken.«

»Und dann kochen wir«, sagte Janine. Das taten sie auch. Kerner nahm einen ziemlich großen Topf und schüttete die abgegossene Hirse hinein.

»So ein großer Topf für das bißchen?« wunderte sich Janine.

»Warte es ab« sagte Kerner, goß die Milch aus dem Meßbecher darüber und schaltete den Herd an. Dann holte er einen kleinen Topf und gab sechs Eßlöffel aus einer Tüte hinein und noch zwei gehäufte aus einer anderen, goß auch darüber Milch und kochte das kurz auf.

»Was ist denn das?« fragte Janine, sie hatte so etwas noch nie gesehen.

Kerner hielt ihr die Tüten hin. »Fliederblüten + Holunderblüten« stand auf der einen, auf der anderen »Minze gemahlen«. »Aus dem Kräuterladen«, sagte Kerner. »Wir müssen unseren Brei doch würzen. Und da du es mittelalterlich haben wolltest, würzen wir so, wie die es auch gemacht haben. Heute könnten wir zum Beispiel Zucker und Zimt nehmen, aber damals konnten sich all solche orientalischen oder afrikanischen Gewürze nur sehr, sehr reiche Leute leisten. Hohe Adlige oder große Handelsherren. Die prunkten dann bei ihren Gastmählern mit Zimt und Muskat und Pfeffer und Zucker. Aber Drewitzer Bauern, die hatten für so was kein Geld. Die, wie alle anderen nicht reichen Leute, niedere Stände nannte man das damals, nahmen das, was in ihren Gärten und Wäldern, auf Wiesen und Feldern wuchs. Und so machen wir es jetzt auch.« Er stellte die Hitze unter dem aufkochenden Hirsetopf kleiner. »Jetzt muß die Hirse zehn bis zwölf Minuten köcheln«, sagte er, »aber wir bleiben besser dabei.«

Als die zehn Minuten um waren, kippte er die aufgekochte Blütenmilch dazu, nahm das Honigglas und gab fünf

Eßlöffel Honig in die köchelnde Milch, sagte: »Na, wie ich Janine kenne, machen wir mal lieber sechs Löffel draus.« Dann ließ er es noch einmal aufkochen, verrührte alles gut und schaltete die Platte auf Warmhalten. »Mit einem Elektroherd geht das«, sagte er. »Aber als ich mal mit einem Kommilitonen von der Uni Hirsebrei gekocht habe, war das schwieriger. Da hatten wir einen Gasherd, und selbst die kleinste Flamme hätte den Brei anbrennen lassen.«

»Und was habt ihr da gemacht?« fragte Janine.

»Na ganz einfach. Heizkissen anschalten, ins Bett damit, Topf drauf, Bettdecke drüber. Klappte tadellos. So, in einer halben Stunde wissen wir, ob wir gut gekocht haben.«

Nach einer halben Stunde wußten sie es. Als sie den Deckel hochhoben, schrie Janine: »Jetzt kapier ich's.« Der Topf, der nur zu einem Drittel gefüllt gewesen war, als sie den Honig hinzufügten, war nun bis zum Rand voll. »Wenn wir den kleineren Topf genommen hätten ...«, sagte sie.

»Dann«, sagte ihr Vater, »wäre die Hirse übergequollen.«

»Wie im Märchen«, sagte Janine.

»Ja, wenn auch nicht die ganze Küche vollgequollen wäre wie im Märchen, den Herd hätten wir dann abkratzen dürfen. Aber jetzt kosten wir mal.«

»Hmm«, machte Janine. »Schmeckt gut – gut. Die waren erfindungsreich damals, nicht wahr?«

»Mußten sie auch sein«, sagte Kerner. »Hirsebrei, Haferbrei, Gerstenbrei, das war ihre alltägliche Kost. Morgens, mittags und abends. Brot war im frühen Mittelalter noch Luxus für die Reichen. Erst im späten Mittelalter, als Roggen und Weizenanbau sich ausbreiteten, wurde Roggenbrot allmählich zu einer alltäglichen Speise, auch für ärmere Menschen.«

»Puh«, sagte Janine. »Der Brei schmeckt wirklich gut. Aber dreimal am Tag und immer nur Brei essen, das würde ich aber nicht so mögen.«

Sie trugen den Brei auf den Eßtisch.

»Mit den Löffeln sind wir noch im Mittelalter, es wurde nur mit Löffeln gegessen. Gabeln gab es noch nicht«, sagte Kerner, als sie den Tisch deckten. »Aber mit den Tellern verlassen wir es. Man aß aus tönernen Näpfen, und oft auch nur aus einem großen Napf, der in der Mitte des Tisches stand.«

»Ziemlich unbequem«, meinte Janine. »Und Fleisch kann man doch nicht mit dem Löffel essen.«

»Jeder hatte ein eigenes spitzes Messer, damit wurden die Fleischstücke aufgespießt und dann abgeknabbert.«

»Auch nicht gerade sehr appetitlich«, sagte Janines Mutter, »da haben wir es doch heute einfacher. Und jetzt will ich Janines Märchenbrei essen.«

Einige Wochen später fragte Janine, der die Hirse nicht aus dem Kopf ging: »Daddy, wie ist denn Hirse salzig?«

»Möchtest du es probieren?« fragte ihr Vater.

»Ja, bitte«, sagte sie. »Ich find es spannend. Natürlich wieder mittelalterlich. Wo wir doch Archäologen sind, nicht?«

»Sind wir, Püppchen«, sagte Kerner lachend und nahm sie in die Arme.

Am Freitagabend kam er wieder mit einem vollen Einkaufsbeutel nach Haus. »Morgen vormittag geht es los, Fräulein«, sagte er zu Janine. »Hirse salzig.«

Am nächsten Tag wurde, wie gehabt, die Hirse heiß abgebraust und eingeweicht. »Auf 250 Gramm nehmen wir einen Liter Wasser«, sagte Kerner. »Dann brauch ich noch Hirsemehl für die Tunke.«

»Tunke?« fragte Janine. »Ist das Soße?«

»Ja, so sagte man damals, weil man auch Fladen eintunkte, das war dann auch ein Essen. Und jetzt noch ordentlich gehackte Zwiebeln und ein bißchen Knoblauch. Das Mehl mahl ich gleich in der elektrischen Mühle. Damals zerstampften sie kleine Mengen im Mörser. Ganz schön mühsam. Und Pilze, wie die hier«, er hielt eine große Tüte hoch, »für soviel

Pilze, wie hier drin sind, mußten die sich aber oft im Wald bücken. Wenn sie überhaupt welche fanden. Wir kochen, wie du bereits gemerkt hast, heute Pilzhirse.«

»Hm gut, Pilze mag ich«, sagte Janine.

»Weiß ich«, sagte Kerner, »jetzt schneid mir mal zwei Handvoll Pilze klein, ich hack die Zwiebeln, auch zwei Handvoll. Brauchen wir für die Tunke. Und Schmalz. So, das war's für jetzt, bis die Hirse durchgeweicht ist, dauert es noch zwei Stunden.«

Als sie ins Wohnzimmer zurückgingen, sagte Janine: »Für Pilzhirse gibt es aber kein Märchen.«

»Doch, gibt es. Ich hab's dir mitgebracht«, sagte ihr Vater und legte ihr ein paar mit Schreibmaschine beschriebene Blätter vor die Nase. Janine, die es sich gerade neben ihrer Mutter auf dem Sofa gemütlich gemacht hatte, sagte: »Lies mir vor, Daddy. Bitte, bitte.«

»Sabine, Liebste«, tat Dr. Kerner erschrocken, »unsere große Tochter ist ja auf einmal so klein geworden, daß man ihr vorlesen muß.«

»Kein Sorge, Schatz«, sagte ihre Mutter. »Das ist ganz normal in ihrem Alter. Deswegen nennt man es auch ›Achterbahnalter‹. An einem Tag tun sie wie 25, am nächsten wie fünf, dazwischen sind sie natürlich auch mal zwölf. Jetzt ist sie aber gerade fünf. Also lies es ihr ruhig vor, ich höre dir auch gerne zu.«

»Ihr Wunsch ist mir Befehl, my Lady«, sagte Dr. Kerner und las:

DER VERBOTENE WALD

Es war einmal ein armes kleines Mädchen, das hieß Lina. Sie wohnte mit ihrer Mutter in einem kleinen Haus weit weg vom kleinen Dorf, dem einzigen in der Gegend, auf einem kleinen Stück Land. Auf diesem Land wuchsen ein Streifen

Hirse, ein Streifen Hafer, ein Streifen Kohl und ein Streifen Rüben, und um die Streifen herum wuchsen die Küchenkräuter. Mehr Platz war da nicht. Und dann gehörte ihnen noch eine kleine Wiese auf der anderen Seite des Hauses, da lebten das Schaf und die Ziege und die Hühner. Ihr Stall war an der Hauswand. Das Holz für den Kochherd und den Ofen im Winter sammelten sie in den Wäldern. Aber nicht im verbotenen Wald. Der begann gleich hinter ihrem Land und hieß so, weil niemand ihn betreten durfte. Es wurde gesagt, in der Tiefe dieses schier endlosen, großen Waldes lebe ein Geist, der Menschen haßte. Jeder Mensch, der den Wald betrat, kam zu Tode: wurde von einem umstürzenden Baum erschlagen, stolperte in ein Sumpfloch, wurde von einer Hängeranke erwürgt, kein Mensch kam lebendig aus dem verbotenen Wald heraus. Und niemand, nicht einmal Räuber auf der Flucht vor den Häschern, wagten sich hinein. Denn der Geist hatte Wächter. Das waren riesengroße dünne Felsnadeln, die sahen beinahe aus, als ob sie oben, wo bei einem Menschen der Kopf ist, Augen hätten. Manchmal stand nur ein Wächter am Rand des Waldes. Hinter Linas Haus stand auch ein solcher, manchmal auch zwei, an einer Stelle aber gab es gleich sieben. Das war ein unheimlicher Ort. Nicht sehr weit von Linas Haus entfernt steckte der verbotene Wald etwas, wenn man es von oben hätte sehen können, wie eine Zunge in die Wiesen hinaus. Deswegen hieß dieses Stück auch die Zunge. Und mitten durch die Waldzunge führte ein schmaler Weg. Den durfte man entlanggehen, er war genau sieben mal siebzig Schritte lang, dann kam eine Lichtung im Dunkel des Waldes, und dahinter standen die sieben Wächter. Drei in der Mitte zusammen und jeweils zwei auf jeder Seite. Dreimal so groß wie ein großer Mann und alle sieben glotzten aus Steinaugen auf die Menschen. Hinter den Wächtern wuchs eine Wand aus undurchdringlichen Dornbüschen und schirmte den Wald dahinter ab. Aber das war noch nicht alles. Kam ein Mensch den Wächtern allzu nahe, erschien lautlos und erschreckend ein Raabe. Ein großer schwarzer Raabe. So hieß der. Stets nahm er seinen Sitz auf dem Kopf des mittleren Wächters, breitete die Flügel weit aus und stieß einen scharfen, drohenden Laut aus. Die wenigen Menschen, die sich überhaupt einmal bis zu den sieben Wächtern vorgewagt hatten, waren zurückgewichen, ein dunkles Gefühl von Bedrohung, von Angst, hatte sie befallen. Sie waren schnell aus der Zunge zurück in die Helligkeit der Wiesen gelaufen.

Da sich so selten ein Mensch in die Zunge traute, gab es dort jede Menge Fallholz. Wie viele Reisigbündel Lina schon auf dem Rücken nach Hause geschleppt hatte, hätte sie beim besten Willen nicht sagen können. Jedesmal, wenn sie zur Lichtung kam, um diese zur anderen Seite des Weges hin zu überqueren, machte sie einen Knicks vor den Wächtern und sagte: »Guten Morgen, die Herren Wächter.« Sehr oft kam dann, aus der undurchdringlichen Tiefe des Waldes, ein heller Krächzer. Wie eine Antwort. Und stets rief Lina dann leise: »Guten Morgen, Herr Raabe.«

»Krächz, krächz« machte es dann wieder und Lina ging vergnügt weitersammeln.

An diesem Tag war Lina gerade wieder bei den Wächtern auf der Lichtung angekommen, als sie hinter sich vom Weg her Stimmen hörte. Sie bekam einen furchtbaren Schreck. Sie kannte diese Stimmen nur zu gut: Jan und Jolle, die beiden Söhne des reichsten Bauern im Dorf. Und die gemeinsten Jungs, die man sich denken kann. Menschen, die nicht so reich waren wie sie, waren Dreck für sie, und am dreckigsten waren die Ärmsten, Lina und ihre Mutter Sina. Die beiden arbeiteten nämlich an drei Tagen beim Bauern Walters und seiner Frau. Die waren zwar nicht so reich wie der Vater der beiden Jungen, dafür aber waren sie gute Menschen. Lina und ihre Mutter arbeiteten gern für sie, alles, was anfiel im

Haus und Garten, und zur Erntezeit auch mal auf dem Feld. Putzen und Jäten und Heu binden, eben alles, was getan werden mußte. Dafür bekamen sie als Lohn Butter und Schmalz und Dinkelmehl, auch mal ein Stück Fleisch und, zu Linas Vergnügen, Birnen. Auf ihrem eigenen Land war nur Platz für einen Apfelbaum, und Lina aß so gerne Birnen. Manchmal, wenn sie aus dem Dorf nach Hause gingen, waren sie Jan und Jolle in den Weg gelaufen. Sofort fingen die an zu giften: »Aus dem Weg, Bettelpack ... Mach gefälligst 'nen krummen Rücken, wenn du uns siehst, du erbärmliche Müllmulle.« Einmal wollten sie Lina verprügeln, weil die keinen Knicks vor ihnen machen wollte, wie sie verlangt hatten. Sie war aber schneller und weggelaufen. Jetzt, wo sie alleine mit den beiden im einsamen Wald war, bekam sie ernsthaft Angst. Wohin? Sie sah auf zu den Wächtern, lief zu dem größten und flüsterte: »Bitte, Herr Wächter, erlauben Sie mir, mich hinter Ihnen zu verstecken. Bitte.«

Von weither ertönte eine vertraute Stimme: »Krächz«, und sie wußte, sie durfte eintreten in den verbotenen Wald. Sie schlüpfte zwischen den Wächtern hindurch – die Dornenbüsche bogen sich auseinander und schlossen sich wieder. Sie war in Sicherheit. Erleichtert sank sie auf einen umgestürzten Baum, der hinter den Dornenbüschen lag, nieder. »Danke schön«, sagte sie leise, »vielen Dank.« Da hörte sie die beiden Fieslinge schon auf der Lichtung.

»Los, ran an die Wurst von Wald. Sehn wir doch mal, wie es da drin aussieht«, schrie Jolle und lief auf die Wächter zu.

»Mach sie auf«, rief Jan, »die Dornenbüsche.«

Aber es war schon zu spät. Ein schwarzer, großer Vogel war über ihnen, lautlos schoß er auf Jolle zu und schlug ihm seine Flügel um die Ohren. Jolle taumelte zurück. Jan fluchte, die Hände vor den Kopf haltend, weil Raabe ihn gepiekt hatte. Raabe ließ auch nicht ab von den beiden, als sie zurückwichen. Flügelschlagend jagte er sie und hetzte sie ein langes Stück des Weges hinunter, ehe er sie laufen ließ. So schnell sie konnten rannten sie aus der Zunge hinaus.

Lina hatte alles durch die Zweige ihres Dornenbusches hindurch sehen können. Merkwürdigerweise war sie nicht erschrocken, obgleich es sehr gefährlich für die beiden ausgesehen hatte. Sie war sich ganz sicher, daß Raabe das Richtige tun würde. Und sie war erleichtert, daß sie Jan und Jolle los war. So schnell würden die sich nicht mehr in die Nähe des verbotenen Waldes wagen. Eben wollte sie aufstehen und auf die Zunge zurückgehen, als Raabe lautlos neben ihr auf dem Baumstamm landete.

»Oh«, sagte sie. »Danke, daß ich mich hier verstecken durfte, und danke, daß Sie die beiden verjagt haben. Jetzt brauche ich keine Angst mehr zu haben. Danke.«

Da legte Raabe seinen Flügel um ihre Schulter. So wie ein Mensch einen in den Arm nimmt, so nahm er sie in seinen Flügel. Und dann kitzelte er sie ganz sanft mit seinem Schnabel am Ohrläppchen. Lina mußte kichern. Das gefiel Raabe. Lina hatte noch ein Stück Haferfladen, das ihr die Mutter für unterwegs mitgegeben hatte, in der Tasche. Sie nahm es heraus, brach es in der Mitte durch und bot die eine Hälfte Raabe an. »Möchten Sie?« fragte sie. Raabe nickte und nahm den Fladen. Dann aßen sie erst einmal. Danach stand Lina auf, um nach Hause zu gehen, aber Raabe schüttelte den Kopf und drehte sie, sie sanft am Ärmel packend, um, so daß sie in den Wald hineinsah. Er zeigte mit dem Flügel in den verbotenen Wald.

»Ich soll da lang gehen?« fragt Lina verblüfft.

Raabe nickte.

»Darf ich denn das?« fragte sie noch einmal.

Raabe nickte gleich dreimal.

Lina nahm ihr Reisigbündel, stieg über den Baumstamm und folgte Raabe, der ihr vorausflatterte. Nach etlichen Metern hielt er an und sah sich nach ihr um. Der Weg in diesem dichten Urwald war nicht so beschwerlich, wie Lina befürchtet hatte. Raabe fand die durchlässigen Stellen. Es dauerte nicht lange, da wurde vor Lina das Dunkel des Waldes heller und heller, dann blieb Raabe stehen und wartete auf sie. Sie trat neben ihn. Vor ihr lag eine Lichtung, umrahmt von Brombeer-, Nuß- und Hollerbüschen, in der Mitte aber voll von Pilzen. Lina blieb fast der Mund offen stehen. So viele Pilze hatte sie noch nie gesehen. Und alles gute Pilze! Keine bösen. Ihre Mutter hatte ihr den Unterschied aufs gründlichste beigebracht, denn sie waren oft in den freien Wäldern zum Pilzesammeln gewesen, und da waren sie schon froh, wenn sie ein Körbchen voll hatten. Denn bei dem wenigen, was sie zu essen hatten, waren Pilze stets eine erfreuliche Bereicherung. Und hier war die ganze große Lichtung voll von Maronen und Pfifferlingen und Steinpilzen und Birkenpilzen.

»Darf ich welche pflücken?« fragte Lina Raabe.

Der nickte wieder gleich dreimal. Er pickte sogar einen Pfifferling mit dem Schnabel ab und gab ihn ihr in die Hand. Lina machte sich an die Arbeit. Da sie keinen Korb dabei hatte, nahm sie ihre Wickelschürze, legte sie auf den Boden und die Pilze darauf. Wie es der Brauch war, reichte die Schürze bis auf die Füße und hatte lange Ärmel. Nach einiger Zeit hatte Lina so viele Pilze beisammen, daß sie die Ärmel unten zuknoten mußte, um noch zwei Säckchen extra zu bekommen. Dann raffte sie den Stoff zusammen, so daß ein Sack daraus wurde, band den oben mit der Schnur zusammen, die sie für ihr Reisigbündel immer dabei hatte. Es wurde ein schwerer Sack, und das Holz war auch nicht eben leicht. Aber das war Lina egal, sie freute sich auf das Gesicht ihrer Mutter, wenn sie mit ein paar Pfund feinster Pilze ankam. »Danke sehr, das war sehr lieb von Ihnen«, sagte sie zu Raabe. »Aber jetzt muß ich heim, sonst macht sich Mutter Sorgen.«

Raabe nickte und stupste sie zart in eine ganz andere Richtung, als die, aus der sie gekommen waren.

»Er wird es schon wissen«, dachte Lina und folgte dem Vogel wie vorher auch. Es dauerte gar nicht sehr lange, da sah sie vor sich einen Wächter. Und obgleich sie ihn von hinten sah, erkannte sie ihn sofort. Es war der Wächter, der auf ihren Garten hinuntersah. Raabe hatte sie bis vor ihre Haustür geführt, flog jetzt auf den Kopf des Wächters und stieß einen hellen Krächzer aus.

Linas Mutter, die gerade beim Unkrautjäten war, sah erschrocken hoch, und noch mehr erschrak sie, als sie ihr schwerbepacktes Töchterlein in Hemd und Unterrock aus dem verbotenen Wald heraustreten sah.

»Kind, Kind, wo kommst du her, was ist das, der Rabe – du darfst doch nicht ...«, stotterte sie, als sie auf Lina zulief.

»Doch, doch ich darf. Raabe ist mein Freund, nicht wahr?« sagte Lina und setzte aufatmend ihre Lasten ab.

»Krächz, Krächz«, machte der Raabe vergnügt, landete neben Lina und zupfte zart an ihrem Zopf.

»Siehst du«, sagte Lina, »er ist mein Freund.«

Nachdem sie sich mit einem Küßchen von Raabe verabschiedet hatte, erzählte Lina ihrer Mutter alles. Die sagte: »Es darf niemand, hörst du, niemand erfahren, daß du im verbotenen Wald warst. Die Leute würden sonstwas von uns denken.«

»Ich werd es bestimmt nicht ausplaudern«, sagte Lina, »schon wegen Jan und Jolle nicht. Wenn die erfahren würden, daß ich hineindurfte, wo sie weggejagt wurden, ich glaube, die brächten mich um vor Wut.«

»Glaub ich auch«, sagte ihre Mutter. »Aber jetzt denken wir mal an was viel Schöneres. Unser Mittagessen nämlich. Das wird so fein wie beim feinsten Grafen. Ab in die Küche, Pilze putzen.«

Das taten sie auch. Dann setzte Mutter die eingeweichte

Hirse aufs Feuer, tat noch eine Handvoll Pilze und ein kleines Zwiebelchen ins Kochwasser, nahm eine große Ladung Pilze und briet sie in Schmalz, wieder mit Zwiebelchen, nahm die weichgekochten Pilze aus dem Kochwasser, zerquetschte sie im Mörser, mischte den Brei mit Hirsemehl und Zwiebelstückchen, gab Schmalz in eine kleine Pfanne, den Brei hinein, ein wenig geröstet, das Wasser drauf und durchgekocht. »So, die Tunke ist fertig«, sagte sie. »Die Hirse ist auch gut.«

Sie vermischte die gebratenen Pilze und die Hirse miteinander und füllte die Eßnäpfe damit. »Und nun noch die Tunke obendrauf«, sagte sie. »Laß es dir gut schmecken.«

Das brauchte sie Lina nun wirklich nicht zu sagen. Sie war ganz begeistert. »Machst du das morgen wieder? Bitte, bitte, Mutter.«

»Nur, wenn du mir hilfst, die vielen Pilze, die noch da sind, zu putzen«, sagte ihre Mutter lachend. »Ich will den Rest trocknen, dann haben wir immer was Feines zur Hand.«

»Mach ich, mach ich«, sagte Lina.

Ihre Mutter verteilte die Pilze auf den Seitensteinen des Herdes. Da war es gerade richtig warm zum Trocknen. Und natürlich bekam Lina ihre Pilzhirse noch einmal am nächsten Tag.

Von diesem Tag an veränderte sich das Leben von Lina und ihrer Mutter Sina sehr. Denn Raabe kam wieder. Ein paar Tage später kreiste er am frühen Morgen über ihrem Haus und Land, ließ sich neben dem Gartentisch, an dem sie gerade gefrühstückt hatten, nieder und zupfte nicht nur Lina, sondern auch ihre Mutter am Ärmel.

»Du sollst auch mitkommen«, sagte Lina.

»Darf ich?« fragte die. Raabe nickte und flatterte ihnen voraus in den Wald. Diesmal brachte er sie zu einem Windbruch. Da lag soviel Holz herum, daß man ein ganzes Dorf damit hätte heizen können. Sie schleppten weg, soviel sie

tragen konnten. Und so ging es weiter. Alle paar Tage kam Raabe angeflogen, kreiste über ihnen, und brachte sie zu einem anderen Schatz des Waldes. Brombeeren, Blaubeeren, Holunderbeeren, Pilze, feine Kräuter, Erdbeeren, Nüsse, Wildrüben, die sind besonders würzig. Und auch auf ihrem eigenen Land gedieh alles so üppig wie nie zuvor. Selbst die Wiese, auf der Schaf und Ziege doch eifrig grasten, war immer strahlend grün und dick bewachsen. Und der Käse, den Mutter aus der Schafsmilch machte, schmeckte viel würziger als früher.

Raabe hatte, so dachten sie sich, dem kargen Boden doppelte Kraft gegeben, wenn er stets darüber seine Kreise zog. Natürlich boten sie Raabe auch immer etwas von den guten Dingen an, die sie nun zu essen hatten. Und er kostete immer, und dann kitzelte er Lina hinterm Ohrläppchen mit seinem Schnabel. Und Lina mußte immer kichern, wenn er das tat. Und wenn sie kicherte, war Raabe zufrieden.

Sie hatten ihre Arbeit bei den Walters immer gut gemacht, aber jetzt, so fröhlich und munter, wie sie waren, machten sie die Arbeit noch besser. Die Walters vergalten es ihnen: größere Butterbatzen, größere Schmalztöpfe, größere Stücke Fleisch und ab und an für Lina einen Krug Honig. Der Vorratskeller füllte sich mit Eingekochtem, die Vorratskammer auf dem Dachboden mit getrockneten Pilzen und Kräutern, und im Schuppen lag soviel Feuerholz, daß sie es jetzt schon einen langen Winter hindurch warm haben würden. Raabe hatte mit seinem Flügelschlag den Hunger, die Kälte und das Traurigsein für immer verjagt.

Und noch etwas hatte sich verändert. Sehr verändert. Seit dem Tag, an dem Lina zum ersten Mal den verbotenen Wald betreten durfte, machten Jan und Jolle einen großen Bogen um Mutter und Tochter. Einmal, als sich Jan und Jolle wieder beim Anblick der beiden schnell in einen Seitenweg verdrückten, sagte ihre Mutter zu Lina: »Ich verstehe das nicht. Es sieht wirklich beinahe so aus, als ob die Kerle Angst vor uns hätten.«

»Haben sie auch«, sagte Lina, »sie wissen bloß nicht, daß es Angst ist, die sie haben. Weil sie nicht wissen, daß Raabe unser Freund ist. Wir stehen unter dem Schutz der Wächter des verbotenen Waldes.«

»Toll. Und jetzt kochen wir es genau wie im Märchen, ja?« sagte Janine.

»Genau so, von da haben wir es ja gelernt, oder?« sagte Dr. Kerner. »Aber ein bißchen Pfeffer machen wir auch noch ran, wo wir doch reiche Leute sind und uns das leisten können.« Also gingen sie in die Küche.

»Als erstes machen wir die Tunke, die muß nämlich eine Stunde stehen.«

»Machen wir sie auch so wie im Märchen?«

»Genau so. Zwiebeln in Schmalz anbraten, dann die Pilze dazu, auch anbraten, Hirsemehl durchrühren, auch etwas anbraten, Wasser dazu, durchrühren, aufkochen, stehen lassen. Und jetzt setzen wir die Hirse auf. Wie immer, zehn bis zwölf Minuten kochen lassen, halbe Stunde quellen. Dann, wenn's quillt, machen wir die Pilzpfanne, und die wird dann unter die Hirse gemischt. Und dann: Essen fertig.«

»Hm«, sagte Frau Kerner. »Das riecht gut und schmeckt gut.«

»Mir schmeckt es genauso gut wie der Lina«, sagte Janine. »Bloß einen Raben habe ich nicht.«

»Ach, mein armes Püppchen«, sagte Dr. Kerner und kitzelte sie hinterm Ohrläppchen.

Janine kicherte. »Na siehst du«, sagte er, »dafür hast du einen Vater.«

Der internationale Kongreß

Es war ein kleiner Ort am Rande einer großen Stadt. Hübsche Familienhäuser standen da in hübschen Gärten, Blumen blühten, Bäumchen wiegten ihre Zweige im Wind, kurz, es sah dort so aus wie in vielen Vororten der großen Städte. An einem Haus aber war etwas Besonderes, genauer gesagt, auf dem Haus war das Besondere. Die Satellitenschüssel nämlich. Die war nicht so grau wie die Schüsseln auf den anderen Häusern. In dieser Schüssel war ein Bild. Eine wunderschöne Fee, mit goldenen Flügeln, in einem silbernen Kleid und silbernen Schuhchen saß da auf einer prächtigen Rose und lächelte geheimnisvoll auf den Betrachter nieder. Viele Leute bewunderten das Bild, und manche fragten die Reimunds, so hießen die Bewohner, wo sie es her hatten. Das war ganz einfach gewesen. Frau Reimund hatte im Internet die Seite einer Künstlerin gefunden, die Satellitenschüsseln bemalte, man konnte sich eines der Bilder aussuchen oder auch einen eigenen Wunsch äußern, und die Künstlerin erfüllte ihn. Die Reimunds hatten eine Fee bestellt, als Geschenk für ihre Tochter zu ihrem elften Geburtstag. Elsa war ganz hingerissen gewesen. Sie hatte ihre Eltern abgeküßt und vor Freude getanzt. Natürlich hatte sie ihrer Fee einen Namen gegeben: Silva, weil sie so silbern schimmerte. Und jeden Tag, wenn sie zur Schule ging oder von der Schule kam, winkte sie Silva zu.

Daß Elsa so verliebt in dieses Geschenk war, hatte seinen guten Grund. Sie war nämlich, wie man auch sagen könnte, ein Fan von Elfen. Und von Feen und Gnomen auch, eben von allen Naturgeistern, aber Elfen und Feen waren ihre Lieblinge, weil die so schön waren. Diese Liebe hatte schon angefangen, als sie noch ganz klein war und ihre Mutter ihr Gute-Nacht-Geschichten vorgelesen hatte. Die Geschichten, in denen ihre Lieblinge vorkamen, mußte ihr Mama mindestens zehnmal vorlesen. Später, noch ehe sie zur Schule kam, hatte sie sich selber Lesen beigebracht, bloß damit sie noch mehr Elfengeschichten lesen konnte. Inzwischen hatte sie ganze Fächer in ihrem Bücherregal voll von Elfen-, Feen- und Gnomen-Geschichten und -Sachbüchern, z.B. ein Naturgeisterlexikon. Denn es ging dabei ja immer um die Natur, und darüber hatte sie eine Menge von ihren Eltern gelernt. Ihr Vater, der Biologe war, arbeitete als Journalist bei einer großen Zeitung im Fachbereich Naturschutz, ihre Mutter, ebenfalls Biologin, arbeitete als Fachfrau in der Naturschutzbehörde. Ihrem Garten sah man die Liebe zur Natur an. Alles blühte und sproß üppig. »Sie haben einen grünen Daumen«, sagten die Nachbarn. Oder einer, der in England gewesen war, sagte: »grüne Finger«. So sagen sie dort, wenn jemand besonders gut mit Pflanzen umgehen kann. Und deshalb konnte Elsa auch so gut mit ihren Eltern über ihre Elfen reden. Sie hatte ihren Vater mal gefragt, warum sich die Menschen auf der ganzen Welt lauter so wunderbare Wesen ausgedacht hatten. »Sie heißen oft anders, je nach der Landessprache«, sagte sie, »aber irgendwie sind sie sich, egal auf welchem Erdteil, ähnlich. Blumenfeen und Baumelfen, Nixen im Wasser, Zwerge in der Erde, Engel in der Luft, Eismännchen im Eis. Warum?«

»Weil die Menschen der Natur früher viel näher waren«, sagte ihr Vater, »als es sehr viele Menschen heute sind. Sie mußten es ja sein, denn sie kauften die Äpfel nicht im Supermarkt, sie pflückten sie vom Apfelbaum hinter dem Haus. Das heißt, sie mußten mehr von der Natur wissen, um zu überleben und wenn sie gute Beobachter waren, merkten sie auch Vorgänge in der Natur, die sie sich nicht erklären konnten. Wir wissen heute, obgleich die Forschung erst am Anfang steht, daß beispielsweise Tomatenpflanzen, die von Schädlingen in Massen befallen werden, in ihren Blättern Stoffe entwickeln, die den Raupen den Magen verderben. Und gleichzeitig senden sie ein Gas aus, welches die nebenstehenden Tomatenpflanzen alarmiert, so daß diese ebenfalls das Gift in ihren Blättern herstellen.«

»Oh, das ist ganz schön raffiniert«, sagte Elsa. »Ja«, sagte ihr Vater, »und solche oder ähnliche Verbindungen zwischen Pflanzen haben die Menschen auch schon früher bemerkt. Nur, sie wußten nicht, wie die Verbindung zustande kam. Erst jetzt beginnt die Wissenschaft überhaupt an so etwas zu arbeiten.«

»Und da haben die Menschen sich eben gedacht, da sind so Tomatenfeen mit Flügeln, die fliegen gleich los und sagen allen Feen Bescheid: Achtung, Raupenüberfall, Giftbier brauen!«

»Genau«, sagte ihr Vater, »und das trifft für alle Naturgeister in gewisser Weise zu. Es steckt meistens eine Wirklichkeit drin, die zum Märchen geworden ist.«

»Auch bei Zwergen?« fragte Elsa. »Welche Wirklichkeit steckt da drin?«

»Na, denk mal nach«, sagte ihr Vater. »Wo leben Zwerge, und wofür sind sie zuständig?«

»Sie leben unter der Erde, und zuständig sind sie für Gold und Silber und Edelsteine. Eben für die Schätze da unten.«

»Ja«, sagte ihr Vater, »aber da unten gibt es noch andere wichtige Schätze als Gold und Silber. Zum Beispiel Kupfer und Zinn, daraus wurde Bronze gemacht. Und mit der Bronze wurde aus der Zeit der steinernen Werkzeuge die Zeit der bronzenen Werkzeuge. Und wer holt das Meatll aus der Tiefe der Erde? Bis heute?«

»Die Bergleute«, sagte Elsa.

»Ja, und noch immer sind an manchen Orten die Schächte und Stollen bronzezeitlicher Minen erhalten. Ein Blick auf diese Stollen und Schächte beantwortet deine Frage. Diese Stollen, mühsam mit Hammer und Schlegel aus dem Fels gehauen, sind nämlich so niedrig, daß ein Mann meiner Größe dort unten nur auf den Knien, ja oft sogar nur auf dem Bauch hineinkriechen kann. Wenn er denn überhaupt hineinkam. Zwar waren die Menschen früher etwas kleiner als die heutigen Menschen, aber in diesen engen Röhren unter Tage konnten nur die kleinsten und zierlichsten Männer bewegungsfrei arbeiten. Was sie, überall auf der Welt, auch taten. Weshalb die Menschen größeren Körperbaus, die außerhalb des Berggebiets lebten, die Bergleute ›das kleine Volk‹ nannten. Und da der Sprung von der Steinzeit in die Bronzezeit einer der größten Fortschritte war, den die Menschheit je gemacht hat, kam er den Menschen, die ihn erlebten, fast wie ein Wunder vor. Es macht nämlich einen beachtlichen Unterschied, ob man den harten Boden und die Pastinaken fürs Mittagessen mit einem spitzen Stein aufbrechen muß oder mit einer scharfen Bronzekralle aufreißen kann. Die Arbeit brauchte nun weniger Kraft und Zeit. Also ist es verständlich, daß sich um das kleine Volk, welches dieses wunderbare Metall aus der geheimnisvollen Tiefe der Berge zu Tage förderte – jetzt weißt du, woher diese Redewendung kommt – , alsbald die wundersamsten Geschichten rankten.«

»Aus denen viele Märchen wurden«, sagte Elsa, »die ganz dicke Märchenbücher füllten.«

»Und was die Moral der Geschichten betrifft, die hat auch ihren Sinn, nicht? Denn was wird von Elfen, Gnomen und Co. immer gesagt? Wenn der Mensch gut zu den Elfen ist, sind sie gut zu ihm und bringen Glück.«

Elsa sagte: »Und wenn er böse ist und sie mißachtet oder ihnen wehtut, dann kriegt er Unglück an den Hals.«

»Also verstanden?« fragte ihr Vater.

»O ja«, sagte Elsa. »Vielleicht hättet ihr es im Naturschutz auch leichter, wenn die Menschen alle noch an Elfen glauben würden.«

»Stimmt«, sagte ihr Vater. »Es gibt ein Land, da hat es der Naturschutz genau deshalb leichter. Island. Da gibt es eine Elfenbeauftragte bei der Regierung, und eine Landkarte, wo die Wohnsitze der Elfen und Zwerge verzeichnet sind. Und wenn da ein Parkplatz gebaut werden soll für einen Supermarkt und auf dem Gelände steht ein Felsturm, welcher als Elfenwohnsitz bekannt ist, dann darf der Felsen eben nicht gesprengt werden, der Parkplatz muß drumrum gebaut werden. In der Stadt Grundalfjördur steht in der Hauptstraße zwischen den Häusern Nr. 82 und Nr. 86 ein Felsen, Nr. 84. Bewohnt von Elfen.«

»Das find ich gut«, sagte Elsa. »Ich hätte bestimmt gerne Elfen als Nachbarn.«

»Und einen schönen Felsen nicht platt zu machen, bloß um Autos parken zu können, das gefällt mir auch«, sagte ihr Vater.

In der nächsten Woche mußten Elsas Eltern am Wochenende fort, es fand ein internationaler Kongreß der Umwelt- und Naturschützer statt, Freunde der Erde heißen sie. Elsa mußte nicht allein bleiben. Die Nachbarin der Reimunds, eine nette ältere Dame, Frau Mergentien, würde die zwei Tage und Nächte bei Elsa bleiben. Elsa verstand sich gut mit ihr und wünschte ihren Eltern viel Erfolg beim Kongreß.

Eigentlich hatte Frau Mergentien jeden Samstagabend Kränzchentreff mit ihren Freundinnen im Ort, diesmal wollte sie, um Elsa nicht allein zu lassen, absagen. Aber Elsa sagte: »Nein, ist nicht nötig. Wirklich nicht. Ich verspreche auch, ganz brav zu sein.«

»Wirklich?« sagte Frau Mergentien lächelnd. »Und du

machst bestimmt um neun Uhr den Fernseher aus und gehst zu Bett?«

»Ganz bestimmt«, sagte Elsa. »Versprochen.«

Also aß Elsa zu Abend, Frau Mergentien hatte ihr das Abendbrot hingestellt, und schlüpfte hinterher mal gleich in den Schlafanzug, um es sich vor dem Fernseher gemütlich zu machen. Sie wollte einen Zeichentrickfilm sehen. Tat sie auch. Plötzlich war das Bild weg, es flimmerte auf dem Bildschirm, dann kam das Bild wieder. Aber ein ganz anderes Bild. Ihre Elfe war da, die von der Satellitenschüssel. Nur war sie kein Bild. Sie war ganz lebendig. Sie sprach: »Guten Abend, Elsa. Schön, dich zu sehen. Bitte höre mir zu. Die Sendung, die du jetzt sehen wirst, kann nur von ausgewählten Menschen empfangen werden, und du gehörst dazu. Bitte schau gut hin und merke dir alles. Das ist eine Live-Sendung vom internationalen Kongreß der Elfen auf Schloß Hammerrum in Island.«

Elsas Elfe verschwand und der Schirm glänzte golden und grün auf. Und dann blickte Elsa in einen traumhaft schönen, großen Schloßsaal. Schimmernd-weiße Wände, an denen sich grüne, von selbst leuchtende Blätter hochrankten, goldene Säulen, umwunden von Blüten, die in allen Farben spielten, Spiegel, die wie silberne Wasser glitzerten. Die Pracht ließ Elsa vor Staunen nach Luft schnappen. Und die Teilnehmer des Kongresses erst! Elsa erkannte nur einige der vielen Gestalten, die da auf goldenen Stühlen im Saal saßen und sich unterhielten.

Wie soll ich mir da was merken, bei so vielen, dachte sie erschrocken. Da erschien am linken unteren Bildrand ein Ausschnitt, und daraus blickte sie Silva wieder an. »Frau Holle hast du ja schon erkannt«, sagte sei. »Neben ihr sitzt der Bergmönch aus Tirol. Er ist für Gold, Silber und Edelstein in den Bergen zuständig. Die drei Schwestern in den grünen Kleidern sind die Damen Verthes aus Frankreich, die

Wiesen sind ihr Tanzplatz. Der kleine mit den großen Ohren in der Lederjacke ist Leprachaun aus Irland, er weiß viel von den Menschen und repariert immer ihre Schuhe.«

»Wer ist der Schöne da mit dem langen weißen Horn auf dem Kopf?« fragte Elsa.

»Ki-lin, aus China. Seine Aufgabe sind Güte und Friedensliebe.«

»Und neben ihm, die Dame mit den silbernen Fischschuppen und den Flossenfüßen?«

»Richtig, das ist Undine aus dem Pazifischen Meer.«

»Du wirst noch mehr kennenlernen im Laufe der Tagung. Der große würdige Herr in dem dunkelroten Gewand ist Fürst Redwood aus Amerika, die Redwoods sind die tausend Jahre alten Mammutbäume. Neben ihm, der hundeartige Mann, das ist Aralez aus Armenien, er leckt guten Menschen, die sich bei der Arbeit verletzt haben, die Wunden, die heilen dann schnell. Aber Achtung, jetzt kommen die Vorsitzenden der Tagung.« Das Podium gegenüber den Versammelten, auf welchem ein goldener Tisch und goldene Sessel standen, war nämlich noch leer.

Zuerst traten ein Herr und eine Dame ein, gekleidet in schimmernde Elfenkleider, Diademe auf den Köpfen.

»Fürst und Fürstin Olan und Hildur von Island, die Gastgeber«, sagte Silva. Der Fürst und die Fürstin verbeugten sich. »Wir begrüßen die hier versammelten Damen und Herren, danken Ihnen für Ihr Kommen und wünschen uns allen guten Rat«, sagten sie. Dann öffnete sich die Seitentür wieder und nacheinander traten die Vorstandsmitglieder ein. Als erstes kam ein großer, strahlender Engel mit blaßgoldenen Flügeln, welcher eine afrikanische Dame, ebenfalls goldgeflügelt, am Arm führte.

»Herr Deva Arwena aus Indien«, sagte Silva, »Engel der Lüfte, und Nha-San aus Afrika, Mutter der Winde.«

Wieder öffnete sich die Tür: ein Herr in blauem, glänzendem Gewand, mit langen grünen Haaren und eine ebenso glänzend blaugewandete Dame mit grünsilbrigen, sehr langen Haaren traten ein. »Glucos, Meeresherr im Mittelmeer aus Griechenland und Nerowa, Nixenherrin im Atlantik, irischer Herkunft«, sagte Silva.

Als nächstes sah Elsa zwei Damen in feuerroten, glühenden Gewändern und flammend roten Haaren. Elsa mußte mit den Augen zwinkern, so flammten die Gewänder der beiden Schönen. »Kein Wunder, Elsa, daß du die Augen schnell mal schließen mußt«, sagte Silva. »Diese ist Pele, die Herrin der vulkanischen Feuer. Sie wohnt im Vulkan Kilanea auf Hawai. Sie ist übrigens die Schutzherrin der Hula-Tänzer. Die etwas kleinere Dame ist Shallowa, die Herrin der Feen, welche die Geister des Feuers lenken müssen.«

Den beiden feurigen Damen folgten zwei sehr entgegengesetzt aussehende Herren, ganz in Schneeweiß gekleidet, der kleinere mit einer glitzernden, weißen Pudelmütze, der größere mit einer weißen Pelzkappe und glitzernd weißem Mantel. »Das ist Eismandel aus der Schweiz und Herr Silau vom Nordpol«, sagte Silva. Dann trat ein kleinerer älterer Herr ein, gekleidet in braunen Samt, mit einer goldenen Zipfelmütze, um die eine goldene Krone gesetzt war.

»Schau gut hin, Elsa«, sagte Silva. »Das ist Omo, der neunhundertneunundneunzigste König der Gnome, des ältesten Zwergenvolkes von allen Zwergenvölkern, die in der Erde wirken. Es ist eine große Ehre, ihn zu sehen.« König Omo folgten eine schöne, beinahe durchsichtige Dame in beinahe durchsichtigem Weiß mit einem weißen Krönchen auf dem weiß-silbrigen Haar und ein würdiger Herr, welcher zwei goldene Hörner, einen Ziegenbart am Kinn und Ziegenfüße hatte. »Die durchsichtige Dame, Elsa, ist Psyche, die Seelenfee der Menschen. Der Herr ist Etsai, Meister der Wissenschaften und der Künste. Er wohnt in Höhlen in den baskischen Bergen.«

Alle der Eingetretenen standen hinter ihren Sesseln.

Fürst Olan sagte: »Meine Damen und Herren, wir haben heute die große Ehre und die große Freude, Ihre Majestäten König und Königin Tamrit und Tamrita von Algerien als Vorsitzende der Konferenz begrüßen zu dürfen .«

Als sich die Tür öffnete, erhoben sich die Anwesenden und verneigten sich tief. Herein traten ein Herr und eine Dame, gekleidet in grüne, goldüberstäubte Gewänder, sie trugen beide goldene, mit grünfunkelnden Steinen besetzte Kronen, aber ihre Augen in den schmalen, edlen Gesichtern leuchteten noch grüner. Ihre Haare schimmerten silbern oder golden. Elsa konnte es nicht erkennen und auch nicht, ob sie alt oder jung waren. Irgendwie waren sie beides.

»Silva«, sagte Elsa staunend, »ich weiß bei diesen Herrschaften ja gar nicht, was ich sehen soll, es ist ja immer anders.«

»Sehr verständlich, daß du so empfindest«, sagte Silva. »Sie sind die Elfenkönige von Algerien, sie und ihre Bäume, Pinien sind es, sind 5000 Jahre alt.«

»5000 Jahre alt«, sagte Elsa, »ich wußte nicht, daß es so alte Bäume überhaupt geben kann.«

Der König hob eine Hand und sagte: »Sehr verehrte Anwesende, meine Gattin und ich haben die große Ehre, Ihnen die Worte zu übermitteln, welche Seine erhabene Majestät, Kaiser Sicha Yaku von Yakuschuma Ihnen sendet.«

»Oh, wir werden den Kaiser hören«, flüsterte Silva ehrfürchtig. »Elsa, seine Tanne ist 7000 Jahre alt.«

König und Königin hoben ihre Hände und legten sie, ein Rund bildend, zusammen. Sogleich ertönte ein leises melodisches Rauschen, eine regenbogenfarbige, schillernde Wolke erschien unter der Decke des Raumes und eine ruhige, freundliche Stimme sprach: »Liebe Schwestern und Brüder der Anderswelt, es erfüllt mich mit Stolz und Freude, euch hier versammelt zu sehen, um zu beraten, wie man dem sich ausbreitenden Unheil auf diesem Stern Einhalt gebieten kann. Eure Weisheit wird euch Wege zum Ziel finden lassen und euer gemeinsames Handeln wird die Wege gangbar machen. Mein Wissen ist immer für euch abrufbar. Ich wünsche uns allen gutes Gelingen der Beratung.«

Die Regenbogenwolke erlosch. Die Versammelten und der Vorstand setzten sich schweigend. Die Königin sagte: »Die Sitzung ist eröffnet. Wir sind heute zusammen gekommen, um zu beraten, wie wir die bedrohliche Vermehrung der Dämonen eindämmen können. Meister Etsai wird uns zunächst noch einmal alles Wissenswerte über Dämonen vergegenwärtigen. Bitte, Meister Etsai!«

»Verehrte Anwesende«, sagte Meister Etsai, »die wachsende Zahl der Dämonen, der Feinde alles Lebens auf diesem Stern, ist, wie wir alle wissen, besorgniserregend. Ich gehe noch einmal auf die Ursachen dieser traurigen Entwicklung ein. Dämonen können nur in lebensuntauglichen Umfeldern existieren. Ihre Wohnstatt, die sie schützt, ernährt und ihnen Wachsen, Gedeihen und Vermehrung ermöglicht, muß für alles Leben untauglich sein. Das heißt: Müll, Dreck, tote Böden, Gifte jeder Art, Tod und Verwesung sind Heimstätte und Nahrung für Dämonen. Diese, für sie so behaglichen Umfelder, haben bedenklich zugenommen. Sie entstehen immer häufiger in allen Lebensbereichen auf der ganzen Welt. Giftiger Müll und giftige Abwässer werden auf die Erde und in die Gewässer gekippt und verseuchen diese. Riesige Wälder, ich denke an die kostbaren Regenwälder, eine der großen Lungen der Erde, werden abgeholzt und hinterlassen verdorrende Erde. Auf dem Meeresgrund landen ganze Giftlager, welche die Bewohner töten, auf der Oberfläche Ölteppiche, denen die Vögel zum Opfer fallen. Wörtlich: fallen, denn mit ölverklebten Federn können sie nicht mehr fliegen. Die Luft ist erfüllt von schädlichen Stoffen, die sie erhitzen und damit das Wetter verändern. Aufgrund von Hitze und Trockenheit nehmen die Waldbrände zu. Alle diese toten

Flecken auf der Welt sind Dämonengebiet. Man muß sich klar darüber sein: Dämonen sind allem Lebenden entgegengesetzt. Was für Lebende gut ist, ist für Dämonen schlecht, was für Lebende schlecht ist, ist für Dämonen gut. Und so denken und fühlen Dämonen auch. Daher auch ihre Gier nach Vermehrung. Wir alle wissen, wer diesen beklagenswerten Zustand der Vermehrung verursacht: Menschen. Ich sage bewußt nicht ›die Menschen‹. Das stimmt nicht und bringt uns nicht weiter. Zu weiteren Einzelheiten, also Beispielen, werden Freunde im Vorstand noch einiges sagen. Ich danke Ihnen«, schloß Meister Etsai seinen Vortrag ab.

Als erstes hob Nerowa, die Nixe, ihre Hand.

»Bitte, Dame Nerowa«, sagte der König.

»Ich möchte ein Beispiel anführen«, sagte Nerowa. »Einige Länder, leider nicht alle, haben Gesetze erlassen, demzufolge jedes Schiff, das Gifte transportiert, bei Abfahrt und Einfahrt beim Zielhafen registriert werden muß. Dies, um zu gewährleisten, daß die gefährliche Ladung sicher bei dem Entsorgungsbetrieb ankommt. Und was geschieht manchmal? In der Mitte des Meeres bohren sie Löcher in das Schiff, und das Schiff versinkt im Meer. Manchmal geht sogar ein Teil der Mannschaft, die von nichts was wußte, mit unter. Ausgegeben wird es dann selbstverständlich als ach so schreckliches Unglück, verursacht durch einen gar so schrecklichen Sturm. Die Ladung verseucht quadratkilometergroße Flächen des Meeresgrundes, alles stirbt. Die Delphine sind vom Aussterben bedroht. In der Ostsee liegen Senfgasbomben aus dem letzten Menschenkrieg. Wenn deren Metall durchgerostet ist, steigt das Gas auf, Senfgas ist tödlich. Und überall auf diesem Giftmüll sitzen die Dämonen und lachen uns aus.

König Omo hob die Hand. König Tamrit nickte ihm zu.

»Ich kann von einem sehr ähnlichen Fall berichten«, sagte er. »Ein großer Industriebetrieb, wie sie die Menschen jetzt ja vielfach haben, entsandte eine große Ladung schwer giftiger Abfälle an einen Entsorgungsbetrieb, der solches Gift so verarbeitet, daß es ungiftig wird. Das hätte 1,3 Millionen Menschengeld gekostet. Der Verantwortliche für die Lieferung lud diese statt dessen auf ein Schiff, verfrachtete sie nach Afrika, an die Elfenbeinküste, und ließ sie auf die Müllkippe der Stadt Abidyan auskippen, so wie sie war. 20 000 Menschen wurden durch die Giftgase krank, es gab Tote, die Erde wurde in weitem Umkreis der Kippe verseucht, zahllose Tiere starben, und das Gift sickerte in die Lagune. Wie groß der Schaden ist, weiß man noch nicht. Der Mann hat sich eine Million Menschengeld oder noch etwas mehr eingesteckt.« Es gab Unruhe unter den Versammelten.

»Wir sind wahrlich nicht ohne Grund hier alle zusammengekommen«, sagte Königin Tamrita.

»Silva«, sagte Elsa, »das ist ja schrecklich, ich bekomme Angst.«

»Verstehe ich«, sagte Silva. »Du brauchst aber keine Angst um dich zu haben. Du lebst in einem Teil der Welt, wo es Gesetze gegen so was gibt, die auch, dafür wird gesorgt, eingehalten werden. Jedenfalls meistens. Es gibt Verbrecher, die es nicht tun. Aber ihnen sind die Hände gebunden, verglichen mit dem, was in anderen Teilen der Welt geschieht. Es geht weiter.«

Shallowa, die Herrin der Feuerelfen, hatte die Hand gehoben. »Auch wir haben Ungutes zu vermelden«, sagte sie. »Die Waldbrände nehmen durch die sich ausbreitende Trockenheit aufgrund der Erwärmung nicht nur zu, sie lassen sich, weil die Dämonen bei den Feuergeistern mitmischen, viel schwerer löschen. Dazu kommen noch Brandstiftungen, die Brandstifter wollen so an billiges Bauland kommen.«

»Die gleichen Schwierigkeiten haben wir«, sagte Deva Arwena, der Engel der Winde. »Durch die Schadstoffe, welche in die Luft steigen, haben die Dämonen ein vorzügliches Transportmittel erhalten. Sie fliegen überall damit herum und blasen die großen Stürme so stark auf, daß wir sie nicht mehr voll beherrschen können. Statt zwölf Tornados gibt es plötzlich 25, um nur ein Beispiel zu nennen.«

»Und der entstehende Schaden ist doppelt so groß«, sagte Nha-San, die Mutter der Winde. »Stürme gehören zur Erde, aber doch nicht in diesem Ausmaß.«

Beide Eisherren hoben die Hand.

»Um es kurz und knapp zu sagen«, sagte Eismandel, »das Eis schmilzt. Die Lufterwärmung! In meinem Bereich, dem Gletscherreich, wird das, wenn es so weitergeht, bedenkliche Folgen haben. Denn wir versorgen im Frühjahr, wenn die Schmelze einsetzt, das Grundwasser mit Vorräten für den Sommer. Im Winter sammeln wir neue weiße Vorräte für das nächste Frühjahr. Wenn unser Gebiet immer kleiner wird, hat das Folgen für die Wasserversorgung der Täler, ja des Tieflands, denn die Flüsse entstehen bei uns.«

»Und die umgekehrte, ebenso bedenkliche Folge hat die Eisschmelze bei uns an den Polen«, sagte Herr Silau. »Riesige Eisblöcke brechen bereits jetzt vom Schelfeis ab und schmelzen beim Treiben ins Wärmere. Wenn das so weitergeht, wird der Meeresspiegel steigen und tiefliegende Länderteile und Inseln werden vom Meer verschlungen.«

»Dazu«, sagte Eismandel, »gibt es im Deutschen eine wahrlich passende Redewendung. Wenn einem gewissenlosen Menschen die Folgen seines schädlichen Handelns gleichgültig sind, sagt man: Der denkt auch, Hauptsache ich, nach mir die Sintflut.«

»Silva«, sagte Elsa, »ich krieg immer mehr Angst.«

»Ich sagte schon, ich verstehe dich«, sagte Silva. »Aber wissen mußt du es trotzdem. Du willst doch nicht dumm durch diese Welt laufen. Ich weiß, manche finden Dummheit wunderbar bequem: nichts sehen, nichts hören, nichts wissen, nichts begreifen. Das fühlt sich richtig gut an. Tut es auch im Augenblick. Aber es ist falsch. Es macht ihr Leben schwieriger, häßlicher und oft auch viel schlechter. Und dann sind sie immer ganz hilflos, weil sie nicht wissen, warum es ihnen so mies geht. Aber die, die was wissen, was verstanden haben, die können leichter Wege finden, um gegen das Unheil anzukämpfen. Die sind keine hilflosen Würmchen. Und das willst du doch auch nie sein, oder?«

»Nein«, sagte Elsa, »das will ich bestimmt nicht.«

»König Tamrit spricht«, sagte Silva.

»Was ich zu sagen habe«, sagte König Tamrit, »ist keine Neuigkeit. Die Abholzung der Wälder hat zugenommen. Nicht nur die Regenwälder des Amazonas werden zerstört, auch in anderen Teilen Afrikas und Asiens findet dieser Raubbau statt. Die Folgen kennen wir: die großen Sauerstofflieferer der Luft werden immer kleiner, die Tiere verlieren ihre Lebensräume, die Erde verdorrt.

Über dies Beispiel der Zerstörung zu sprechen, fällt mir sehr schwer, die Vernichtung eines ganzen Volkes, dem Volk meines Freundes, Fürst Redwood, der uns heute die Ehre gibt, bei uns zu sein. Mehr als 1000 Jahre alt sind die Redwoods, 120 Meter ragen ihre Kronen in den Himmel. Sie sind die größten Lebewesen der Erde. Als Kolumbus Amerika entdeckte, gab es allein in Kalifornien 84 000 Hektar Redwood-Wälder. Und heute?«

»Heute sind wir noch 25 Bäume«, sagte Fürst Redwood. »Unser Menschenvolk, die Indianer, nannten uns Sequoias – die Unsterblichen. Die anderen Menschen haben Papier aus uns gemacht.«

Die Versammlung war sehr still, niemand bewegte sich.

»Man weiß nicht, ob man heulen oder kotzen soll«, sagte Elsa.

»Die Menschheit ist noch nicht ausgereift. Und ihr kurzes Leben, höchstens 90 Menschenjahre, das sind für uns 90 Tage, macht es vielen Menschen schwer, mit der Welt richtig umzugehen. Aber dazu wird uns Dame Psyche jetzt etwas sagen.«

»Danke, Majestät«, sagte Psyche. »Auch Menschen werden, wie wir wissen, zur Heimstatt von Dämonen. Seelen verrotten, verkommen, und Dämonen nehmen mit Vergnügen den Platz der Seele ein. Vornehmlich sind es die Dämonen der Geldgier, der Machtgier, der Raffgier, der Verantwortungslosigkeit, der Lüge. Das kennen wir schon seit vielen Jahrhunderten, jedoch, es hat zugenommen. Die Erweiterung der Möglichkeiten in der heutigen Welt hat viel damit zu tun. Auf einem Gebiet aber, und das macht mir zur Zeit Sorge, ist neuerdings eine Vermehrung von Dämonen zu beobachten, die es in dieser Form bis jetzt sehr selten gab. Die Vermehrung der Gewalt in jugendlichen Menschen, oft halben, manchmal ganzen Kindern, deren Seelen zerstört oder krank gemacht wurden. In den Schulen, auf den Straßen nimmt die Gewalt gegen friedliche, gesunde Kinderseelen zu. Das schlimmste Beispiel: Eine Mode hat sich in etlichen Ländern unter Jugendlichen verbreitet, die darin besteht: Fünf oder mehr vereinigen sich zu einer Gruppe und schlagen einen Einzelnen ohne jeden Grund zusammen. Diese Mode heißt Happy Slapping, glückliches Prügeln. Klar erkennbar ist hier, was Meister Etsai bereits ausführte: das dämonische Prinzip der Wertumkehrung. Jeder Schwächling fühlt sich nach einer solchen Untat stark und glücklich, obgleich die Stärke ja nicht in ihm, sondern nur in der Überzahl besteht.«

»Das ist eben typisch für Dämonen«, sagte Meister Etsai. »Nicht umsonst sagt man: Für Dämonen gilt: Rose stinkt, Scheiße duftet. Jetzt haben schon Kinder der Menschen Dämonennasen, ziemlich schlimm.«

»So fühlen und denken natürlich auch viele Menschen«, sagte Psyche. »Es ist ja nicht so, daß nicht von Menschen gegen die Verbreitung der Dämonen gekämpft wird. Im Gegenteil, die Zahl der Menschen, die sich dem Schutz der

Natur widmen, wächst. Regierungen erlassen entsprechende Gesetze, haben sich sogar zusammengeschlossen, um für die Senkung der Schadstoffe zu sorgen. Leider ist das größte Land der Erde, die Vereinigten Staaten von Amerika, diesem Kyoto-Vertrag nicht beigetreten. Vereine wie der Bund für Umwelt und Naturschutz Deutschland, der dem internationalen Verband ›Freunde der Erde‹ angehört, oder Green-

peace, grüner Frieden, sind am Werk, um gegen diese Verbrechen einzuschreiten. Und auch viele einzelne Menschen tun das ihnen Mögliche. Es gibt sogar Parteien, die den Schutz der Natur auf ihre Fahnen geschrieben haben. Und was die Kinder betrifft, auch da wird etwas getan, um in Dämonenbesetzten wieder eine Seele wachsen zu lassen. Manchmal hat das sogar Erfolg. Auch Kinder kämpfen gegen die Gewaltdämonen. An Schulen gibt es Schlichter, Kinder, die ausgebildet wurden, bei Streitigkeiten, die in Gewalt auszuarten drohen, vermittelnd und beruhigend einzuwirken. Das erfordert viel Klugheit und Mut. Und sie haben die

Klugheit und den Mut. Ich bewundere solche Kinder. Genau wie die, die verletzte kleine oder verwaiste Tiere aufsammeln und gesund pflegen. Vielleicht können hier noch andere etwas zu dieser erfreulichen Seite unseres Themas sagen.«

»Wir bitten die Damen und Herren Delegierten um das Wort«, sagte Königin Tamrita.

Ein Zwerg, gekleidet in einem braunen Filzmantel mit Goldknöpfen, hob als erster die Hand.

»Bitte, Herr Puckmuck«, sagte die Königin.

»Bei uns in Thüringen haben die Menschen die alten abgebauten Schächte der Salzbergwerke ganz fein hergerichtet und daraus Heilstätten für kranke Menschen gemacht. Die Salzluft da unten ist nämlich heilsam für die Atemwege der Menschen, und die Solebäder sind gut für ihre kranke Haut. Ich weiß von Freunden aus Italien und der Schweiz, daß sie dort in den alten Salzschächten in ihren Bergen das gleich getan haben, wir hören oft, wenn die Kranken sich unterhalten, wie hochachtungsvoll und dankbar sie von den Wundern der Natur, wie sie es nennen, reden. Die Menschen, die dort gesund wurden, mögen es bestimmt nicht, wenn aus der Welt ein Dreckhaufen wird.«

»Zumal sie ja oft genug durch eben diesen Dreck krank wurden«, sagte Meister Etsai. »Sie müssen es nur wissen.«

Eine schlanke Nixe, in einem Kleid aus schimmernden Fischschuppen, hob die Hand.

»Fräulein Irinina, bitte«, sagte die Königin.

»Ich bin aus der Ostsee«, sagte Irinina, »und außer den schlechten, die schon von Dame Nerowa genannt wurden, gibt es auch gute Nachrichten – ebenfalls dank Menschen, allerdings sehr anderen als die, welche besagte nannte. Wir haben bei uns an der Küste, ich komme von der deutschen, jetzt zwei große Schiffe, die sind voll mit all diesem raffinierten Zeug, das die Menschen Technik nennen. Und diese Schiffe sind nur dazu da, die See sauber zu halten. Die anderen Länder haben so was auch. Für das Saubermachen haben die sich schon – erfindungsreich sind die Menschen ja – was einfallen lassen. Zum Beispiel für die Ölteppiche, die sich ja immer mal wieder, durch verrottete Frachter, aus denen Öl ausläuft, bilden. Da haben die einen riesigen, viele hundert Meter langen Schlauch, der wird ungefähr einen Meter hoch mit Luft aufgepumpt, vor dem Ölteppich auf das Wasser gelassen und dann langsam, ganz sachte, zu einem Ring um den Teppich zusammengezogen, so daß sich das Öl zusammenschiebt. Und dann pumpen sie es ab. Bis das Wasser wieder sauber ist. Wenn der Ölteppich ganz groß ist, arbeiten beide Schiffe zusammen mit beiden, zu einem riesigen Ring zusammengebundenen Schläuchen. Ich habe ihnen dabei schon öfters zugesehen und muß sagen, das ist eine ganz knifflige, schwierige Arbeit. Aber die Männer schaffen es immer. Die sind wirklich mit Leib und Seele dabei. Solche Menschen gibt es eben auch. Jedesmal, wenn die Dämonen das bloß sehen, wollen sie türmen. Geht aber nicht, hinter dem Ring ist das Wasser schon sauber, da können sie nicht hin. Also werden sie einfach abgepumpt. Ihr Gezeter ist meilenweit zu hören.«

»Danke, Fräulein Irinina«, sagte die Königin. »Das war wirklich eine mutmachende Nachricht. Bitte, Herr von Eicho.«

Ein großer Herr in grün-rot-gemustertem Gewand, mit drei goldenen Eichelketten geschmückt, erhob sich und sagte: »Auch ich habe eine gute Nachricht. Mein Wald, in dem ich das Glück habe zu leben, der Kellerwald im hessischen Land, ist einer der wenigen noch verbliebenen Urwälder in Europa. Wir wurden vor einigen Jahren auf Betreiben von Greenpeace unter strengen Naturschutz gestellt. Niemand darf uns mehr etwas antun. Das hat auch Folgen bei den Menschen. Unsere Nachbarmenschen in unserer Umgebung sind stolz auf uns und begrüßen viele Besucher, die von weit her kommen, um uns zu sehen und zu bestaunen. Viele wollen nach einem solchen Besuch auch etwas für den Naturschutz tun.«

Eine Feuerfee, unverkennbar in ihrem flammenden Kleid, hob ihre Hand.

»Fräulein Flamm, bitte«, sagte die Königin.

»Der Müllentsorgungsbetrieb, in dessen Verbrennungsanlage die Feuergeister, für die ich zuständig bin, arbeiten, hat seine Anlagen jetzt auf den neuesten technischen Stand gebracht. Besonders die Giftmüllverbrennung ist sehr viel besser geworden. Meine Arbeiter, die natürlich wie alle Feuergeister, eine Wut auf die Dämonen haben, die ihnen in die Arbeit pfuschen, bis alles außer Kontrolle gerät, sind richtig vergnügt jetzt. Die Arbeit macht ihnen Spaß. Dämonen in Rauch aufgehen und an den Filtern als harmlose Krümel herabrieseln zu sehen, macht sie schon ein bißchen stolz.«

»Höchst verständlich«, sagte die Königin, »und auch das ist eine gute Nachricht, daß die Menschen an den technischen Verbesserungen arbeiten, die das Unheil bekämpfen können.«

»So etwas kommt ja auch uns zugute«, sagte Nha-San, »wenn es bedeutet: weniger Schadstoffe in der Luft. Alles zählt da, auch die Verbesserungen in einem Betrieb.«

Fürst Redwood erhob sich. »Ich bitte um das Wort, ich habe soeben eine Nachricht von einem Freund aus meiner Heimat erhalten, die ich Ihnen, meine Damen und Herren, verehrter Vorstand, umgehend mitteilen muß. Der kalifornische Staat hat in diesem Augenblick beim Obersten Gericht Klage erhoben gegen die Autoindustrie wegen der ansteigenden Schadstoffbelastung der Luft durch die von der Industrie hergestellten Autos und fordert Schadenersatz.«

Die Versammlung klatschte, lachte, rief bravo.

»Da können wir auch nur bravo rufen«, sagte Deva Arwena.

»Sie müßten mehr als Recht kriegen«, sagte Meister Etsai, »denn seit dreißig Menschenjahren gibt es Autos, die nur drei

Liter Benzin statt 20 Liter verbrennen, und seit neuerem ist der Wasserstoffantrieb bekannt, der gar keine Schadstoffe bildet. Und wer weiß, was kluge Menschen noch Nützliches, Unschädliches erfinden würden, wenn es ihnen denn erlaubt wäre.«

Eine zarte, grüngekleidete Fee mit einem weißgoldenen Blütengürtel und ebensolchem Kranz im Haar hob die Hand.

»Fräulein Chamomilla, bitte«, sagte die Königin.

»Auch ich kann von etlichen Fortschritten berichten«, sagte sie. »Die Achtung vor Heilkräutern, die in einem Teil der Welt fast ganz erstorben war, wächst mit großer Geschwindigkeit. Viele Ärzte wenden heute schon wieder für ihre Kunst der Heilung auch Heilkräuter an, die aus allen Erdteilen kommen. Es gibt dicke Bücher von Ärzten, Apothekern, Pflanzenkundlern, die auf das sorgfältigste über unsere Kraft berichten. Die Wissenschaft arbeitet ständig an uns. Und viele Menschen verbreiten ihre guten Erfahrungen mit uns. Neulich erst erzählte mir meine Freundin Thuja, sie habe gehört, daß die Sängerinnen und Sänger der Oper immer alle eine Schachtel mit Pillen aus Sonnenhut und ihr in der Tasche haben, weil beide gegen Erkältung helfen, schon als Vorsorge, und wenn die Krankheit da ist, um sie zu verkürzen. Logisch, wer singt, will nicht heiser sein. Die Opernsänger, die nicht heiser werden dürfen, die Lehrerin, die ihre schmerzhafte Nervenentzündung im Bein mit starker Lavendelsalbe kuriert, der Busfahrer, dessen Arbeit höchste Aufmerksamkeit erfordert, der sich deshalb keine schlaflosen Nächte leisten kann und mit einer Mischung von drei Kräutern – Baldrian, Hopfen, Passionsblume – für den guten Schlaf sorgt, was würden diese Menschen sagen, wenn sie erfahren, daß mit Gift durchtränkter Regen Löcher in die Blätter der Pflanzen frißt? Ganze Felder vernichtet? Würden sie sagen: Na und, geht mich doch nichts an? Ganz bestimmt nicht. Aufklärung tut Not.«

»Und ob die her muß«, sagte Elsa. »Die Schweinerei kenne ich nur allzu gut. Uns, die ganze Gegend hier, hat ein Streifen giftigen Regens voriges Jahr getroffen. Die Rosenblätter hatten Löcher, der Holunder, die Studentenblumen, und, und, und. Sogar unser Sonnenschirm auf der Terrasse war total durchlöchert, und beim Nachbarn das Dach von der Hollywoodschaukel auch. Kannst du dir vorstellen, Silva, wie ätzend das Gift in dem Regen sein muß, wenn es nicht nur die zarten Blätter, sondern die viel derberen und wetterfest gemachten Spannstoffe einfach so durchfrißt? Mama hat so was von Wut gekriegt, und die Nachbarn erst, die hatte es noch schlimmer erwischt. Die fragen Mama und Papa jetzt immer, ob es bei ihrer Arbeit auch gut voran geht.«

»Sagte ich doch, man muß wissen«, meinte Silva. »Fürst Redwood will noch etwas sagen.«

»Fräulein Chamomilla hat gerade den Sonnenhut, die alte Heilpflanze der Indianer erwähnt«, sagte Fürst Redwood. »Über die Indianer möchte ich noch etwas sagen, das hier hergehört. Sie sind eines der Völker, die sich nicht von unserer Welt entfernt haben. Noch immer fragt ein Schamane, wie eh und je, wenn er beispielsweise Heilkräuter sammelt, die älteste Pflanze am Ort zuerst um die Erlaubnis, sammeln zu dürfen. Er versteht die Antwort und erhält die Erlaubnis, denn alles Leben ist für das Leben da. Hat er genug gesammelt, bedankt er sich für die Gabe bei der ältesten.«

Ein Herr in rot-gelbem Mantel meldete sich. »Herr Mac Apple, bitte«, sagte der König. »Also gänzlich entfernt von uns haben sich viele Menschen auch hier in Europa nicht. Erntedankfeste gibt es fast überall noch auf dem Land, und bei uns in Schottland wird noch der alte Brauch gepflegt, bei der Apfelernte stets den letzten Apfel am Baum hängen zu lassen, als Zeichen der Dankbarkeit und des Respekts.«

»Das ist eine schöne und kluge Sitte«, sagte die Königin.

»Das finde ich auch, Silva«, sagte Elsa. »Das werde ich

sofort Mama und Papa sagen, das müssen wir jetzt auch mit unserem Birnbaum machen. Seine Birnen sind doch so lecker. Meinst du, Silva, er merkt, daß wir uns damit bedanken wollen für seine Birnen?«

»Ganz sicher«, sagte Silva, »und er wird sich freuen.«

»Wünscht noch jemand das Wort?« fragte der König. »Nein? Dann treten wir jetzt in den Raum unserer Beratungen ein, in dem die Frage steht: Was können wir gegen die Ausbreitung der Dämonen tun? Ich denke, da können wir aus dem, was wir jetzt gehört haben, einigen Nutzen ziehen.«

Die Königin hob die Hand. »Eine Bemerkung dazu. Seit Millionen Jahren haben wir es geschafft, uns auch den schwierigsten neuen Bedingungen anzupassen. Wir müssen diese unsere Fähigkeit auch jetzt wieder nutzen. Jedes unserer Völker und jeder Einzelne muß vor Ort einer Dämonenstätte herausfinden, ob und wie es möglich wäre, deren Vergrößerung zu verhindern. Dämmstoffe aus dem Erdreich, mit Hilfe des Wassers bewegt, wären eine Möglichkeit. Die andere: Bewuchs jeder Art, der Gifte verdauen kann. Jeder von uns ist aufgerufen, darüber nachzudenken und solche Möglichkeiten zu erforschen.«

Der König sagte: »Es ist, nachdem was wir heute gehört haben, klar: Die Zusammenarbeit mit den Menschen muß verstärkt werden. Alle Menschen, die sich für den Schutz des Lebens auf dieser Erde einsetzen, müssen zu spüren bekommen, wie sehr wir ihre Arbeit schätzen. Was meinen Sie dazu, Dame Psyche?«

»Ich denke, das wäre nützlich«, sagte Psyche. »Selbstverständlich erkennen Naturschützer auch jetzt ihre Erfolge. Ein Landstück, unter Naturschutz gestellt, verändert sich zum Guten. Mehr gesünderer Bewuchs, mehr Vögel, muntere Tiere, kurz, mehr Leben. Aber ich kann mir vorstellen, daß die Menschen, die zum Beispiel die von Öl verklebten, fluguntauglichen Vögel einsammeln, in ein Bad schleppen, ihnen mühsam den Dreck abwaschen, sie füttern, sie fliegen lassen, daß diese Menschen sich freuen würden, wenn der Vogel seine Dankbarkeit zeigt. Manche Vögel tun das. Sie fliegen um den Menschen herum und rufen laut, ehe sie davonfliegen. Ein solches Zeichen macht den Tierwäscher fröhlich und gibt ihm mehr Kraft für den nächsten Vogel oder die nächste verklebte Robbe. Und, auch das soll man nicht unterschätzen, solche Zeichen, solche Erfolge, machen immer auch andere, vorher nicht für so etwas aufmerksame Menschen aufmerksam. Es ist schon mancher Mensch dem Naturschutz beigetreten, weil er irgendeine Rettungsaktion miterlebte und sich dann dachte: so etwas möchte ich auch mal erreichen.«

Der König sagte: »Das ist, meine ich, das nächste, was es zu bedenken gibt. Auch Herr Puckmuck, Fräulein Chamomilla und Herr von Eicho sprachen davon. Nämlich, daß Menschen, die sich zuvor nicht sehr für die Natur interessierten, denen sie vielleicht fremd oder gar gleichgültig war, durch eine solche Begegnung mit den Kräften der Natur wach wurden und sich dem Schutz der Natur öffneten. Das heißt, wir müssen alle darauf achten, daß solche Menschen uns erleben und verstehen können. Ich denke hier besonders an die Kinder. Die haben oft sehr offene Augen, auch für die Anderswelt. Was ich sagen will: Je mehr Menschen sich dem Schutz der Natur widmen, desto schwieriger wird es für die Dämonen.«

Meister Etsai hob die Hand. »Ich möchte noch auf zwei andere Gruppen von Menschen hinweisen, die für dieses Ziel wichtig werden oder wichtig sind. Die erste Gruppe, noch sehr klein, jedoch hochinteressant, sind die Ingenieure, die Meister der bei den Menschen so beliebten Technik. Da gibt es welche, zwei sind bereits ein wenig bekannt, die ihre technischen Kenntnisse genutzt haben, um mit technischen Mitteln mit dem Pflanzenreich, vornehmlich mit Bäumen, in

Verbindung zu treten. Kurz, sich mit Bäumen zu verständigen. Sie benutzen dazu elektrisch-magnetische Ströme, die von allem Lebenden ausgehen. Diese leitet der eine in den sogenannten Lügendetektor, ein Gerät, welches Menschen zur Verbrechensbekämpfung benutzen. Der an das Gerät angeschlossene Verbrecher gibt, wenn er lügt, einen anderen Stromstoß ab, als wenn er die Wahrheit sagt. Das Gerät zeichnet die Verschiedenartigkeit durch verschiedene Kurven ab. Die Wahrheit machte gleichmäßige, ruhige Kurven, die Lügen aufgeregte, hochschnellende Kurven, das heißt die Aufregung unterscheidet sich meßbar von der Ruhe. Beim Menschen, denkt man. Bei uns auch. Als der Ingenieur seinen Baum anschloß und ihm Fragen stellte, antwortete der Baum ruhig und gleichmäßig, als ein Besucher etwas Böses zu dem Baum sagte, knallten die Kurven nach oben. Der Baum hatte sich aufgeregt. Der zweite Ingenieur ist noch weiter mit seinen Experimenten gegangen. Er hat ein vergleichbares Meßgerät wie den Detektor nicht nur auf der einen Seite mit seinem Aprikosenbaum oder anderen Baumpflanzen, er hat viele angeschlossen, sondern das Meßgerät auf der anderen Seite mit seinem Computer verbunden. Dann hat er neunhundert Wörter der menschlichen Sprache eingegeben, so kodiert, daß jeder Stromimpuls ein Wort als Schrift auf dem Bildschirm erscheinen läßt. Und seitdem redet er mit seinen Bäumen, und sie antworten ihm auf dem Computerschirm. Einmal, so wird erzählt und ich kann mich nicht enthalten, es hier wiederzugeben, waren ihm die zum Computer führenden Kabel durcheinander geraten, als er eine in den Computer gehörende Elektrode in der Hand hielt. Da er beide Hände brauchte, um die Kabel zu entwirren, steckte er sich die Elektrode kurzerhand zwischen die Lippen, um sie zu halten. Darauf erschien auf dem Bildschirm der Satz seines Aprikosenbaums: ›Mensch schmeckt gut.‹«

Die Versammelten lachten und Elsa auch. »Silva«, sagte sie, »so ein Gerät muß ich unbedingt auch haben. Papa muß sich darum kümmern, ich werd ihm keine Ruhe lassen.«

»Wozu denn?« fragte Silva. »Du redest doch mit mir.«

»Ja, ich«, sagte Elsa, »aber damit kann man Leuten was beweisen, die sagen, das ist alles Blödsinn.«

Meister Etsai fuhr fort: »Ich berichte dies, weil ich denke, mehr und mehr Menschen werden sich in Zukunft mit solchen Experimenten beschäftigen, besonders technisch ausgebildete. Und das wird zu Beweisen führen, daß auch Leute, die nichts vom Leben der Anderswelt wissen wollen, die das alles für Unsinn halten möchten, nicht mehr leugnen können, daß es dieses Leben gibt.«

»Jetzt hat Meister Etsai das gleiche wie du gesagt. Bravo, Elsa.« Silva lachte.

»Die zweite Gruppe von Menschen, die ich Ihnen allen an die Seele legen möchte, kennen wir seit langem, und sie kennen uns. Die Künstler. Die Maler haben schon immer Bilder von uns gemalt. Die Bildhauer schon immer Figuren von uns geformt. Die Komponisten haben schon immer die Gesänge der Nixen, die Chöre der Elfen des Waldes gehört und wunderbare Musik für die Menschen daraus gemacht. Die Tanzmeister haben die Tänze der Feen mit ihren Balletttänzerinnen und -tänzern auf die Bühne gebracht. Und die Dichter haben unsere Geschichten geschrieben. Im Augenblick gibt es vielleicht etwas weniger von den Künstlern, die uns kennen. Aber es gibt sie noch immer. Und irgendwann werden es auch wieder mehr. Und dafür müssen wir sorgen. Wann immer einer von uns einen Künstler sieht, muß er Verbindung mit ihm oder ihr aufnehmen. Woran man Künstler erkennt? Ihr drittes Auge ist immer weit offen. Tut alles, damit sie euch erkennen, und sie werden euch erkennen und verstehen. Und werden uns anderen Menschen nahebringen durch ihre Kunst.« Der König dankte Etsai.

»Silva, ein drittes Auge, was ist das denn? Wir haben doch bloß zwei.«

»Nein«, sagte Silva. »Das dritte Auge ist das Auge des Geistes, so nennen es die Inder. Es sitzt auf der Stirn zwischen den beiden Augen.«

»Ups, das kann ich mir gar nicht vorstellen«, sagte Elsa. Silva lachte: »Elsa, mein Dummchen, du guckst ja die ganze Zeit mit deinem dritten Auge auf den Bildschirm.«

»Oh«, sagte Elsa verdutzt.

»Gibt es noch Fragen oder Anträge?« fragte der König. »Keine. Dann schlage ich vor, die hier gemachten Vorschläge zur Aufklärung der Menschen umzusetzen, indem zunächst alle unsere Völker auf das genaueste von dem hier Gesagten unterrichtet werden und jeder einzelne von uns sich bemüht, danach zu handeln, auf daß die Anderswelt und die Menschenwelt im Kampf gegen die Dämonen zueinanderfinden. Ich wünsche uns allen viel Glück und Erfolg bei diesem Vorhaben. Ich danke Ihnen. Die Tagung ist beendet.«

Der Schirm wurde dunkel. Silva erschien wieder groß auf dem Bild.

»So, Elsa, jetzt heißt es Zähneputzen und ab ins Bett«, sagte sie. »Keine Angst, du wirst dir alles gemerkt haben. Und jetzt schläfst du schön. Gut Nacht, Schätzchen und Küßchen.« Und sie warf ihr eine Kußhand zu.

»Gute Nacht, Silva, danke schön«, sagte Elsa, die auf einmal ganz schläfrig war. Sie tat, was Silva gesagt hatte, und kaum hatte sie sich lang gelegt, war sie auch schon eingeschlafen. Eigentlich verwunderlich nach so vielen Eindrücken, das geht einem doch sonst noch im Kopf herum. Aber da hatte Silva wohl ihre Hand im Spiel. Genau wie am nächsten Tag.

Elsa frühstückte schnell, sagte zu Frau Mergentien: »Ich muß was aufschreiben«, und verschwand in ihrem Zimmer. Und sie konnte sich tatsächlich an alles genau erinnern und es hintereinander aufschreiben. Ganz schön lang wurde es, einen halben Block Papier brauchte sie auf. Aber als sie fertig war, ging es ihr gut. Sie packte das Geschriebene in eine Mappe und schrieb darauf: »Für Mama und Papa, unbedingt lesen!« Das legte sie auf den Schreibtisch der beiden. Die hatten einen großen Tisch, an dem sie einander gegenüber saßen. Und als sie am Montag vormittag heimkamen, fanden sie die Mappe auch gleich und lasen Elsas Bericht von der Elfentagung.

Elsa war derweil in der Schule. In der ersten Pause fragte ihre Freundin Jani sie, was sie am Wochenende so allein gemacht habe.

»War mit meinen Elfen beschäftigt«, sagte Elsa.

Das hörte Christian, der war Klassenbester in Physik und Mathe. »Elfen«, schimpfte er. »Schon wieder dieser Kleinkinderquatsch. Wie uncool willst du denn noch sein? Wann kapierst du endlich, es gibt keine Elfen und Zwerge und all das Märchengespinne. Gibt es nicht, gibt es nicht!«

»Ach, wirklich nicht?« sagte Elsa mit großen Augen. »Aber da gibt es doch den bösen kleinen Dämon, Bushyba heißt der, stammt aus dem Persischen und ist für Faulheit zuständig. Der setzt sich jeden Morgen auf das Bett von fleißigen, klugen Kindern und bringt sie mit all seiner dämonischen Macht dazu, doch lieber noch im Bett liegen bleiben zu wollen.«

Die Klasse lachte laut auf, weil Christian nämlich jeden Morgen in allerletzter Minute angerannt kam, und öfter mal war er auch schon etwas zu spät gekommen.

»Den kenn ich auch«, jammerte Cordula.

»Ich auch, ich auch«, schrien gleich mehrere Stimmen. »Wie heißt der Kerl?«

»Bushyba.«

»Und wie werd ich den los?« fragte Cordula.

»Ganz einfach«, sagte Elsa. »Dämonen vertragen es nicht, wenn man sie erkennt. Du brauchst also nur, energisch natürlich, zu sagen: Bushyba, HAU AB!«

Als Elsa nach Hause kam, hatten ihre Eltern den Bericht bereits gelesen. Sie bekam Küsse und Kuscheln und ernst gemeintes Lob.

»Traum oder Wirklichkeit?« fragte ihr Vater lächelnd.

»Weiß nicht«, antwortete Elsa. »Ist doch egal.«

»Stimmt«, sagte ihre Mutter. »Und ich kopiere es und schicke es ein paar Freunden von unserem Kongreß, die werden es auch wissen wollen.«

Nach dem Mittagessen saßen die drei im Garten und aßen das leckere Eis, das die Reimunds bei einem berühmten Konditor der Stadt gekauft hatten. »Eigentlich«, sagte ihre Mutter, »müßte dir Silva einen Kuß geben, weil du alles so genau aufgeschrieben hast.«

»Hat sie doch schon gemacht«, sagte Elsa, »vorgestern abend, als sie mich ins Bett geschickt hat. Aber ehrlich gesagt, ich würde gern noch einen Kuß von jemand anderem kriegen«, sagte sie kichernd.

»Von wem denn?« fragte ihr Vater.

»Von Deva Arwena«, seufzte Elsa, »der war so was von schön!«

Ein Windstoß fuhr durch den stillen Garten, wuschelte in Elsas Haar und pustete ihr ein Rosenblütenblatt auf die Wange.

»Was war denn das?« fragte ihr Vater verblüfft.

»Hast du doch gesehen«, sagte ihre Mutter. »Sie hat sich einen Kuß vom Herrn der Winde gewünscht und hat einen Kuß vom Herrn der Winde bekommen.«

Elsa hat das Rosenblatt in das silberne Medaillon mit Kettchen gelegt, das ihr ihre Großmutter zum Geburtstag schenkte. Sie trägt das Medaillon jetzt immer.

Neidkopp

Leonie hatte es sich, wie gewohnt, auf Omas Sofa gemütlich gemacht. Mindestens zweimal die Woche war sie nachmittags bei Oma, die in der Wohnung hinter der Wohnung der Andresens, Leonies Eltern, wohnte. Es war eines dieser typischen Berliner Häuser. Einige Zimmer lagen an der Straßenfront, die anderen im Seitenflügel. Im letzten Raum, meistens die Küche, führte eine zweite Tür zur Seitentreppe, auf deren anderer Seite die nächste kleinere Wohnung lag. Leonie brauchte also nur aus der einen Wohnungstür hinaus in die andere Wohnungstür hineinzugehen.

Als sie noch klein war, in den ersten Schuljahren, hatte sie das jeden Tag getan. Ihre Eltern arbeiteten beide. Jetzt, sie war beinahe zwölf Jahre alt, kam sie sehr gut alleine klar, was nichts daran änderte, daß sie zu Oma ging, so oft sie konnte. Weil sie mit Oma so schön quatschen konnte oder fernsehen, auch mal knifflige Hausaufgaben machen und, »ich geb's ja zu« kicherte sie, weil Oma so gut backen konnte. Immer probierte sie neue Rezepte aus, und eines schmeckte leckerer als das andere.

Heute gab es Blaubeermuffins. Als Oma den Tee einschenkte, fragte sie, wie stets: »Wie war's in der Schule?«

»Sonst ganz normal«, sagte Leonie, »bloß Mara, die alte Giftzicke, hat wieder gegiftet. Mir geht das allmählich auf die Birne. Es nervt, sag ich dir.«

»Kann ich mir denken«, sagte Oma. »Du erzählst ja immer öfter davon. Was war denn heute wieder los?«

»Ach«, sagte Leonie, »Britta hat Gitta ein paar T-Shirts gegeben. Ihr waren sie zu klein geworden.«

»Und Gitta passen sie noch gut«, sagte Oma, »sie ist ja kleiner und zierlicher.«

»Genau«, sagte Leonie. »Gitta hat sich natürlich gefreut. Sowieso, und auch, weil ihr Papa doch arbeitslos geworden ist. Und ihre Mama hat auch bloß einen Teilzeitjob. Da sind neue Sachen rar. Und was sagt die Giftzicke? ›Oh, jetzt darf die arme Gitta sogar die Lumpen von Britta auftragen. Diese gute Freundschaft lohnt sich ja richtig, nicht Gitta?‹«

»Oh«, sagte Oma, »das ist happig.«

»Ja«, sagte Leonie. »Britta hat sie auch sofort angefaucht. ›Das sind keine Lumpen, und das weißt du auch.‹ – ›Und ich freu mich, weil sie schick sind‹, hat Gitta gesagt. ›Und Freundinnen waren wir schon in der Kita, also halt die Klappe.‹ Oma, so geht das Tag für Tag. Ich versteh nicht, wie man so gemein sein kann.«

»Sie war neidisch«, sagte Oma.

»Neidisch? Auf ein paar T-Shirts?« fragte Leonie. »Die hat doch das dickste Taschengeld und Klamotten für drei Kleiderschränke.«

»Sie war nicht neidisch auf die T-Shirts«, sagte Oma. »Sie ist neidisch auf die Freundschaft. Sie will die beiden Brigitten auseinanderbringen.«

»Das gelingt ihr bei den Brigitten nicht«, sagte Leonie. »Aber bei Ronny und Konny hat sie es geschafft. Konny hat sich in Eileen aus der Parallelklasse verknallt. Und Mara hat ihm eingeblasen, daß sie gesehen hat, wie sich Ronny im Supermarkt an Eileen rangemacht hat. Dabei hat der ihr nur was aus dem oberen Regal runtergeangelt. Aber Konny, der Trottel, ist auf Mara reingefallen. Und jetzt redet er mit seinem besten Freund nicht mehr. Und das alles, weil sie neidisch ist?«

»Neid kann zu einer schweren Krankheit werden«, sagte

Oma. »Ich rede nicht von solchen Kinkerlitzchen, daß jemand mal sagt: Ach, ist das toll, da werde ich glatt neidisch! Das ist harmlos. Ich spreche von Menschen, bei denen der Neid chronisch geworden ist. Es gibt die Krankheit in zwei Stufen. Einfach-Neid und Doppel-Neid. Beide sind schlimme Krankheiten der Seele. Der Einfach-Neid zeigt folgende Symptome: Der Kranke sieht einen Menschen, der gut aussieht oder wohlhabend ist oder begabt oder beliebt, und denkt sofort: So schön, so reich, so begabt, so beliebt wäre ich auch gern. Warum der? Warum nicht ich? Er schaut also nicht auf sich, er schaut nur auf die anderen. Und macht sich selber damit immer kleiner. Irgendwen gibt es immer, der irgend etwas hat, was man selber nicht hat. Das ist ja völlig normal. Aber wenn man immer nur die anderen sieht, kann man sich selber bald gar nicht mehr sehen. Die Seele schrumpft zu einem Häuflein Unglück zusammen. Schafft nichts mehr, traut sich nichts mehr zu, was zur Folge hat, daß noch mehr Menschen in irgendwas mehr sind. Es ist eine Teufelsspirale nach unten.

Viel bösartiger noch ist die Doppel-Neid-Krankheit. Und gefährlich für alle anderen Menschen. Wer an Doppel-Neid erkrankt ist, fühlt wie der Erstbeschriebene: der hat was, was ich nicht habe – aber er fühlt auch sofort: der darf das nicht haben. Ich muß es haben. Nur ich allein. Ich muß alles haben. Alle anderen nichts. Natürlich ist das unmöglich. Aber er versucht dennoch, es zu erreichen. Indem er bösartige Bemerkungen macht, Lügen über andere verbreitet, durch Demütigungen andere niedermacht, Intrigen spinnt, betrügt. Was immer anderen schadet, ist gut für ihn. Mißgunst ist die Droge, mit der er seine schrumpfende Seele versorgt. Und ich fürchte, Mara ist so ein Neid-Junkie. Mit jeder Giftspritze, die sie einem anderen verpaßt, setzt sie sich den nächsten Schuß Dope in den Bauch ihrer Schrumpfseele.«

»Jetzt verstehe ich auch«, sagte Leonie, »weshalb es immer schlimmer wird, weshalb sie immer öfter ihre Gehässigkeiten losläßt. Tag für Tag versucht sie, einen vor den anderen schlecht zu machen. Bloß, wie kann man sie stoppen? Drogensucht soll ja schwer zu heilen sein. Aber sie muß gestoppt werden. Sonst verbreitet sich dieses Gift noch in der ganzen Klasse. Sie braucht ja bloß eine von ihren pfiffig ausgedrückten Niederträchtigkeiten auf einen loszulassen, und zwei andere sind blöd genug zu lachen. Schon kriegt der Angegriffene einen Haß auf die Lacher. Oder sie verleumdet den einen vor dem anderen, und noch drei dazu fallen auf das Gerücht, das sie in die Welt setzt, rein. So was ist ja schon ein paarmal passiert.«

»Ja«, sagte Oma, »und das ist genau, was sie erreichen will. Je mehr Unfrieden, um so besser kann sie intrigieren, um so mehr Macht hat sie, um sich auszuleben.«

»Wie kann man sie stoppen, wenn ich das bloß wüßte«, sagte Leonie.

»Zunächst einmal, indem man ihr auf den Kopf zusagt, daß sie neidisch ist«, sagte Oma. Und lachte plötzlich auf. »Ja, das wär was! Wenn sie wieder so giftet, sag ihr, daß Neidkopf sie demnächst nächtens heimsuchen wird. Und dann wird sie schon merken, was sie sich mit ihren Gemeinheiten eingehandelt hat. Denn Neidkopf ist ein sehr, sehr gruseliges Gespenst.«

»Ein Gespenst? Echt?« fragte Leonie verblüfft.

»Oh ja«, sagte Oma, »ein sehr berühmtes Berliner Gespenst. Es erscheint des Nachts bei solch neidischen Menschen. Denen wird dann ganz schlecht, weil es sehr unheimlich ist.«

»Und das ist aus Berlin? Hier aus der Stadt?« fragte Leonie.

»Neidkopf, berlinisch natürlich Neidkopp, wurde hier geboren. So um 1720 herum«, sagte Oma. »Zur Zeit König Friedrich Wilhelms des Ersten von Preußen. Der wurde 1713 König. Dieser König hatte die Angewohnheit, gekleidet wie ein ganz gewöhnlicher Bürger durch Berlin zu spazieren und zu schauen, was da alles abging, was die Leute so machten. Eines Abends, es dunkelte bereits, schlenderte er die Heiligengeiststraße entlang. Die ging vom Dom aus hinter den Spreeanlagen bis zur Poststraße, die gibt es noch, die Heiligengeiststraße leider nicht mehr. Sie war die Straße der Goldschmiede. Die Zünfte hatten ja oft ihre Straßen. In vielen Städten kannst du sie noch an den Straßennamen erkennen. Färbergasse, Töpfergasse, Webergasse. Als der König die Heiligengeiststraße entlangging, hatten aber alle Schmiede schon Feierabend gemacht. Nur in einer Werkstatt, in einem kleinen, recht baufälligen Haus, brannte noch Kerzenlicht. Ein junger Goldschmied saß noch eifrig bei der Arbeit. Der König ging in die Werkstatt und fragte den jungen Goldschmied, Berger war sein Name, warum er noch bei diesem Licht arbeitete, statt bei Tage, wie alle anderen. Berger erkannte den König, verbeugte sich gebührend respektvoll und erklärte ihm, daß er zu arm sei, um sich eine Verzögerung bei einer Bestellung leisten zu können. Er müsse seine Kunden so schnell wie möglich bedienen. ›Und etwas im voraus zu machen, um es dann zu verkaufen, kann ich mir nicht leisten. Ich habe nicht Geld genug, um das Gold oder Silber anzuschaffen. Manchmal muß ich deswegen sogar eine Bestellung ablehnen, weil es nicht für das Material reicht‹, sagte er. ›Ich verstehe‹, sagte der König.

Ihm gefiel die Arbeit des Goldschmieds, und der Goldschmied gefiel ihm auch. Bei seinen Spaziergängen passierte es ihm öfter mal, daß ein Bürger, mit dem er sich unterhielt, in Liebedienerei oder aber in Angeberei verfiel. Nichts davon bei Berger. Er war höflich, wie es sich gehörte, und geradeheraus. ›Weißt du‹, sagte der König, ›ich brauche ein Service für das Schloß. Ich schicke dir das Gold aus der Schatzkammer, und dann reden wir über deine Entwürfe.‹ Damit ging er, freundlich grüßend, hinaus, einen glücklichen und dankbaren Goldschmied zurücklassend. Das Gold wurde bereits am nächsten Tag geliefert. Berger machte sich an die Entwürfe. Als der König zwei Tage später kam, legte er sie ihm vor. Sie besprachen die Entwürfe, und Berger konnte mit der Arbeit beginnen. Der König kam alsbald wieder und sah ihm dabei zu. Es war seine Gewohnheit, den Menschen bei ihrer Arbeit zuzusehen. Er lernte dabei eine Menge über die verschiedenen Handwerke und, natürlich, auch über die Menschen, die die Arbeit machten.

Einmal, als er bei Berger saß, blickte er zufällig aus dem Werkstattfenster. Am Fenster des gegenüberliegenden Hauses stand eine Frau. Sie starrte mit einem so bösen, verzerrten Gesicht in Bergers Werkstatt, daß der König beinahe erschrak. ›Wer ist denn diese schreckliche Frau da drüben?‹ fragte er. ›Ach, platzt die mal wieder vor Neid?‹ sagte Berger. ›Sie ist die Frau eines Zunftgenossen. Jedesmal, wenn ein anderer als ihr Mann einen Auftrag bekommt, wird die geradezu grün vor Neid. Und mich haßt sie natürlich doppelt. Ich war der Ärmste, und jetzt darf ich sogar für Eure Majestät arbeiten. Das hält sie nicht aus. Dabei hat ihr Mann durchaus zu tun. Eigentlich kann sie sich nicht beklagen.‹ – ›Blanker Brotneid also‹, sagte der König. ›Wie häßlich.‹ – ›Finde ich auch‹, sagte Berger, ›ich muß Euch was gestehen, Majestät. Ich habe mal in die Unterseite von drei silbernen Vasen ihre Fratze eingearbeitet.‹ Der König mußte lachen. Aber jedesmal, wenn der König bei Berger war, stand die Frau am Fenster mit einem Gesicht, das war nicht zum Lachen.

Das Service wurde, sehr zum Gefallen des Königs, fertig. Es soll übrigens noch bis zum Jahre 1807 in Gebrauch gewesen sein, im Schloß, stets bewundert von den Staatsgästen. Der König befahl Berger, in eine Wohnung in der Nähe des Schlosses umzuziehen. Er hatte weitere Aufträge für ihn. Berger gehorchte selbstverständlich. Während er dort wohnte und arbeitete, ließ der König sein altes Haus abreißen und ein schönes, größeres Haus mit einer hellen, größeren Werkstatt errichten. Und er beauftragte seinen Bildhauer, hoch über der Tür des Hauses eine lebensgroße weibliche Büste anzubringen, deren Gesicht der neidischen Frau nachgebildet war, aber abscheulich verzerrt, mit sichtbar vorgeschobener Zunge und aufgerissenen Augen, den Kopf mit Schlangen statt Haaren bedeckt. Dieser Kopf sah geraden Blicks in das Fenster, in dem die Frau immer stand. Der König folgte damit einem uralten, weit im Lande verbreiteten Brauch. An vielen Häusern gab es über den Türen Köpfe von Tieren oder sagenhaften Wesen, aus Holz oder Stein gearbeitet. Diese Köpfe, so hieß es, schützten die Bewohner vor bösen Geistern und Menschen. Abwehrzauber nennt man das. Der König schenkte seinem Goldschmied das Haus.

Wie man sich leicht vorstellen kann, genügte den Bewohnern der Heiligengeiststraße ein einziger Blick auf die Büste, und sie begriffen, wem der König da den Spiegel vorgehalten hatte. Es gab großes Gelächter. Und schon hatte die Büste ihren Namen: Neidkopp.

Nach einer Woche bereits wurde gemunkelt, der Neidkopf habe sein Gespenst geboren. Er schicke das Gespenst Nacht für Nacht in die Stadt, um nach besonders neidischen, mißgünstigen Menschen zu suchen und diesen dann des Nachts zu erscheinen. Und das, was dann geschähe, sei entsetzlich. Ganz grauenvoll. Der Neidmensch erwacht plötzlich, weil ihm eisig kalt ist. Vor ihm steht eine schemenhafte Gestalt, deren Kopf von Schlangenhaaren umzüngelt ist. Aber der Kopf hat kein Gesicht. Da, wo das Gesicht sein müßte, ist nur ein dunkles, widerliches Oval. Aus dem schwarzen, wabernden Loch ertönt eine Stimme, dumpf und bedrohlich und spricht: ›Mein altes Gesicht gefällt mir nicht mehr, es muß dein Gesicht als neues her.‹ Dann wirft sich das Gespenst auf den Liegenden, der sich, wie gelähmt, nicht mehr bewegen kann, und drückt das schwarze Loch seines

Kopfes auf das Gesicht des Neidmenschen. Das Loch stinkt bestialisch, es schmerzt höllisch, denn der Druck ist sehr schwer. Es ist nämlich ein Abdruck, vergleichbar einem Gipsabdruck. Nach endlos langer Zeit, so kommt es dem Opfer vor, hebt der Geist seinen Kopf, wirbelt ihn dreimal um seinen Hals, wie auf einer Schraube. Dann ist der Abdruck ausgefüllt. Der Neidmensch blickt in sein Gesicht. Sein wahres Gesicht. Seine eigenen Züge verzerrt von Neid, zer-

fressen von Mißgunst. Das Gespenst tanzt dreimal auf seinem Bauch herum und singt jaulend: ›Ich bin schön, ich bin schön. Ich bin so schön wie du.‹ Juju, Juju. Das Gespenst verschwindet. Dem Neidmenschen soll dann noch längere Zeit danach übel sein. Soviel zu Neidkopf«, sagte Oma.

»Ein echter Knüller«, sagte Leonie. Gleich nach dem Abendbrot verzog sie sich in ihr Zimmer und dachte lange und gründlich nach. Dann stand ihr Plan fest. Am nächsten

Morgen, in der ersten Pause schon, holte sie die sieben aus ihrer Klasse, die sie am liebsten mochte, mit denen sie gut befreundet war, zusammen. »Ich muß etwas Wichtiges mit euch besprechen«, sagte sie, »mit euch allen zusammen. Habt ihr heute nachmittag was vor?«

»Nicht unbedingt ... Wenn es so wichtig ist ...«, kam es zurück.

»Dann heute nachmittag bei mir«, sagte Leonie. Sie verabredeten noch die Zeit. Alle waren gespannt.

Als sie am Nachmittag beisammen waren, erzählte Leonie zunächst alles über Neid und Neidkopf und erläuterte dann ihren Plan. Nämlich: Mara Angst einzujagen mit Neidkopf, damit sie aufhörte mit ihren Gemeinheiten. Die anderen fanden den Plan sofort gut.

»Da haben wir endlich mal was in der Hand gegen sie«, sagte Gregor. »Ein Gespenst. Ich wette, es wirkt.«

»Aber die glaubt doch nicht an Gespenster«, sagte Anja.

»Darauf kommt es nicht an«, sagte Daniel. »Es kommt darauf an, eine schlagkräftige Waffe zu haben. Und Neidkopp ist eine. Wir haben alle schon erlebt, daß bloß: ›Du spinnst ja‹ sie nicht dazu bringt aufzugeben. In der nächsten Pause spritzt sie die nächste Ladung Gift.«

»Und das ist ein Langzeitgift«, sagte Britta.

»Mit Wirkung«, sagte Kevin. »Die einen fressen es in sich hinein, die anderen schlucken die Lügen, und schlechter geht es allen.«

»Wenn wir es gescheit anfangen«, sagte Bert, »haben wir die Chance, die anderen auch auf unsere Seite zu ziehen.«

»Wir müssen die Sache genau planen«, sagte Daniel. Sie arbeiteten den ganzen Nachmittag an der Strategie der Verteidigung. Wer schlägt als erster zurück? Wer springt als zweiter dem ersten bei? Wer stellt die weiterführende Frage? Es war eine knifflige Arbeit, aber sie machte allen Spaß. Sie waren höchst einfallsreich dabei.

Wie einfallsreich sie genau waren, wie gut sie geplant hatten, stellte sich gleich am nächsten Tag heraus. Die Klassenarbeiten in Mathe wurden zurückgegeben. Daniel, das Mathe-As der Klasse, hatte wie fast immer eine Eins. Offensichtlich diesmal sogar ein bißchen mehr, ein Plus dazu, denn als Lehrer Erhards ihm die Arbeit zurückgab, sagt er: »Wirklich sehr, sehr gut, Daniel.« Prompt sagte Mara nach der Stunde – sie hatte eine Drei minus: »Kein Wunder, daß Daniel immer die Einsen absackt. Sein Papa und Erhards sind ja auch im selben Schachclub.«

Leonie, Kämpfer eins, zog die Waffe. »Mensch Mara, wenn du so weiter machst, holst du dir noch Neidkopp ins Bett.«

Kämpfer zwei, Gregor, lachend: »Das wird dann aber schön scheußlich für Mara.«

Kämpfer drei, Anja: »Neidkopf? Wer ist denn das?«

Gregor: »Weißt du das nicht? Ist doch ein berühmtes Berliner Gespenst.«

Kämpfer vier, Britta: »Ja, jetzt wo du es sagst, fällt es mir wieder ein. Das Gespenst sucht immer neidische Menschen des Nachts heim, nicht?«

»Stimmt«, sagte Leonie.

Kämpfer fünf, Bert: »Ein Gespenst, echt? Und das jagt dann dem Neidmenschen Angst ein? Ja?«

Die ganze Klasse war bereits aufmerksam geworden.

Leonie: »Nicht bloß so, viel, viel schlimmer.«

Gregor: »Da wird einem schon bei der bloßen Vorstellung übel.«

Kämpfer sechs, Gitta: »Übertreibt ihr nicht ein bißchen?«

Leonie: »Nein, nicht wirklich.«

Kämpfer sieben, Kevin: »Was macht denn dieses tolle Gespenst? Warum hat das eine so starke Macht?«

»Also«, sagte Leonie und schilderte höchst anschaulich, unterstützt von Gregor und Britta, »die stinkenden Erscheinungen von Neidkopf.« Inzwischen hörten alle zu.

»Wirklich gräßlich«, sagte Kämpfer acht, Daniel, »aber was mich interessieren würde, wie kam diese Sage zustande? Wer hat sie gedichtet?«

»Nicht gedichtet«, sagte Leonie, »die stammt aus der preußischen Geschichte.«

»Das klingt noch interessanter«, sagte Daniel. »Erzähl mal.«

»In der großen Pause«, sagte Leonie. Und da es regnete, hörte tatsächlich die ganze Klasse zu, als Leonie die Geschichte vom König und dem Goldschmied erzählte.

Von da an wurde es eng für Mara. Da fast jeder in der Klasse schon mal eine ihrer Giftspritzen abbekommen hatte, gesellten sich nach und nach immer mehr Kämpfer zu der Gruppe. Sie genossen es geradezu, weil sie plötzlich eine Waffe in der Hand, genauer im Kopf hatten, mit der sie sich oder andere wirkungsvoll gegen Mara verteidigen konnten. Vor einiger Zeit beispielsweise war Manuela, die ohnehin sehr hübsch war, besonders schick angezogen und zurechtgemacht in die Schule gekommen, weil ihre Mutter sie gleich nach dem Unterricht zu einem Familienfest abholen wollte. Mara hatte sofort gesagt: »Na, geht es nachher zum Modelcasting? Umsonst der Aufwand, leider ... Deine Beine sind zu kurz.«

Manuela hatte geantwortet: »Was soll denn der Blödsinn? Mein Onkel Fred hat Verlobung. Und Model will ich bestimmt nicht werden.«

»Ach nein, wirklich nicht?« hatte Mara spöttisch gesäuselt und war davonstolziert.

Diesmal ging sie wieder auf Manuela los. Sie hatte Berts Fotos von Konnys Geburtstagsparty gesehen, rein zufällig, versteht sich. Auf dem einen posierten die Mädchen aus Jux, wie es Models tun. Mara sieht das und flötet: »Wirklich, als Model braucht Manuela unbedingt eine Beinverlängerung. Die kostet Tausende. Das rentiert sich aber bei ihr dann doch nicht.«

»Habt ihr das gehört«, sagte Manuela. »Das hört sich ja an, als ob Mara sich in Neidkopp verknallt hat.« Gelächter. Mara war still.

Eines Morgens, in der Pause, setzte sich Gregor neben Anja. Tat er neuerdings häufiger, und sagte: »Du, ich muß dir mal was zeigen. Was von meinem Urgroßvater. Hat er extra für mich bestimmt. Schriftlich.« Er holte ein schmales, längliches flaches Holzkästchen, in ein rosa Tuch eingewickelt, aus dem Rucksack. Das Kästchen war etwas abgegriffen, aber die beiden Engelchen, die Hand in Hand auf dem Schiebedeckel eingelassen waren, konnte man immer noch gut erkennen. Gregor zog den Deckel auf. In den drei Rillen lagen zwei altmodische Federhalter, solche zum Eintunken in Tinte, und ein angespitzter Bleistift. Auf der einen Schmalseite war noch ein Abteilchen, in dem ein Radiergummi lag. »Urgroßvaters Federkasten«, sagte Gregor. »Hat er sein ganzes Leben lang gehütet wie einen Schatz. Bis zu seinem Tode. Und weißt du warum? Er hat's mir mal erzählt. Den hat er an seinem siebenten Geburtstag geschenkt bekommen von der Erna aus seiner Klasse. Die Erna ist meine Urgroßmutter gewesen.«

»Ach, ist ja süß«, sagte Anja.

Da kam Mara vorbei, warf einen Blick auf den Federkasten und sagte: »Na Hilfe! Kitsch aus Kitschcan. Wie ist das Ding denn dem Müll entronnen?«

»Mara«, sagte Anja scharf, »der Federkasten ist von Gregors verstorbenem Urgroßvater. Er wollte, daß Gregor ihn bekommt.«

»Ach ja?« sagte Mara. »Hat er wenigstens noch ein paar Hunderter um die Schreibkritzler gewickelt? Wohl nicht.«

»Igitt«, sagte Anja, »ich glaube, langsam wirklich, du bist in Neidkopf regelrecht verknallt.«

»Hast du es denn noch nicht geschnallt?« rief einer der Jungs, »die will den doch heiraten.«

»Was für ein Hochzeitskleid zieht die denn zu so einer Hochzeit an?« fragte eine gut gemimte Kleinmädchenstimme. Da sang Bert, er war ja im Chor, mit schmelzender Stimme, höchst gefühlvoll: »Ganz in Schwarz, mit einem Peitschenstrauß.« Die Klasse klatschte Beifall und lachte Beifall. Mara war still.

Elke, deren Eltern arbeitslos geworden waren, deren Geld also sehr knapp war, kam mit neuen Sportschuhen an, die alten waren ihr zu klein geworden. Keine Markenschuhe, versteht sich. Die konnten sich ihre Eltern nun wirklich nicht leisten. Mara warf einen Blick auf die Schuhe und säuselte: »Neue Schuhe. Tatsächlich. Und auch noch vom Discounter! Die waren bestimmt wahnsinnige drei Euro neunzig teuer! Und wie gut der Preis zu dir paßt. Wie angegossen.«

Elke wurde blaß. Ehe sie etwas sagen konnte, sprang Britta ein. »Also diese unglaubliche Scharfsicht, die dir Neidkopf einprägte«, sagte sie. »Mara, also die beeindruckt mich immer wieder. Du erkennst das Wesen eines Menschen beim ersten Blick auf den Schuh. Einfach toll.«

»Na klar kann sie das«, sagte Leonie. »Der Schuh macht ja schließlich den Menschen. Der rechte Schuh ist nun mal sein Gehirn, der linke Schuh ist nun mal sein Herz. Nicht umsonst sagt man: Wie der Schuh, so du.«

»Aber was sind dann die, die gar keine Schuhe haben?« erkundigte sich, höchst interessiert, Ronny. »Von denen gibt es doch sehr viele auf der Welt!«

»Das sind gar keine Menschen«, sagte Daniel, »die sehen bloß so aus. Wie gesagt: Der Schuh bist du. Deshalb unbedingt Markenschuhe. Wenigstens, Ronny.«

»Verstehe«, sagte Ronny, »besser noch handgearbeitete, nicht?«

»Natürlich, die sind ja noch edler«, sagte Daniel.

»Solche Sonderanfertigungen gibt es«, sagte Gitta. »Hab ich im Fernsehen gesehen. Es gibt Schuhe, da kostet ein Paar zwischen 4000 und 4500 Dollar, sind Diamanten drauf.«

»Bei einem Preis von viereinhalbtausend Dollar pro Paar«, sagte Leonie, »sind die Träger definitiv Engel-Einsteins.«

»Maras Schuhe«, sagte Konny, »sind selbstverständlich auch eine Sonderanfertigung. Das sind Phantomschuhe aus Klopapier. Gebrauchtem!«

Einen Augenblick war alles still. Dann klatschte jemand Beifall, dann alle. Mara lief aus dem Klassenzimmer.

Es war Freitag nachmittag. Oma war eine Woche mit ihren Freundinnen zu einem Wellness-Urlaub an der Ostsee gewesen. Leonie war froh, daß sie wieder da war. Sie hatten sich kaum an den Teetisch gesetzt – es gab Blätterteigtaschen mit Vanillecreme –, als Leonie sagte: »Oma, ich muß dir unbedingt gleich was erzählen. Hör bloß zu, sonst platzt mir das noch aus den Ohren. Also!«

Und dann bekam Oma einen genauen und anschaulichen Bericht über die Schuhgeschichte. Als Leonie Konnys letzte Bemerkung wiederholte, war Oma etwas erschrocken. »Oh, das war hart«, sagte sie. »Das hat er so gesagt?«

»Er war sehr wütend«, sagte Leonie. »Und zu Recht. Ronny hat uns nachher alles erzählt, Konny hat sich übrigens entschuldigt bei ihm, jetzt ist alles wieder in Ordnung mit den beiden. Konnys Eltern haben doch diese Kaffeeläden, du weißt schon.«

»Ja sicher«, sagte Oma, »Feyners Kaffee ist feinster Kaffee. Die Geschäfte gehen sehr gut.«

»Eben«, sagte Leonie. »In der Pause haben die Mädchen von der Zwei-Klassen-Clique, die wohnen alle im gleichen Viertel, zusammen gestanden und sich bei Beate für den Nachmittag verabredet. Sie wollten neue CDs hören. Bea sagte: ›Nee, Eileen kommt nicht, die ist schon mit ihrem Konny verabredet.‹ Mara, die natürlich nicht in der Clique ist, kriegt das mit und sagt laut und so richtig hämisch: ›Natürlich kommt Eileen nicht CDs hören. Die hört doch lieber Feyners Kassen klingeln.‹ Bloß, was sie nicht gemerkt hat, Konny war hinter ihr und hat es gehört. Die Pause war vorbei, es ging in die Klassen. Und in der nächsten Pause ist sie dann auf Elke losgegangen. Und Konny hat es ihr heimgezahlt.«

»Verständlich«, sagte Oma. »Und was hat Mara getan?«

»Die ist aus dem Klassenzimmer gerannt. Das war am Montag. Bis jetzt hat sie kein Wort mehr geredet.«

»Das wird wohl auch eine Weile so bleiben. In der Schule bösartig zu werden, wird sie sich nicht mehr trauen. Vielleicht hat sie auch endlich was begriffen.«

»Kann ich mir nicht vorstellen«, sagte Leonie. »Sie ist ja nicht nur bösartig, sie ist auch dumm. Sie merkt ja nicht mal, wenn sie Schwachsinn spuckt. Sie deutet an, daß Eileen auf Konnys Geld aus ist und sich deshalb an ihn ranschmeißt. Dabei braucht man bloß einmal hinzugucken und sieht, daß Eileen in Konny genauso verliebt ist wie er in sie. Sie steht doch blöd da mit so einer Unterstellung. Merkt sie aber gar nicht.«

»Sie ist eben ein Junkie«, sagte Oma. »Wer nur sich selber sieht, kann die anderen nicht mehr richtig sehen.«

»Na, jedenfalls ist jetzt Schluß mit dem Gegifte«, sagte Leonie. »Die Klasse ist viel besserer Laune, und die läßt sich keiner mehr verderben. Neidkopf ist ja immer abrufbereit.«

»Es ist schon bemerkenswert«, sagte Oma. »Neidkopf hat wieder einmal genau die Aufgabe erfüllt, für die ihn der König einst erschaffen ließ. Das Böse abzuwehren, indem er dem Bösen sein Spiegelbild vorhält.«

»Und das noch nach fast dreihundert Jahren«, sagte Leonie. »Nicht schlecht für ein Gespenst.« Sie hob die Tasse. »Alle Achtung, Neidkopp!«

Die Kinder von Alpha Centauri

Es war eine kleine, ungewöhnliche Einbahnstraße, die Sonnenstraße. Einschneidend in das riesige, umzäunte Gelände der städtischen Wasserwerke, bestand sie nur aus fünf schmalen, aneinander gebauten dreistöckigen Mietshäusern aus dem frühen 19. Jahrhundert. Davor war ein schmaler, schön bepflanzter Grünstreifen, ein Bürgersteig und eine Fahrbahn, die in einem Rondell endete. Hinter den Häusern gab es eine Grünanlage, ohne trennende Zäune, und darin zu jedem Haus gehörend ein putziges Hüttchen für Gartengeräte. Fünfzehn Parteien wohnten in den fünfzehn Wohnungen, und sie kannten sich alle sehr gut. Im Sommer machten sie Grillparties, im Winter feierten sie Feste, und die Geburtstage sowieso. Die Nachbarn hielten zusammen und die Kinder spielten miteinander. Es wohnten 17 Kinder dort, 13 gingen schon in die Schule, die vier kleinen waren am Tag bei Frau Bertram in Haus Nummer eins. Sie war die Tagesmutter. Es war ein gutes Leben in der Sonnenstraße, und alle lebten dort gerne. Bis die große Schwierigkeit eintrat.

Die Schwierigkeit hieß Kurt Kallmann. Er war der neue Besitzer von Nummer drei. Frau Metzer, von allen Kindern nur Oma Metzi genannt, war gestorben. Herr Kallmann war ihr Erbe. Herr Kallmann konnte Menschen nicht leiden und Kinder haßte er. Selbstverständlich hatten die Sonnensträßler, wie sie sich spaßeshalber nannten, versucht, ihn in ihrer Mitte willkommen zu heißen, hatten ihn eingeladen zu Nachbarschaftstreffs, aber er hatte mit kalter Höflichkeit abgelehnt.

Man wußte nur sehr wenig über ihn. Er war Mathematiker, arbeitete von zu Hause aus für einen großen Informatikbetrieb, der des öfteren per Kurierauto Unterlagen brachte oder abholte. In seinem Arbeitszimmer, das hatten Michelle Römer, die im dritten Stock seines Hauses wohnte, und Herr Niedermeier aus dem zweiten Stock gesehen, als sie einmal etwas mit ihm zu besprechen hatten, hingen die Wände voll mit Sternkarten und, was die beiden sehr verblüffte, mit Bildern von Außerirdischen, so wie sie in Science-fiction-Filmen dargestellt werden. Herr Kallmann war wirklich sehr sonderbar. Er war noch jung, höchstens in den frühen Dreißigern und er war nicht einmal häßlich. Im Gegenteil.

»Wenn der Mensch nicht immer mit einem Ausdruck herumlaufen würde, als ob er jeden vorbeifliegenden Spatzen am liebsten abschießen würde, wäre er ein ganz gutaussehender Mann«, sagte Frau Siebert, als sie mit einigen Nachbarinnen beim Kaffeetrinken saß.

»Stimmt. Und wie der Kinder anguckt«, sagte Frau Bertram. »Neulich ist Inchen beim Rumtoben hingefallen und hat geweint. Ich hab sie getröstet, kurz ihre Wunden sauber gemacht und Salbe draufgetan. Sie hat auch schnell wieder aufgehört zu weinen. Wie ich hoch schaue, steht der Kallmann auf seinem Balkon und starrt herüber, als ob er ein Verbrechen beobachtet. Ich hab sein Gesicht nicht genau gesehen, aber seine Haltung war bedrohlich genug.«

»Aber ich habe sein Gesicht gesehen«, sagte Frau Siebert. »Hab gerade einen neuen Topf auf den Balkon gestellt. Er sah aus, als ob er vor Haß gleich platzen würde. Soviel Wut, bloß weil ein kleines Kind ein bißchen weint. Das ist doch verrückt.«

Es wurde noch viel verrückter. Herr Kallmann kündigte den Niedermeyers, die über ihm wohnten, weil ihre Kinder, Peter und Paul, neun und elf Jahre alt, ihn »unerträglich« belästigten. Das müsse er sich nicht bieten lassen.

»Sie poltern die Treppe hinunter, reden dabei laut, schreien draußen mit den anderen Gören herum. Das Benehmen werde ich in meinem Haus nicht dulden. Sie sind gekündigt!«

Herr Niedermeyer sah Kallmann beinahe mitleidig an. »Ich nehme Ihre Kündigung nicht an«, sagte er ruhig. »Sie haben kein Recht, mir zu kündigen. Mein Anwalt wird es Ihnen erklären.« Und ging.

Eine Stunde später stand Rechtsanwalt Dr. Brechtholt, der wohnte in Nr. eins, vor Kallmanns Tür. »Wir müssen miteinander reden, Herr Kallmann«, sagte er. Mit kaltem Gesicht bat ihn Kallmann herein. »Sie können sagen, was Sie wollen«, sagte er, »ich will diese Gören nicht im Haus haben. Sie poltern morgens die Treppe herunter, sie schreien mittags vor der Haustür herum, um nur einiges zu nennen. Der Lärm, den Kinder hier machen, ist unerträglich. Wenn die Niedermeyers nicht freiwillig ausziehen, klage ich vor Gericht.«

»Und Ihre Klage wird abgewiesen«, sagte Brechtholt. »Sie verlieren den Prozeß vor jedem Gericht, und der Prozeß kostet Sie eine Menge Geld. Der gewöhnliche, alltägliche Lärm, den Kinder machen, gehört zum normalen Leben dazu und muß geduldet werden. Es gibt Dutzende von Gerichtsurteilen, die das besagen. Sie werden keinen Richter finden, der anders urteilt. Und schon gar nicht im Fall Sonnenstraße. Da hätten Sie noch viel schlechtere Karten. Erstens: Von den 17 Kindern, die hier wohnen, gehen 13 zur Schule, das heißt, sie sind den ganzen Vormittag gar nicht da, und die vier kleineren sind in der Nr. eins. Zweitens: Auf dem Grundstück Nr. fünf steht das Häuschen, welches wir für die Kinder hergerichtet haben, und wenn sie draußen spielen, spielen sie auf dem Platz Nr. fünf. Sie müssen auf den Balkon gehen, um den Lärm, der Sie so stört, zu orten. Drittens: Dies ist eine Großstadt, eine Millionenstadt. Hunderttausende von Menschen wohnen hier im ersten Stock von Mietshäusern, und wenn diese Häuser nicht an Hauptverkehrsstraßen stehen, wo der Verkehrslärm alles übertönt, hören alle diese Hunderttausende von Menschen bei geöffneten Fenstern Stimmen von der Straße. Nicht nur Kinderstimmen, auch die sich unterhaltender oder rufender Erwachsener. Wenn die das alle als Lärmbelästigung werten würden, wie Sie es tun! Mit dieser Beschwerde bringen Sie selbst den ernstesten Richter zum Lachen. Lassen Sie es also sein. Sie kommen mit der Kündigung so wenig durch wie mit der Klage.«

»Es ist einfach unerträglich«, sagte Kallmann.

»Es tut mir leid«, sagte Dr. Brechtholt, »daß Sie das so belastet. Sie wären wohl glücklicher auf einem Einödhof auf dem Land als hier in der Großstadt. Oder«, fügte er mit einem Blick auf die Bilder der Außerirdischen hinzu, »auf einem anderen Stern.«

»Ja«, sagte Kallmann, »auf Alpha Centauri werden Kinder eingesperrt und dürfen nur sprechen, wenn ein Erwachsener es ihnen erlaubt.«

»Menschenkinder würde so etwas nicht gut bekommen«, sagte Dr. Brechtholt und verabschiedete sich.

Als er gleich darauf Herrn Niedermeyer von seinem Gespräch mit Herrn Kallmann berichtete, erwähnte er auch Kallmanns Vorstellung von der Kindererziehung auf Alpha Centauri.

»Das hat er auch schon mal zu uns gesagt«, sagte Peter, der gerade durch das Zimmer ging. »Er hat gesagt, man müsse uns alle auf Alpha Centauri schießen, da würde uns beigebracht, wie man die Klappe hält, und Benehmen überhaupt.«

»Er muß eine scheußliche Kindheit gehabt haben«, sagte Dr. Brechtholt.

Die Sache mit Kallmanns Alpha Centauri ging im Nu herum, weil sich die beabsichtigte Kündigung sofort herumsprach und natürlich in dieser freundschaftlich verbundenen Nachbarschaft für Empörung und Aufregung sorgte.

Am nächsten Nachmittag war große Konferenz im Hexenhäuschen, so hieß das Gartenhaus von Nr. fünf, das den Kindern gehörte. Alle 13 waren da und berieten, wie man den Kallmann »zur Vernunft« bringen könne. Peter und Paul hatten nämlich noch immer Angst, daß es Kallmann doch mit irgendeinem Trick fertig brächte, sie aus der Wohnung zu schmeißen. Zunächst fiel ihnen aber gar nichts ein, was man tun könnte, ohne sich selber ins Unrecht zu setzen.

»Also keine blöden Streiche«, sagte Klaus Brechtholt, er war der Älteste, 15 Jahre, »das wäre nur Wasser auf Kallmanns Mühle. Es muß etwas ganz Unanstößiges sein.«

»Da spricht Papas Sohn«, sagte Jerry Siebert, »und recht hat er.«

»Ich wünschte, seine Außerirdischen würden ihn abholen, da wären wir ihn los«, sagte Peter.

»Das ist es«, schrie Maja. Maja Wilke aus der Nr. vier. Sie war 14 und gescheit. »Wir sind die Außerirdischen. Wir kommen von Alpha Centauri. Wir klagen Kallmann an, weil er das Volk von Alpha Centauri beleidigt hat durch die Behauptung, wir mißhandelten unsere Kinder.«

»Eine äußerst schwere Beleidigung für Alpha Centaurianer«, sagte Klaus Brechtholt, »da auf Alpha Centauri seit alters größter Wert auf eine liebevolle und kindgerechte Erziehung Wert gelegt wird. Das ist Tradition.«

Die anderen lachten und klatschten begeistert.

»Aber wie werden wir zu Alpha Centaurianern?« fragte Kai Viereck.

»Da hab ich schon gleich drei Ideen«, sagte Corinna Maruhn. Sie wurde von allen nur »die Malerin« genannt. Sie war gerade zwölf Jahre alt und malte Bilder, die selbst Erwachsene bewunderten. »Zum Beispiel nehmen wir Badekappen, grün angemalt, vielleicht noch mit so Glitzer-Perlenmuster draufgeklebt, und grüne Schminke.«

»Ey, das wird gut«, lachten die anderen. Und dann stürzten sie sich alle in die weiteren Beratungen. Es dauerte einen ganzen Monat, ehe sie alles vorbereitet hatten, und noch zehn Tage Proben für ihren Auftritt. Und natürlich mußten sie die Erwachsenen einweihen, ohne deren Wissen hätten sie das, was sie vorhatten, nicht durchführen können. Dr. Brechtholt gab einen der wichtigsten Ratschläge, Michelle Römer, die beim Fernsehen war, besorgte nicht nur die grüne Schminke, sondern half ihnen auch beim Gestalten des Textes. Frau Brettschneider und Frau Sasse von Nr. vier und Nr. fünf, die beide gut nähen konnten, halfen bei den Kostümen, grüne Ganzkörpertrikots, verziert mit verschiedenen Glitzerspray-Mustern. Herrn Maruhn von Nr. vier kümmerte sich um die Beleuchtung, Pavareses von Nr. zwei steuerten einiges zum Bühnenbild bei. Kurz – alle in der Straße halfen den Kindern, damit es ein gutes Gelingen gebe.

Es war ein warmer Frühlingsabend, langsam wurde aus der Dämmerung Dunkelheit. Der Tag war, zum Erstaunen Kallmanns, sehr still gewesen, jetzt wurde es, wie ihm schien, noch stiller. Es kam ihm beinahe unheimlich vor. Ohne sich dessen bewußt zu sein, hatte er sich schon an die alltäglichen Lebenszeichen der Sonnenstraße gewöhnt. Plötzlich ertönten Trommelschläge, dann ein süßlicher, hoher Ton eines ihm unbekannten Blasinstrumentes, wieder die Trommel, wieder der sonderbare unbekannte Ton. Er stürzte auf den Balkon. Nichts zu sehen. Wo kam dieser Lärm her? Dann noch einmal die Trommel, jetzt länger, danach das Blasinstrument, es klang wie eine befremdliche Melodie. Kallmann wurde ärgerlich. Der Lärm schien aus dem Garten von Nr. vier zu kommen. Er lief hinunter in seinen Garten und hinüber in den nachbarlichen, begleitet von den merkwürdigen Tönen. Als er den Garten betreten hatte, verstummten die Instrumente schlagartig. Er stand im Dunklen. Dann, ebenso schlagartig, flammte Licht auf. Er stand vor einer Gruppe keilförmig angetretener grüner Außerirdischer.

Sie sprachen im Chor: »Wir, die Kinder von Alpha Centauri, stehen hier auf diesem Planeten im Auftrag aller Kinder unseres Sterns, um Klage zu erheben gegen den Menschen Kallmann, welcher unser aller Eltern böswillig verleumdet und geschmäht hat. Der Mensch Kallmann hat das Volk von Alpha Centauri beleidigt. Beleidigt. Beleidigt.« Trommelschläge. Der Außerirdische an der Spitze der Formation trat vor und sprach: »Der Mensch Kallmann hat behauptet, wir dürften nur eingesperrt leben. Er hat behauptet, wir dürften nur sprechen, wenn ein Erwachsener es uns erlaubt. Beides ist eine Lüge. Unsere Eltern lieben uns. Wir leben in Freiheit. Wir spielen, wir lernen, wir reden, wir tanzen, wir lachen. Wir sind frei. Die Behauptungen des Beklagten stellen unsere Eltern als kindermißhandelnde Monster dar. Eine solche Beleidigung muß geahndet werden.«

Kallmann hatte regungslos zugehört. Im ersten Augenblick hatte er wirklich geglaubt, Außerirdische vor sich zu haben, dann wurde ihm klar, daß es die Sonnenstraßen-Kinder waren, die da vor ihm standen. Natürlich wollte er wütend werden. Aber es ging nicht. Er war nicht wütend. Er war beeindruckt. Beeindruckt nicht nur von dem Anblick, den grün-glitzernden Kostümen, sie sahen sehr schön aus, sondern vor allem von der Disziplin, mit der die Kinder diese Schau abzogen. Er hätte sich nie vorstellen können, daß Kinder so gut Theater spielen. Der Sprecher sah ihn an, wandte sich zur Seite und sagte: »Da der Beklagte sich nicht äußert, bitte ich die Verteidigung um Stellungnahme.«

Aus dem Dunkel trat eine Gestalt hervor, deren Anblick Kallmann den Atem raubte. Noch nie hatte er etwas so Wunderschönes gesehen. Es war eine Frau, gekleidet in ein fließendes Silbergewand, das dunkle Haar bedeckt von einem silbernen Spitzenschleier, um den Hals eine dreifache, lang herunterhängende Kette aus leuchtend roten, wie Rosen geschliffenen Steinen, die im Licht der Scheinwerfer aufglühten, wenn sie sich bewegte.

»Frau Doctora Ylyina Guong, Abgesandte der Venus«, sagte der Sprecher. »Ihre Verteidigerin. Sie haben das Wort, Frau Doctora.«

»Danke, Euer Ehren«, sagte diese und fuhr fort: »Der Vorwurf, welcher dem Beklagten hier gemacht wird, besteht zu Recht. Allerdings halte ich es für unbedingt notwendig, dem Gericht zur Kenntnis zu bringen, wie es zu diesen Behauptungen des Beklagten kommen konnte. Die Antwort liegt in der Kindheit des Beklagten. In einer Kindheit, in der er selbst stets eingesperrt war. In einer Kindheit, in der er nur sprechen durfte, wenn sein Adoptivvater es ihm ausdrücklich gestattete. Wie es zu diesen – wie die Erdlinge es bezeichnen würden – unmenschlichen Umständen kam? Seine Eltern starben, als Kurt Kallmann vier Jahre alt war. Sein nächster Verwandter, sein Großonkel Jakob, nahm ihn auf. Dieser Mann war ein Sonderling, ein Menschenfeind, ein Mann, dem sein Herz schon längst abhanden gekommen war. Ein völlig gefühlstauber Mensch. Und so ging er mit dem Kind um: Er durfte nie mit anderen Kindern spielen, nicht mit ihnen reden, er selbst durfte nicht spielen, er mußte nur lernen, reden durfte er nur, wenn sein Onkel es ihm erlaubte. Tatsächlich war es der Angeklagte, der so leben mußte, wie er es Alpha Centauri unterstellte. Daß eine derartige Erziehung ihn zum Außenseiter in der Schule machte, ist leicht nachzuvollziehen. Die einen in seiner Klasse lachten ihn aus, verspotteten ihn, anderen tat er leid, aber sie konnten ihm auch nicht näher kommen, da er sie, aus Angst vor seinem Onkel, nicht an sich heran ließ. Ob des ungewöhnlichen Lernprogramms, welches ihm sein Onkel aufzwang, wurde er ein sehr guter Schüler, besonders in den Naturwissenschaften lag seine Begabung, aber Außenseiter, ohne menschliche Verbindungen blieb er seine ganze Schulzeit und später, auf der Universität, deren Besuch ihm das Erbe seines Onkels ermöglichte, ebenfalls. Ich bitte das Gericht bei der Urteilsfindung das ungewöhnliche und sehr schlimme Schicksal des Angeklagten zu berücksichtigen. Ich bitte um ein mildes Urteil.«

»Danke, Frau Anwältin«, sagte der Sprecher. »Man lernt aus Ihren Ausführungen, daß man kein Wesen beurteilen kann, wenn man nichts vom Leben des Wesens weiß. Dennoch erfordert die Beleidigung, welche der Beklagte aussprach, eine gewisse Buße. Die Kinder der Sonnenstraße haben, dies kam uns zur Kenntnis, den Plan gefaßt, das Rondell am Ende ihrer Straße zu einer Sonnenuhr umzugestalten. Hierzu bedarf es mathematischer und naturwissenschaftlicher Kenntnisse, über welche die Kinder nicht verfügen, welche der Beklagte aber in hohem Maße besitzt. Ihm wird daher auferlegt, als Buße für die Beleidigung der Alpha Centauri-Bevölkerung die Sonnenstraßen-Kinder in dem Vorhaben Sonnenuhr zu unterstützen und nach Kräften behilflich zu sein. Nimmt Ihr Mandant das Urteil an, Frau Doctora?«

Seine Anwältin sah Kallmann fragend an.

»Ich nehme das Urteil an«, sagte er leise.

»Mein Mandant nimmt das Urteil an«, sagte Dr. Guong.

»Die Verhandlung ist geschlossen«, sagte der Sprecher. Ein Trommelschlag ertönte, alle Lichter erloschen. Kallmann stand im Dunklen. Neben ihm schimmerte ein silbernes Gewand auf.

»Kommen Sie«, sagte Fräulein Römer, nahm seinen Arm und führte ihn durch die Gärten zur Tür von Nr. vier. Natürlich hatte Kallmann sie erkannt, sie war schließlich seine Mieterin. Aber ihre Verteidigung hatte ihn völlig verstört. Woher wußte sie das alles? Seine Kindheit und Jugend war ein Albtraum gewesen, er versuchte, nicht daran zu denken. Jetzt hatte sie alles wieder wachgerufen.

»Woher wußten Sie das alles über mich?« fragte er, als sie das Haus betraten.

»Das erzähle ich Ihnen gleich«, sagte Michelle Römer. »Wollen wir zu mir raufgehen? Ich koche uns einen schönen Tee und berichte Ihnen alles. Ja?«

Kallmann nickte. In Römers Wohnung angekommen, bat sie ihn, Platz zu nehmen. »Ich koche uns schnell Tee«, sagte sie, und verschwand in der Küche.

Er sah sich um. Ein solches Zimmer kannte er nicht. Bequeme Sessel, schöne Vasen voller Blumen, angenehmes Licht von Tischlampen – er war so etwas nicht gewohnt. Bei ihm war alles karg und zweckmäßig. Als sie mit dem Tee wieder kam, war er noch verwirrter als vorher. Sie hatte den Schleier abgenommen, ihre dunklen Haare schimmerten im Lampenlicht, die Rosenkette leuchtete auf ihrer Haut. Sie schien ihm noch schöner zu sein als vorhin im Garten. Kallmann war drauf und dran, sich rettungslos zu verlieben, aber er bekam es nicht mit. Seine Menschenfremdheit, die einen guten Teil seiner Menschenfeindlichkeit ausmachte, verhinderte, daß er begriff, was in ihm vorging. Er war nur irgendwie völlig durcheinander, noch mehr als er es schon bei den Kindern gewesen war, das fühlte er.

Michelle Römer goß Tee ein, sagte: »Hier ist Knabberzeug«, setzte sich und sagte: »Zur Sache. Verständlicherweise wollen Sie wissen, woher ich Ihr Schicksal kenne. Von Frau Metzer. Wir waren befreundet. Sie lebte in ihrer Jugend ebenfalls in Dingelstett, sie war ja eine entfernte Verwandte der Familie Kallmann. Sie kannte also Ihren Onkel Jakob und wußte, was er für ein Mensch war. Ein Unmensch, sagte sie. Allerdings ein tadelloser Unmensch, nach außen hin. Sie hat von Ihrem Schicksal erst mit ziemlicher Verspätung erfahren, sie war zu der Zeit schon in Singapur mit ihrem Mann, der ja dort die Filiale des Elwe-Konzerns leitete. Sie war entsetzt, als sie von der Adoption informiert wurde. Sie konnte aber nichts tun, sie hat sogar den deutschen Anwalt des Konzerns um Hilfe gebeten, in der Hoffnung, Sie zu sich holen zu können, weil sie wußte, wie schlimm es Ihnen bei Ihrem Onkel ergehen würde. Aber es war aussichtslos. Ihr Onkel war ein wohlhabender Bürger der Stadt, der zwar sehr zurückgezogen lebte, aber nie durch die geringste Ordnungswidrigkeit aufgefallen war. Und sie war nur eine entfernte Verwandte von Ihnen. Soweit das, was ich von Frau Metzer wußte«, sagte Michelle Römer. »Alles Weitere habe ich in Dingelstett erfahren. Wir haben vor kurzem eine Reportage über das neu restaurierte Heimatmuseum gemacht, das Gebäude stammt ja aus dem 16. Jahrhundert, jetzt ist es wieder sehr schön geworden. Bei den Vorbereitungen zur Sendung, den Besprechungen mit Verantwortlichen und Bürgern fiel auch der Name Kallmann. Ich habe nachgefragt und kriegte einen ganzen Korb voller Schreckensgeschichten zu hören. Ihr Onkel holte Sie stets von der Schule ab, damit Sie mit niemandem sprechen konnten, Sie durften auf keine Klassenfahrt, Sie durften nicht mal Radio hören – und so weiter und so weiter. Ich traf einige Damen und Herren aus Ihrer Klasse, die waren noch immer entsetzt. Auch darüber, daß die Behörden nicht eingegriffen haben. Aber das war wohl schwierig. Sie waren ordentlich ernährt, ordentlich gekleidet, wurden körperlich nicht mißhandelt und waren sehr gut in der Schule. Seelische Grausamkeit ist schwer nachzuweisen. So, jetzt wissen Sie, woher ich soviel über Ihre Jugend weiß. Ich hoffe sehr, Herr Kallmann, daß Sie jetzt aus diesem finsteren Kellerloch herauskommen.« Sagte sie und lächelte ihn an.

»Ich werde mir Mühe geben«, sagte Kallmann leise. »Darf ich noch eine Tasse Tee haben?«

»Gerne«, sagte Michelle Römer und dachte: Er macht

schon die ersten Schritte, sehr gut. »Wie finden Sie den Plan mit der Sonnenuhr?« fragte sie.

»Das ist wohl eine gute Idee«, meinte er, »ich muß mich aber erst kundig machen, ich habe da nur oberflächliche Kenntnisse.«

»Ich auch. Das einzige, was ich weiß, ist, daß die erste uns bekannte Sonnenuhr bei den Griechen entstand, sie soll aber von jemand aus Ägypten eingeführt worden sein.«

Sie plauderten noch eine Weile über Sonnenuhren und beschlossen, sich erst einmal gründlich zu informieren. Als Kallmann in seiner Wohnung ankam, war er noch immer ziemlich durcheinander, ärgerte sich aber immer noch nicht darüber, daß ihn die Kinder auf diese Weise zurechtgewiesen hatten. Statt dessen war er neugierig, wie es nun weitergehen würde.

Am nächsten Tag vertiefte sich Kallmann erst einmal in das Thema Sonnenuhr. Es machte ihm sogar Spaß, und am Sonnabend morgen ging er, begleitet von Fräulein Römer, hinüber zum Hexenhäuschen, bewaffnet mit einem Bündel Notizen. Ein bißchen mulmig war ihm angesichts der »Alpha Centauri«-Kinder, alle 13 waren natürlich da, aber sie benahmen sich alle musterhaft. Jedes stand auf, gab ihm die Hand und nannte seinen Namen.

Als sich alle gesetzt hatten, sagte Michelle Römer: »Ich habe Herrn Kallmann gesagt, daß ihr den Sonnenuhr-Plan erst vor kurzem gefaßt habt und nur allgemeines über Sonnenuhren wißt, ich übrigens weiß auch nicht mehr als ihr. Er aber hat sich kundig gemacht. Bitte, Herr Kallmann.«

»Also«, sagte Kallmann, noch immer etwas unsicher, »ich würde gern erst einmal etwas über die Geschichte der Sonnenuhr sagen, die ja zu den ältesten Zeitmessern zählt, wenn euch das recht ist?«

»Ja, klar«, sagten gleich mehrere.

»Das erste, soweit man weiß, war wohl ein Stab Genomen,

das heißt Schattenwerfer, gesteckt in den Wüstensand zur Zeitmessung. Man hat schon auf einer babylonischen Tontafel von 2300 vor Chr. die Schattenlängen eines Schattenwerfers zu verschiedenen Zeiten aufgezeichnet. Die Ägypter benutzten Schattenwerfer beim Bau der Pyramiden. Aus Ägypten wanderte die Kenntnis nach Griechenland, wo sichere Nachricht von Sonnenuhren überliefert ist. Eine Einzelheit aus dem antiken Griechenland hat mich so beeindruckt, daß ich sie euch berichten möchte«, sagte Kallmann. »Pytheas von Massilia (Marseille), etwa 380 bis 310 v. Chr. lebend, Händler, Geograph und Entdecker, bestimmte mit Hilfe der unterschiedlichen Schatten seiner Sonnenuhr die Entfernung von der Nordspitze Schottlands bis zu seinem Heimathafen Marseille und kam auf 1700 Kilometer. Tatsächliche Entfernung 1815 Kilometer. Er hat sich also nur um 115 vertan. Und das alles mit einer Sonnenuhr auf einem Schiff auf hoher See.«

»Toll. Das ist ja phantastisch. Stark«, klangen die Stimmen durcheinander.

»Fand ich auch«, sagte Kallmann. »Von Griechenland aus verbreitete sich die Sonnenuhr schnell in Europa, zuerst Rom, dann langsam nach Norden wandernd. Bis zum 10. Jahrhundert waren Sonnenuhren und Sanduhren die einzigen Zeitmesser. Aber selbst nach der Erfindung der Räderuhren, dem Mönch Gerbert von Aurillac, 945 bis 1003 n. Chr., späterer Papst Sylvester, zugeschrieben, für Kirchtürme, die Schlösser, die Rathäuser der Städte wurden die Sonnenuhren nicht überflüssig. Die mechanischen Uhren gingen nämlich oft nicht richtig. Von 20 bis 50 Minuten gingen sie falsch. Bis in die Mitte des 18. Jahrhunderts war es die Pflicht der Küster, die Kirchturmuhr nach der Sonnenuhr zu stellen, wenn sie, was oft vorkam, wieder mal nach oder vor ging. Die Zeit, die da gemessen wurde, war immer die Ortszeit. Das heißt, der Zeitpunkt war zwölf Uhr, an welchem die Sonne am höchsten im Süden stand. Und damit kommen wir zu dem Teil der Geschichte, der uns in die Moderne führt, und da wird eine Entscheidung gefragt sein. Bis zum Jahr 1879 hatte jeder Ort seine eigene Zeit. Auf der ganzen Welt maß jedes Dorf, jede Stadt die Zeit nach dem Sonnenhöchststand im Süden, also am Mittag. Deshalb hieß die Ortszeit auch ›Guter Mittag‹ oder ›Wahre Zeit‹. Das ist für uns zunächst schwer nachvollziehbar, da wir ja an allgemein gültige Zeit innerhalb einer Zeitzone gewöhnt sind. Sich vorzustellen, daß Oma in Potsdam zur selben Minute eine ganze andere Zeit von ihrer Uhr abliest, als Enkel Max in Rheinsberg, ist für uns natürlich schwierig. Es wird aber leichter, wenn wir wissen, daß eine Fahrt, natürlich mit der Postkutsche, im Jahre 1830 von Berlin nach München 106 Stunden dauerte. Von Montag sechs Uhr morgens bis Freitag vier Uhr nachmittags dauerte die Fahrt. Heute dauert sie knapp sechs Stunden. Daß einem bei einer solchen Fahrtdauer die Uhrzeiten in den Städten und Dörfern, durch die man kam, ziemlich egal waren, kann man sich ja denken. Außer natürlich, wenn man noch schnell Mittagessen wollte, und die Ortszeit schon drüber hinaus war. Aber solches zu wissen war Sache der Postillione. Wie es weiterging? Woher kommt unsere Zeitrechnung? Die hat die Eisenbahn gebracht. Die erste ortsübergreifende Zeit war die kanadische Eisenbahnzeit. 1870 wurde die kanadische Eisenbahn gebaut. Und Sir Sandford Fleming, der Chefingenieur, führte die Eisenbahnzeit ein, weil ein Fahrplan mit den unterschiedlichen Ortszeiten auf jeder Station nicht machbar war. 1884 dann wurde auf einer internationalen Konferenz in Washington die Zeit der Erde auf die 24 Zeitzonen eingeteilt, die findet man heute in jedem Atlas. Die Zeitzonen betragen immer 15 Längengrade. Unsere, die mitteleuropäische Zeitzone, reicht vom 15. Längengrad im Westen bis zum 30. Längengrad im Osten. Die Frage, die sich euch nun stellt, und das muß ich wissen, um zu messen: Wollt ihr Mitteleuropäische Zeit oder Ortszeit, also wahre Zeit? Die wahre Zeit ist natürlich eine andere als die mitteleuropäische. Hier in Berlin beträgt die Differenz im Winter 7,35 Minuten. Später, zur Sommerzeit, 1,07 Stunden. Da wir die Uhr ja vornehmlich im Sommer sehen werden, wenn viel Sonne scheint, geht sie dann eine Stunde und knapp null Minuten nach. Ihr müßt also wissen, wie ihr es haben wollt. So jetzt habe ich aber genug geredet, jetzt seid ihr dran«, sagte Kallmann und war ein wenig erstaunt, daß ihm alle so brav zugehört hatten.

»Vielen Dank, Herr Kallmann«, sagte Klaus Brechtholt, »das war spannend.«

»Fand ich auch, ja«, sagten mehrere.

»Und ich bin für die wahre Zeit«, sagte Claudia Sasse.

»Ich auch«, sagte Wiebke Meyer, »mitteleuropäische Zeit haben wir schließlich alle auf der Armbanduhr.«

»Und auf jeder anderen auch, und im Fernsehen und im Radio«, sagte Corinna Maruhn. »Aber unsere eigene Sonnenstraßenzeit, die haben dann bloß wir. Und das wäre doch was.«

»Klar, das machen wir, bitte«, sagten Sandra Eisenfeld und Marion Heinze gleichzeitig.

»Merkt ihr was?« lachte Luigi Paravese, »die Mädchen ziehen die Hosen an.«

»Haben wir sowieso an«, lachten die Mädchen.

»Wollt ihr denn etwa mitteleuropäische Zeit?« fragte Sandra.

»Nein«, sagten die Jungs.

»Ihr habt schon recht, ist viel schöner, Ortszeit zu haben«, sagte Kai Viereck.

»Und welche Straße in Berlin hat schon ihre eigene Zeit, bitte?« fragte Peter Niedermeyer. »Bloß wir.«

»Also Ortszeit ist beschlossen. Sonnenstraßenzeit.«

»Ja«, schrien alle, »Sonnenstraßenzeit.«

»Und wie geht es weiter?« fragte Klaus.

»Zuerst«, sagte Kallmann, »brauchen wir den genauen Durchmesser des Rondells, und dann kann ich die Höhe des Schattenwerfers und die Ausrichtung berechnen. Der muß nämlich genau parallel zur Erdrotationsachse stehen, das heißt, ausgerichtet auf den Nordpolarstern, der im kleinen Wagen im kleinen Bären steht, vom Mittelpunkt der Sonne bei Höchststand im Süden aus gesehen.«

»Aua«, sagte Jerry Siebert, »da kriegt man ja glatt Bauchschmerzen bei der Denke.«

»Und wie«, sagte Karen Pirkow. »Aber du mußt die Denke ja nicht machen. Die muß der Herr Kallmann machen.« Alle lachten und Kallmann lachte mit. »Ich denke« sagte er, »diese Denke krieg ich hin.« Als sie zusammen zu Nr. vier hinüber gingen, sagte Michelle Römer: »Na also, das lief doch bestens. Die Denke hat doch allen Spaß gemacht, oder?«

»Doch«, sagte Kallmann leise. »Mir auch.« Michelle sah sehr zufrieden aus.

Ein paar Tage später, Kallmann kam vom Hexenhäuschen, sie hatten über das Material des Schattenwerfers beraten, lief Corinna Maruhn hinter ihm her. »Herr Kallmann«, sagte sie, »ich, ich wollte Sie was fragen. Hat nichts mit der Sonnenuhr zu tun. Hat mit mir zu tun. Wenn Sie es blöd finden, sagen Sie es mir bitte.«

»Was gibt's denn?« fragte Kallmann.

»Mathe«, sagte Corinna. »Ich bin ein Mathematik-Idiot. Ich geb mir alle Mühe, aber ich kann mit Zahlen und dem ganzen Drumrum nichts anfangen. Immer hab ich Schwierigkeiten in der Schule. Und weil Sie doch so toll sind in Mathe, dachte ich, na ja, ob Sie mir mal was erklären können. Bitte, nicht böse sein, ich frag bloß.«

»Ich bin nicht böse«, sagte Kallmann lächelnd. Er verstand, daß das Talent der kleinen Malerin, deren wirklich schöne

Bilder er schon an der Wand des Hexenhäuschens gesehen hatte, auf der ganz anderen Seite der Begabungsskala las, als Mathematik. »Komm mit rauf und zeig mir die Aufgaben, die dich so plagen«, sagte er.

»Oh, danke.« Corinna strahlte. »Ich hol gleich meine Schultasche.«

Eine halbe Stunde später war ihm klar, daß er richtig gedacht hatte. Sie war nicht etwa zu dumm, nur waren die Zahlen für sie eine so fremde, nicht gegenständliche Welt, daß sie Schwierigkeiten hatte, damit umzugehen. Der Versuch machte sie schon müde. Ihm kam eine Idee. »Wie wäre es, Corinna«, sagte er, »wenn du dir vorstellen würdest, die Zahlen seien auch Wesen. Nicht wie Menschenwesen, ganz anders natürlich. Aber du hast ja auch wunderschöne Feen gemalt. Wenn du dir vorstellst, die Zahlen sind auch Wesen, die miteinander in den verschiedensten Weisen zu tun haben, in den verschiedensten Beziehungen zueinander stehen. Die sich teilen, die zusammen kommen, abnehmen, zunehmen, zu einer Gruppe gehören, Einzelgänger sind. So etwa. Vielleicht fällt es dir dann leichter, mit den Aufgaben klar zu kommen.«

Corinna hatte ihm mit großen Augen zugehört. »Das ist eine Idee!« sagte sie. »Das ist richtig verrückt. Ich probier das gleich heute nachmittag. Danke schön, danke für alles.« Und damit zog sie ganz vergnügt ab.

Vier Tage später, zur Mittagszeit, hörte Kallmann eine helle Stimme vor seinem Fenster. »Herr Kallmann, Herr Kallmann!«

Er stand vom Schreibtisch auf und schaute hinaus. Unten tanzte Corinna vor Aufregung, schwenkte ein Heft und rief: »Es hat gewirkt, es hat gewirkt! Ich hab 'ne Zwei minus in der Mathearbeit gekriegt. Zwei minus! Hab ich noch nie gehabt. Danke schön, danke schön.«

Kallmann lachte. »Bravo, weiter so!« rief er und kriegte eine Kußhand.

Als er am nächsten Morgen seine Zeitung aus dem Briefkasten holte, stand auf dem Kasten ein großes, flaches Paket. »Für Herrn Kallmann« stand darauf.

Gespannt packte er aus. Starke Pappe, auf der Rückseite: »Mit ganz vielem Dank für den lieben Herrn Kallmann von Corinna.«

Er drehte die Pappe um. Ein Bild. Das ganze Bild ein blauer Himmel, silbrigblau, in tieferes Blau übergehend, drei kleine weiße Wölkchen, in der unteren Mitte eine Sonnenblumenblüte. Und durch den ganzen Himmel tanzten Zahlen, mit feinem schwarzem Strich geschrieben. Aber das war nicht alles. Diese Zahlen lebten. Sie hatten Hände und Füße und Gesichter. Die 8 hatte gleich zwei, im oberen und im unteren Kreis. Und sie waren tätig. Eine 6 schob einen Minusstrich einer flüchtenden 1 und 2, die sich an den Händen hielten, hinterher. Eine 5, ein goldenes Stäbchen in der Hand, zeigte damit auf einen Punkt, der vor einem demütig knienden 10er Pärchen schwebte. Hinter dem Gleichstrich stand, stolz aufgerichtet, die 50. Eine 8 schleppte auf dem Rücken ein Gestell mit einer kleinen 3 und darunter einer kleinen 4. 175612 tanzten, einander an den Hüften haltend, Ballett. 4 + 9 streckten sich über dem Plus-Kreuz sehnsüchtig die Arme entgegen und waren hinter dem Gleichstrich eine eng umschlungene 13. Eine 6 vor dem Teilungskreuz gefesselt, an dem eine 2 befehlend stand, wurde zu zwei kleineren 3en. Eine dreireihige Kolonne von vier Zahlen, 53, 824, 639 und 581, marschierte in das Maul eines zweiköpfigen Drachen mit Pluskreuz auf dem Hals und wurde vom Maul des zweiten Kopfes in einer soldatischen Frontlinie als 2797 wieder ausgespuckt. Neben diesem kriegerischen Geschehen spazierten eine 8 und eine 5, die eine kleine 2 zwischen sich an den Händchen hielten. Eine 9 richtete einen

Prozent-Stab drohend auf eine zitternde 500, die widerwillig eine 45 vorschob, und dann hinter dem Gleichstrich zu einer zusammengesunkenen 455 wurde. Und mit diesen Spazetteln war der Himmel voll. Kallmann mußte lachen und war ein bißchen gerührt. Er hatte noch nie ein Geschenk bekommen. Und jetzt dieses lustige, hübsche Bild, das sicher sehr viel Mühe gemacht hatte. Corinna hatte bestimmt etliche Stunden daran gesessen. Und das alles, weil er eine Dreiviertelstunde mit ihr über Mathematik geredet hatte.

Der eiserne Panzer, in den ihn sein Onkel gezwängt hatte, war schon in den letzten Wochen rissig geworden, löchrig, sehr löchrig. Angesichts des Bildes fiel er plötzlich von ihm ab, wurde zu unsichtbarem Staub. Eine nie gekannte Leichtigkeit erfüllte ihn. Nach einer ganzen Weile erst stand er lächelnd auf, ging hinüber zu dem Photo des Außerirdischen, welches eingerahmt an der Wand zwischen den Sternenbildern hing, nahm es ab und aus dem Rahmen. Corinnas Bild paßte genau hinein. Er rollte den Außerirdischen zusammen und legte ihn hinter die Bücher, das Bild hängte er auf. Es leuchtete durch das ganze Zimmer, denn die Photos, die er aufgehängt hatte, waren alle schwarz-weiß, keines war bunt. Und auf einmal waren da Farben. Das Merkwürdige war, daß es ihm gefiel. Michelle Römer gefiel es natürlich sehr, besonders als sie erfuhr, wie er zu dem Geschenk gekommen war, und was es mit dem Zahlenspaß auf sich hatte. »Manchmal ist der Herr Kallmann aber wirklich für eine Überraschung gut«, sagte sie lächelnd. »Weiter so, mein Herr.«

»Ich werde mir Mühe geben«, sagte er, hatte aber immer noch nicht verstanden, was genau sie meinte.

Im nächsten Monat war Arbeit angesagt. Jede freie Minute verbrachten die Kinder bei dem Rondell. Aber auch die anderen Erwachsenen halfen, sobald sie Zeit hatten. Die Pirkows, die ja eine Gärtnerei in der Nähe hatten, standen den Kindern mit Rat und Tat bei. Die alte, ziemlich dürre Bepflanzung wurde entfernt, der Boden umgegraben, geglättet, Rasensamen ausgelegt, die 12 Beete, halbrund, die Rundung zum Schattenwerfer hin ausgerichtet, wurden bepflanzt. Für die 12, 3, 6 und 9 Uhr hatten sie Miniaturrosen ausgewählt, die hatten niedliche Namen. Zwergenkönig, rot, für die 12, Sonnenkind, gelb für die 3, Schneeküßchen, weiß, für die 6 und Rosmarien, rosa, für die 9. In die 8 dazwischen liegenden Beete setzten sie Stiefmütterchen in allen Farben: hellblau 1, braun 2, orange 4, lila 5, rot 7, gelb 8, 10 dunkelblau und 11 weiß. Und der Schattenwerfer selbst war ein im oberen Drittel elegant gekrümmter, goldgelackter Eisenpfahl, dessen Spitze genau auf den Polarstern ausgerichtet war.

Während der Arbeit, die manchmal doch recht mühsam war, herrschte dennoch gute Laune. Die Erwachsenen taten das Ihre dazu. Frau Brettschneider brachte einen ganzen Korb mit Blaubeermuffins, Frau Siebert kam mit Blechen ihres berühmten Pflaumenkuchens und Frau Sasses Apfelstrudel mit Vanillecreme wurde ebenso begeistert begrüßt. Herr Paravese hatte, damit die Kinder nicht verdursteten, aus dem Großmarkt gleich kistenweise Obstsäfte und Milchmischgetränke und Molkedrinks geholt. Natürlich bekam Herr Kallmann von den Leckereien auch immer etwas ab und wunderte sich immer wieder über den ihm bis dahin unbekannten Wohlgeschmack von selbstgebackenem Kuchen.

Als die Arbeit sich dem Ende zuneigte, wurde beschlossen, die Sonnenuhr festlich einzuweihen. Ein Sonnenstraßenfest sollte es werden, mit allem, was dazu gehört. Dr. Brechtholt würde eine Rede halten, dann sollte es großen Nachmittagsklatsch mit Kaffee und Kuchen und Tee geben. Danach Musik und Tanz bis zum Abend und ein feines, kaltes Buffet. Als Kallmann von Musik und Tanz hörte, war er erschrokken. Michelle sah es und fragte sofort: »Tanzen Sie nicht gerne?«

»Ich kann gar nicht tanzen«, sagte er verlegen.

»Das bring ich Ihnen bei«, sagt Herr Heinze, »ich hab während meiner Ausbildung bei einem Tanzlehrer gejobbt.«

»Und ich«, sagte Paravese, »war in meiner Jugend beim Jugendtanzklub. Heinze und ich schaffen das schon.«

Und so kam es, daß Kurt Kallmann jeden zweiten Tag Tanzstunde hatte. Natürlich war es ihm peinlich, und er fürchtete zunächst, er würde sich lächerlich machen. Aber andererseits war ihm die Vorstellung, Michelle Römer würde mit allen Herren der Sonnenstraße tanzen, bloß mit ihm nicht, weil er zu blöd dazu war, auch wieder nicht recht. Also biß er die Zähne zusammen und ließ sich auf das Abenteuer ein. Und siehe da, es war leichter, als er gedacht hatte. Tatsächlich lernte er ziemlich schnell.

»Hab ich mir doch gedacht«, sagte Paravese. »Musik und Mathematik vertragen sich, sagt man.«

»Scheint zu stimmen«, meinte Heinze und schaltete die Stereoanlage, die er mitgebracht hatte, aus. »Wenn wir noch zwei-, dreimal weitermachen, klappt es.«

»Danke, daß Sie sich so viel Mühe mit mir machen«, sagte Kallmann.

»Nichts zu danken.«

Die beiden lachten.

»Macht uns Spaß«, sagte Heinze.

»Und wir können wieder mal so richtig loslegen«, sagte Paravese, »sonst kommt man ja zu selten dazu.«

Damit gingen sie, und Kallmann wunderte sich wieder einmal, was ihm so alles passierte. Jetzt lernte er auch noch tanzen, und es gefiel ihm sogar. Es mußte etwas mit dieser Leichtigkeit zu tun haben, dachte er, dieser Leichtigkeit, die er jetzt so oft spürte. Als ob er tanzen könne. Und dann ertappte er sich dabei, daß er es tat. Er tanzte durch sein eigenes Arbeitszimmer! Verdutzt setzte er sich hin. »Bin ich jetzt verrückt?« fragte er laut und dann: »Jetzt red ich schon mit mir selber.«

Mit sich selbst zu reden, hatte er danach keine Zeit mehr. Es gab eine große Konferenz der Bewohner, in welcher die für das Fest anfallenden Aufgaben genauestens verteilt wurden, auch die notwendigen Aufräumarbeiten: »Damit am Sonntag morgen kein Dreck rumliegt.« So gut, wie es geplant war, so gut verlief das Fest. Plaudereien und Geläch-

ter beim Kaffeeklatsch und Tanzen, Tanzen, als die Musik los ging. Klaus Brechtholt, Maja Wilke, Luigi Paravese und Sandra Eisenfeld wechselten sich als DJs ab. Die Mädchen, Corinna als erste, so hatten sie sich verabredet, stürzten sich sofort auf Herrn Kallmann. »Darf ich meinen Matheretter zum Tanz bitten?« knickste Corinna.

Kallmann lachte, verbeugte sich und führte sie auf die Tanzfläche. Die lag vor Nr. vier, auf dem Fahrdamm, sie hatten sie an drei Seiten mit roten Bändern abgesperrt. Danach tanzte er mit den Damen der Sonnenstraße, die nett mit ihm plauderten. Aber am häufigsten tanzte er doch, so oft sie nur frei war, mit Michelle Römer. Die beiden redeten nur wenig, tanzten aber erstaunlich gut zusammen. Mit dem Abendessen, bei dem man alle Kochkünste der Sonnensträßler genießen konnte, und vielen guten Gesprächen dabei klang das Fest aus. Das Aufräumen war, weil alle das Ihre taten, schnell erledigt. Um halb elf war die Sonnenstraße ordentlich, still und leer.

Kallmann stand am Fenster. Er konnte nicht schlafen. In seinem Kopf wirbelten die Eindrücke des Festes durcheinander. Er war noch nie auf einem Fest gewesen. Das Tanzen, das Lachen, die Nettigkeit, mit der jeder jedem begegnete, diese nachbarliche Vertrautheit, hatten ihn noch stärker als schon in den vergangenen Wochen beeindruckt. Sie kannten sich ja alle und wußten viel voneinander, auch von der Arbeit eines jeden: »Sag mal, futtert dein Chef immer noch rohe Mohrrüben, um fit zu bleiben?« – »Immer noch pfundweise.« – »Die Firma hat jetzt Verbindung in Hongkong aufgenommen.« – »Vielleicht könnt ihr da bald chinesische Austauschkollegen begrüßen.« – »Also, ich nehme immer zum Rührei einen Schuß Mineralwasser und einen Schuß Sojasauce.« – »Das muß ich auch ausprobieren, klingt gut.«

Tausend Dinge des Alltags wurden erwähnt, schwirrten durch die Gespräche, aber auch Sonderbarkeiten wurden, zum Vergnügen aller, berichtet. Dr. Brechtholt erzählte von einem kuriosen Rechtsfall. Ein Mann, in der Hoffnung, mit illegalen Hahnenkämpfen Geld zu machen, hatte 30 Hähne auf seinem Grundstück gesammelt, welche, versteht sich, mit ihrem Krähen die ganze Nachbarschaft verrückt gemacht hatten. Er mußte sie, so das Urteil, abschaffen. Paravese erzählte von einem Gast in seinem Restaurant, der seit einem Dreivierteljahr viermal die Woche gegen Abend erschien und jedes Mal, jeden Abend ein Dreivierteljahr lang, Spaghetti Bolognese bestellte. Nie etwas anderes.

Aber den Kuriositäten-Vogel schoß Frau Eisenfeld ab. Vor zwei Tagen war bei ihrer Kollegin am Nebenschreibtisch, als diese im Internet nach einem bestimmten Datum suchte, plötzlich – wie und warum blieb ein Rätsel – eine Message auf dem Bildschirm erschienen, welche lautete: »Du wirst eine rote Birne sein, leuchtend am Himmel der Sterne. – Dies spricht der gewandelte Weissager.« Natürlich wurde gelacht und gerätselt, ob das nun ein dummer Witz oder die Botschaft eines Verrückten war.

Und zwischen all diesen Eindrücken, Gesprächsfetzen, Erinnerungsbildern und Erzähltem immer wieder Michelle. Ihr Lächeln, ihre dunklen Haare, ihre Stimme, ihre schimmernden Augen. Kein Wunder, daß er, der früher mit anderen Menschen nur das Nötigste gesprochen hatte, kaum etwas vom Leben anderer wußte, bei soviel Zufuhr in sein Gehirn einen Trommelwirbel im Kopf verspürte. Er mußte an die frische Luft und ging hinunter, hinüber zur Sonnenuhr.

Eine ganze Weile stand er still da. Blumenduft geisterte durch die Luft, der Himmel war sternenklar und der aufgehende Mond schien so hell, daß der Schattenwerfer einen Schatten werfen konnte.

»Mondzeit fünf Uhr«, sagte eine vertraute Stimme. Michelle stand neben ihm. »Noch zu früh zum Schlafen, nicht?« fragte sie weiter.

»Oh ja, sehr«, sagte er. »Es war nur sehr viel.«

Sie lächelte ihn an. »Ja, das kann ich mir denken. Ein paarmal ganz tief einatmen und wieder ausatmen. Das macht den Kopf wieder klar«, sagte sie.

Sie wußte also um das Durcheinander in seinem Kopf, dachte er. Sie wußte schon wieder, wie ihm zumute war. Woher wußte sie so was immer? Statt tief zu atmen, schloß er die Augen und senkte den Kopf.

»Warum machen Sie die Augen zu, Kurt?« fragte Michelle.
»Weil Sie so schön sind«, sagte er verzweifelt.

Da legten sich zwei weiche Arme um seinen Hals, zwei weiche Hände streichelten seinen Kopf, eine weiche Stimme sagte: »Willkommen in der Welt der lebenden Menschen, Liebster«, und ein weicher Mund küßte den seinen.

Da war die Welt der lebenden Menschen aber ganz weit weg von Kurt Kallmann. Da war nur ein einziger Mensch, den hielt er in seinen Armen, den küßte er.

Ein paar Tage später, am Nachmittag, hockten der Kinder an der Sonnenuhr und freuten sich über ihr Werk. Es machte Spaß, dem Schattenwerfer bei der Arbeit zuzuschauen, obwohl das eigentlich ja unmöglich war. Aber wenn man zwischendurch Faxen und Unfug machte und dann wieder hinschaute, konnte man schon eine kleine, eine ganz kleine Verschiebung sehen. Sie machten geradezu ein Spiel daraus. »Vorhin war er noch auf der Rose, wo jetzt die Biene drauf ist, jetzt berührt er schon die daneben.« – »Nein, noch nicht.« – »Doch, ich sehe es schon.« Es war ein närrisches Spiel, aber so hatten sie einen Grund, sich an ihrer getanen Arbeit zu freuen. Ein paar der Sonnenstraßendamen, die von der Arbeit oder vom Einkaufen kamen, gesellten sich zu ihnen. Auch die Erwachsenen warfen, wenn sie heimkamen, gerne einen Blick auf die Sonnenuhr.

Die Damen schwatzten gerade ein wenig, als Michelle Römer und Kurt Kallmann aus der Haustür von Nr. drei kamen. Sie winkten grüßend zu denen bei der Sonnenuhr hinüber und gingen dann, ein jeder den Arm um den anderen gelegt, gemächlich die Straße hinunter.

»Sie sind ein so schönes Paar«, sagte Frau Brettschneider ganz gerührt.

»Und ein so unglaubliches«, sagte Frau Niedermeyer. »Vor ein paar Monaten hätte doch kein Sonnensträßler sich eine solche Wandlung eines Menschen auch nur im entferntesten vorstellen können.«

»Wie wahr«, sagte Frau Siebert.

»Stimmt«, sagte Frau Eisenfeld. »Unsere klugen Kinder haben da tatsächlich ein Wunder fertig gekriegt.«

»Pah, war'n Kinderspiel«, sagte Luigi Paravese, mit gut geschauspielter Hochnäsigkeit. »Wer seine eigene Zeit macht, kann auch Wunder machen.«

Jasmintee

Lara hatte heute Omta-Tag. Omta war ihre Großtante. Der komische Name war zustandegekommen, als Lara noch klein war. Man hatte ihr erklärt, daß Tante Karo Großmutters Schwester sei. Darauf hatte sie gesagt: »Aha, sie ist also meine Omatante.« Daraus, weil ihr das wohl ein zu langes Wort war, hatte sie schnell Omta gemacht, und dabei war es geblieben.

Laras Omta-Tag war eine feste Einrichtung. Dreimal die Woche verbrachte Lara den Nachmittag bei Omta, die gleich um die Ecke wohnte, und ihre Eltern arbeiteten bis zum Abend. Lara war sehr gern bei Omta, es war ihr zweites Zuhause. Sie verstand sich gut mit ihr, es war schön gemütlich und es hatte einen sehr praktischen Vorteil. Omta war Lehrerin gewesen. Wenn Lara irgend etwas nicht wußte oder nicht richtig verstanden hatte, brauchte sie nur Omta zu fragen. Die erklärte es ihr sofort. Und nicht nur ihr. Laras beste Freundinnen, Carola und Antje, kamen auch gern zu Omta mit. Es war schon richtig zur Gewohnheit geworden. Einmal in der Woche standen sie alle drei auf der Matte. Zuerst wurden Hausaufgaben gemacht, dann gab es Kakao und Kuchen. Omta trank Tee, und es wurde geschwatzt, gespielt und Omta über alles mögliche ausgefragt. Da Omta stets genüßlich ihren Tee trank, wurden die Mädchen neugierig und wollten auch kosten. »Macht euch etwas Zucker rein«, sagte Omta. »Dann versteht ihr den Geschmack besser.« Nach einer halben Tasse sagte Lara: »Ich glaube, ich fange an, den Geschmack zu verstehen. Ich glaube, ich verstehe, warum du so gerne Tee trinkst.«

»Hm«, machten die beiden anderen.

»Da ist so was Zartes dran«, sagte Carola.

»Das ist der Jasmin«, sagte Omta. »Dieser Tee ist eine Mischung aus schwarzem Tee vom Teestrauch und Jasminblüten. Er kommt aus China, wo er seit alters getrunken wird.«

»Tolle Idee, das zu mischen«, sagte Lara. »Da muß man erst mal drauf kommen.«

»Wie das geschah, dazu gibt es eine Geschichte«, sagte Omta.

»Erzähl mal«, sagte Lara. »Bitte, bitte!«

Die beiden anderen waren auch gespannt. Also erzählte Omta die Geschichte vom Jasmintee:

»Es war eine uralte, mehr als tausendjährige Zeremonie. Der ›Tee der Eintracht‹ wurde diese Zeremonie genannt. Der Überlieferung zufolge war sie entstanden, als das Reich der Mitte – wieder einmal – durch einige nach der großen Macht strebende Fürsten in kriegerische Wirren gestürzt worden war, mit all dem Elend und der Not für das Volk, die mit solchem Kriegsgeschehen immer verbunden sind. Da hatten, so hieß es, die drei weisesten Männer des Reiches, deren Ruhm so groß war, daß selbst die Mächtigsten nicht wagten, ihre Worte zu mißachten, diesen Brauch, den ›Tee der Eintracht‹ zu trinken, eingeführt.

Die Zeremonie war einfach: Vor der entscheidenden Schlacht der kriegführenden Parteien hatten sich die Anführer, die Befehlshaber, an einen Tisch zu setzen und gemeinsam Tee zu trinken und dabei zu überlegen, wie es zu einer friedlichen Lösung des Zwiespalts kommen könne. Der Sage nach sollte die Zeremonie damals auch ihren Zweck, Frieden zu stiften, erfüllt haben. Im Laufe der Jahrhunderte, in denen das Reich immer wieder nach Zeiten des Friedens unter der Herrschaft kluger Kaiser von »schwarzen Zeiten«, wie die Leute es nannten, heimgesucht wurde, hatte die Zeremonie ihre Kraft verloren. Sie war zu einem sinnentleerten Schauspiel geworden. Allerdings, die Teilnahme offen zu verweigern, hätte auch der machtsüchtigste, beutegierigste und eingebildetste Kriegsherr nicht gewagt. Machtgier und Raffgier täuschen stets vor, Frieden und das Wohl aller zu wollen. Täten sie das nicht, würden auch die dümmsten Menschen merken, daß es denen nur um ihren eigenen Nutzen geht und um sonst gar nichts. Und dann würden selbst die dümmsten bockig werden. Aber Kriegsherren brauchen willige Kämpfer, die sich brav gegenseitig abschlachten. Und deshalb blieb die ehrwürdige Zeremonie des Tees der Eintracht erhalten.

An diesem Tag war es wieder einmal soweit. Nach jahrzehntelangen Unruhen und Verwüstungen im ganzen Land durch einander bekämpfende Markgrafen hatten sich die Kräfte unter zwei Anführern zusammengefunden. Beide, der Prinz und die Prinzessin, aus fürstlichen Häusern stammend, beide entfernt verwandt mit dem letzten, vor langen Jahren verstorbenen Kaiser, beanspruchten den kaiserlichen Thron. Ihrer beiden Armeen standen einander gegenüber, bereit zur Schlacht. Fahnen flatterten, Rüstungen glänzten, Uniformen rot, grün, blau leuchteten in der Sonne, der Kampfschmuck der Pferde glitzerte. Dafür, daß sie sich alle gegenseitig umbringen wollten, hatten sie sich wirklich fein gemacht.

Prinz und Prinzessin, von engsten Vertrauten und beider Generälen begleitet, betraten das Zeremonienzelt, welches oberhalb des Schlachtfeldes auf freiem Raum aufgeschlagen war. Drinnen erwartete sie der Zeremonienmeister, ein Mönch aus einem nahegelegenen Kloster. Der Zeremonienmeister mußte immer ein Mönch sein, denn die Klöster galten als unbeteiligte Dritte. In der Mitte des Zeltes standen nur ein kleiner Tisch und zwei Stühle, an den Rändern zwei Bänke für das Gefolge, auf dem Tisch die zwei Tassen, zwei Kännchen und zwei Töpfchen für das Wasser, und in der Mitte, nebeneinander, zwei Schälchen mit je einem kleinen goldenen Löffel für den Tee. Die eine Schale war gefüllt mit schwarzen Teeblättern, die andere mit weißen Jasminblüten. Die Prinzessin trank nämlich nur Tee von Jasminblüten, der Prinz nur Tee von den Blättern des Teestrauchs.

»Nehmt Platz«, sagte der Zeremonienmeister. Als sich die beiden einander gegenübergesetzt hatten, fuhr er mit der vorgegebenen Rede fort: »Gedenket nun der Worte der Weisen, die sprachen: Klüger ist es, den Knoten des Streits mit Worten zu lösen, als ihn mit Schwertern zu schneiden. Denn der lange heile Faden bleibt immer beim Wort, die kurzen, zerfetzten Fädchen des Schwertes, sie taugen nicht für eine haltbare Naht. Beherzigt dies, wenn ihr den Tee der Eintracht zu euch nehmt. Möge er euch die Weisheit der Weisen verleihen.«

»Wir hören und bedenken diese Worte«, sagten beide, wie es der Brauch verlangte. Dann nahm jeder den kleinen goldenen Teelöffel, der in dem Schälchen lag, verbeugte sich noch einmal und nahm einen Löffel Teekraut aus seinem Schälchen und tat es in die kleine Kanne. Als sie beide den zweiten Löffel Tee nehmen wollten, blickten sich der Prinz und die Prinzessin zum erstenmal in die Augen. Und da geschah es. Viele Leute sagen ja, es gäbe gar keine Liebe auf dem ersten Blick, das seien alles Einbildungen. Aber das stimmt nicht, es gibt Liebe auf den ersten Blick, wenn auch vielleicht nicht so oft. Aber es geschieht. Zwei Leute sehen sich an und wissen in dem gleichen Augenblick, daß sie für immer zusammengehören. So war es mit dem Prinz und der Prinzessin. Sie sahen sich in die Augen und konnten ihre Blicke nicht voneinander lösen. Da sie, wie man sich leicht vorstellen kann, dabei nicht auf ihre Teelöffel guckten, nahm die Prinzessin einen Löffel voll aus des Prinzen Schale und er einen Löffel voll aus der ihren, und beide taten diese Löffel in ihre Kannen. Der Zeremonienmeister, der gesehen hatte, was da geschehen war, goß schnell das heiße Wasser in die Kännchen und sprach das vorgeschriebene Geleit. Dann goß er den Tee in die Tassen, und als die beiden den ersten Schluck tranken, waren sie einen Augenblick verwirrt. Dann aber sahen sie, daß der goldene Löffel mit dem Namenszeichen des Prinzen in der Schale der Prinzessin lag und der Löffel der Prinzessin in der des Prinzen, und sie begriffen, was ihnen da für ein »Versehen« unterlaufen war. Und – noch nie war so etwas in der tausendjährigen Geschichte der Zeremonie vorgekommen – sie mußten lachen. Selbstverständlich lachten sie nicht laut, das wäre unschicklich gewesen. Sie lachten leise. Dann sagte der Prinz, die vorgeschriebene Floskel außer acht lassend: »Der Tee schmeckt wundervoll, so lieblich.«

»Ja, er schmeckt wundervoll. Und so kräftig«, sagte die Prinzessin.

»Ich will diesen Tee mein ganzes Leben lang trinken«, sagte der Prinz.

»Das will ich auch«, sagte die Prinzessin.

»Aber ich will ihn nicht allein trinken«, sagte der Prinz sehr ernst.

»Nein«, sagte die Prinzessin genauso ernst. »Wir müssen ihn zusammen trinken. Es ist ja unser Tee.«

»So ist es«, sagte der Prinz und reichte ihr seine Hand. Die Prinzessin legte die ihre in die seine. Und so hielten sie einander fest.

Der Zeremonienmeister hatte lächelnd zugesehen und ein stilles Dankgebet gesprochen. Das Gefolge der beiden aber saß tatsächlich mit offenem Maule da. Daß sie, statt Zeuge eines kniffligen politischen Machtgerangels zu werden, eine Liebe aufflammen sahen, brachte sie außer Fassung. Selbst die beiden Generäle waren sprachlos.

Der Prinz und die Prinzessin standen, sich noch immer an den Händen haltend, auf und sagten mit befehlender Stimme: »Der Frieden ist geschlossen.« Der Zeremonienmeister schlug den silbernen Gong, der nur bei Friedensschluß geschlagen werden durfte. Er schlug ihn dreimal.

Und so gab es statt einer Schlacht eine Hochzeit. Statt Tod gab es Tanz. Und das ganze Volk tanzte mit und trank Jasmintee. Denn die Nachricht vom Frieden und auch, auf welche Weise der Frieden zustandegekommen war, verbreitete sich in Windeseile, was ja verständlich war. Nach Jahrzehnten der Not und des Elends, plündernder Horden, verbrannter Dörfer, verwesender Toter, der Angst, des Hungers hatten die Menschen im ganzen Land mit Herzklopfen auf das Zeremonienzelt geschaut. Wenn man den Qualm brennender Häuser noch in der Nase hat, wagt man kaum, an ein gutes Ende zu glauben. Und dann ein solch glückliches und schönes Ende der Not! Denn daß diese beiden für ihr Land sorgen würden, dessen war sich das Volk sicher, und das Volk hatte recht. Ihr ganzes langes Leben herrschten Recht und Ordnung, Sicherheit und Frieden. Und deshalb tanzte das ganze Volk bei der Hochzeit des kaiserlichen Paares auf den Straßen und trank Jasmintee dazu.«

Nachtrag: Kürzlich fand man in einer Klosterbibliothek zwischen Handschriften aus jener Zeit ein Gedicht eines Unbekannten, welches der in einer anderen Handschrift hinzugefügten Datierung zufolge etwa ein Jahr nach dem Friedensschluß geschrieben wurde:

Frieden

Ein stiller Tag, ein klarer Tag.
Kein ferner Rauch am Himmel.
Die Nachbarn grüßen einander lächelnd.
Das Essen auf dem Herd.
Dampft aus drei Töpfen.
vor den Häusern spielen die Kinder.
Ihre Stimmen, hell wie die Stimmen
fliegender Vögel im Wind.
Auf dem Schlachtfeld
wächst das Korn.

Träume sind Schäume?

Die Vierers waren, wie üblich, auf dem Weg zur Schule: Timo, Paul, Nellie, Sven. Sie hießen »Die Vierers« weil sie immer zu viert in der Schule ankamen. Den Namen hatten sie schon in der ersten Klasse abbekommen, und jetzt, in der sechsten, hießen sie noch immer so. Daß sie stets zusammen kamen, hatte zunächst einen ganz gewöhnlichen Grund, sie wohnten alle vier dicht beieinander. Der weniger gewöhnliche Grund war, daß sie enge, sehr gute Freunde waren. Sie hielten und spielten zusammen, redeten und lernten miteinander. Selten sah man in der Schule einen von ihnen allein. Die anderen in der Klasse konnten sie trotzdem gut leiden, sie kamen mit allen gut aus.

Als Timo an diesem Morgen, er ging als erster los, Paul sah, der bereits auf ihn wartete, wußte er sofort, daß etwas passiert war. Paul war anders als sonst. Er preßte die Lippen zusammen, seine Augen war sehr, sehr traurig. »Was ist los?« fragte Timo sofort.

»Sie lassen sich scheiden«, sagte Paul knapp.

»Mist«, sagte Timo.

Schweigend gingen sie weiter. Nellie kam von der gegenüberliegenden Straßenseite zu ihnen, gleich darauf Sven aus der Seitenstraße. Beide sahen Paul an. »Was ist?« fragte Nellie.

»Seine Eltern lassen sich scheiden«, sagte Timo.

»Willkommen im Club«, sagte Sven, »jetzt sind wir schon zu dritt.«

»Absolut zum Kotzen«, sagte Nellie.

»Nächste Woche ist der Gerichtstermin für meine Alten.«

»Den hab ich ja nun schon ein dreiviertel Jahr hinter mir«, sagte Sven. »Kopf hoch, Paul, man stirbt nicht dran. Aber wie Nellie bereits sagte, man könnte immerzu kotzen.«

»Oder heulen«, sagte Nellie, »bloß, das nutzt ja nun auch nichts.«

Timo sah die ungeweinten Tränen in den Augen der drei. Ungeweinte Tränen sind was Schlimmes, sie fließen nach innen und fressen Löcher in das Herz. Timo wagte kaum, wie er es so oft gemacht hatte, seine Freunde zu sich einzuladen, zu sich, dem einzigen, dem es so gut ging, dessen Eltern sich mochten. Vielleicht würde es ihnen noch mehr weh tun, wenn sie merkten, daß es auch schön sein kann, verheiratet zu sein.

Wie schön es sein konnte, sah er noch am gleichen Abend in der Küche. Seine Eltern, sie waren beide Ärzte und gerade aus ihrer gemeinsamen Praxis heimgekommen, und er stellten alles für das Abendbrot zusammen. »Die Zuckerdose«, sagte seine Mutter zu ihrem Mann, der Tassen und Teller auf das Tablett stellte, »immer vergißt du meine Zuckerdose. Männer!« sagte sie lachend.

»Das kommt daher, weil du ohnehin süß bist«, sagte sein Vater und küßte sie auf die Nase.

»Deswegen treffe ich auch besser«, sagte seine Mutter und küßte ihn auf den Mund. So waren sie immer, die beiden, und Timo fand es herrlich.

»Und ich krieg nichts«, jammerte er, »und mich liebt keiner.«

»Oh, unser armer, bedauernswerter Sohn.« Sie spielten sofort mit. »Was meinst du, sollen wir ihm auch einen Kuß verpassen?« sagte die Mutter.

»Aber ja, denke ich doch. Warte, ich reiche ihn dir«, sagte der Vater, packte Timo von hinten unter die Arme und hob ihn der Mutter entgegen.

»Oh, wie freundlich, vielen Dank mein Herr«, sagte die und gab Timo ein paar Küßchen.

»Und nun erfülle ich meine Vaterpflichten«, sagte sein Vater, drehte ihn zu sich und gab ihm auch einen Kuß.

»Meinst du, der Zustand unseres Patienten hat sich gebessert?« fragte seine Frau.

»Mir geht es schon besser, Herr Doktor«, sagte Timo, »aber etwas mehr von dem Medikament könnte ich noch vertragen.«

»Keine Überdosierungen, Herr Kollege«, sagte seine Mutter und gab ihm noch einen Kuß.

»Richtig«, sagte der Vater, »könnte süchtig machen, also nur noch einen.« Den bekam Timo von ihm. Und so alberten sie noch eine Weile herum und aßen dann vergnügt zu Abend.

Eine Woche später gab es eine »Familienkonferenz«, wie die Bentheims das nannten, wenn sie alle drei zusammen etwas entscheiden mußten. Diesmal ging es allerdings um eine wirklich schwierige Entscheidung. Im nächsten Monat nämlich fand in Bad Doberan an der Ostsee ein Fortbildungskursus für Mediziner statt. Jüngste Forschungsergebnisse und neue, computergesteuerte Untersuchungsmöglichkeiten wurden dort vorgestellt und ihre Anwendung vorgeführt. Der Kursus lief acht Tage. Daß ein solcher Kursus für seine beiden Eltern wichtig war, begriff Timo sofort, und daß er nicht mitfahren konnte, auch. Schule schwänzen geht nun mal nicht. »Du könntest bei Tante Mathilde bleiben«, sagte sein Vater, »aber wenn du nicht zu ihr möchtest«, sagte seine Mutter, »dann bleibe ich hier.«

»Kommt gar nicht in Frage«, sagte Timo. »Ihr fahrt beide, ich werde schon klarkommen mit Tante. Wird vielleicht nicht ganz einfach, aber ich kriege es schon hin. Ihr müßt mir aber eins versprechen.«

»Ja?« sagten Papa und Mama. »Was denn?«

»Ihr müßt mir versprechen, an einem Abend schick essen zu gehen, nur ihr beide, und einmal mindestens zum Tanzen zu gehen.«

»Ey«, sagte sein Vater, »ich schwöre, solches zu tun.«

»Aber wie kommst du denn darauf?« fragte seine Mutter.

»Na ja«, sagte Timo, »wenn ich schon darauf verzichten muß, euch auf den Wecker zu gehen, müßt ihr das doch ordentlich ausnutzen.«

»Wo er recht hat, hat er recht«, sagten die beiden, und er bekam zwei Küßchen.

Als Timo im Bett war, sagte sein Vater: »Liebste, warum glaubst du, ist es dem Jungen so wichtig, daß wir uns zu zweit eine schöne Zeit machen? Hat er vor irgendwas Angst? Um uns etwa?«

»Nein, keine Angst, denke ich. Er will nur alles dafür tun, damit es so bleibt, wie es ist. Er hat mir vor ein paar Tagen gesagt, daß Pauls Eltern sich trennen, Nellies gerade Scheidungstermin haben, und Svens sind ja seit vorigem Jahr geschieden. Und die drei sind beileibe nicht die einzigen in der Klasse. Und deshalb soll ich auch mit auf den Kursus«, sagte sie. »Wir sollen auch ohne ihn etwas gemeinsam unternehmen. Darum auch sogleich die Einwilligung, zur Tante Mathilde zu gehen, die er ja nun nicht begeisternd findet.«

»Ich verstehe«, sagte der Vater. »Wir haben da wohl ein sehr beachtenswertes Menschlein vor uns.«

»Das Menschlein ist von uns, Liebster«, sagte seine Frau lachend.

Tante Mathilde, eigentlich Großtante, war die Schwester von Timos Großvater. Im Unterschied zu diesem, mit dem Timo sich sehr gut verstand, war es mit Tante Mathilde nicht einfach. Sie war nämlich so altmodisch, daß es schon beinahe verrückt war. »Frauen gehören ins Haus, nicht in einen Beruf, schon gar nicht auf die Universität. Kinder haben zu gehorchen, sonst gar nichts.« Sie selbst hatte keine Kinder. »Daß kleine Mädchen mit diesen Shirthemden und diesen Jeanshosen – Hosen! – in der Schule erscheinen dürfen, ist unmöglich.« So ging das immer weiter. Seit sie verwitwet war, spann sie sich noch tiefer in ihre Verweigerung der Neuzeit hinein. Timos Vater hatte einmal, als sie von einem Besuch bei Tante Mathilde heimgingen, gesagt: »Der Weg von unserer Wohnung zu ihrer Wohnung ist zwar nur 20 Minuten lang zu Fuß, aber in Wirklichkeit ist das eine Zeitreise vom Jahr 2005 in das Jahr 1905.« Timo hatte gekichert. Jetzt beschloß er, den Aufenthalt im Jahre 1905 spannend zu finden. »Immer noch besser als doof und nervig«, dachte er.

»Spaghetti und darauf was von diesem schrecklichen grünen Zeugs«, sagte sie.

»Du meinst Pesto«, sagte Timo.

»Weiß nicht, wie das Zeug heißt. So was gibt es bei mir nicht«, sagte Tante Mathilde.

»Wozu auch«, sagte Timo, »kann ich ja auch ein andermal essen. Was gibt es denn bei dir heute?«

»Gelbe Erbsen mit Kaßler«, sagte Tante Mathilde.

Timo wußte nicht, ob er das schon mal gegessen hatte, sagte aber wahrheitsgemäß: »Schmeckt gut, sehr gut.«

Kochen konnte Tante Mathilde. Und wenn er von dem, was sie kochte, auch immer ganz schnell satt war, geschmeckt hatte es ihm doch. Das gefiel Tante Mathilde natürlich. Da Timo, der mit seinen Hausaufgaben stets ordentlich umging, nun noch braver und fleißiger tat, als er es sonst war, hatte Tante Mathilde wenig an ihm auszusetzen. So kamen sie ganz gut miteinander aus, bis die Sache mit dem Ring passierte.

Es geschah am vorletzten Tag, dem Freitag. Am Sonnabend vormittag wollten seine Eltern ihn abholen. Am Nachmittag merkte Tante Mathilde, daß ihr Ehering nicht mehr auf ihrem Finger war. Da sie die Wohnung nicht verlassen hatte, mußte der Ring ja noch irgendwo in der Wohnung sein. Die Suche, auch Timo suchte fleißig mit, war ergebnislos. Tante Mathilde wurde immer aufgeregter. »Es bringt Unglück, wenn man seinen Ehering verliert. Das weiß man doch«, sagte sie. »Irgend etwas Schreckliches passiert. Wo kann er nur sein? Wir müssen ihn finden.« Sie fanden ihn nicht. Als sie schließlich zu Bett gingen, weinte sie beinahe. Und sie hatte wirklich Angst, daß merkte Timo ihr an.

Am Morgen träumte Timo, er sei auf Tantes Diele, der große Wäscheschrank, der dort stand, sei offen und der goldene Ehering tanzte auf einem Stapel Bettwäsche herum. Beim Frühstück sagte er: »Ich habe von deinem Ring geträumt. Der ist auf der Bettwäsche herumgetanzt. Du warst doch gestern an dem Schrank. Hast du da schon nachgeschaut?«

Wortlos sprang Tante Mathilde auf und rannte hinaus auf die Diele, kam kurze Zeit danach mit dem Ring in der Hand zurück und sagte böse: »Schäm dich, Timo. Du solltest dich in Grund und Boden schämen. Mir so einen häßlichen bösartigen Streich zu spielen.«

»Aber Tante, was soll das? Ich hab doch gar nichts getan!« sagte Timo erschrocken.

»Lügner. Du hast nichts getan? Du hast den Ring gestern gefunden und dort im Schrank versteckt, um mich zu ärgern. Und jetzt kommst du mit diesem albernen Märchen vom Traum an. Und bildest dir ein, ich bin so dumm, dir das auch noch zu glauben? Träume sind Schäume, du widerlicher kleiner Lügner. Ab ins kleine Zimmer, ich will dich nicht mehr sehen.«

Timo ging ziemlich erschrocken, aber auch sehr wütend in das kleine Zimmer und setzte sich auf sein Bett. Ihm war klar, daß es keinen Sinn hatte, seine Unschuld zu beteuern. Sie würde ihm sowieso nicht zuhören. Oder ihm glauben. Er sah auf seine Uhr. Seine Eltern müßten in Kürze hier sein, stellte er erleichtert fest. Sie würden ihm glauben.

Als es dann klingelte und er die Stimmen seiner Eltern erkannte, hörte er auch gleichzeitig Tante Mathildes scharfe Stimme: »Ich bin froh, daß ihr euren Sohzn abholt. Er hat etwas sehr Häßliches getan.«

Timo, der inzwischen in der Tür zur Diele stand, sagte: »Hat er nicht. Ich habe gar nichts getan.«

»Jetzt lügst du auch noch deine Eltern an! Das nennt man wohl moderne Erziehung«, sagte Tante Mathilde.

Timos Mutter hatte ihn sofort in die Arme genommen, sein Vater sah ihn an. Timo schüttelte nur den Kopf.

»Aha«, sagte sein Vater. »Und jetzt möchte ich wissen, was hier los war.«

Wortreich erzählte Tante Mathilde vom Verlust ihres Ringes, wie sie vergeblich gesucht hatte und von Timos »angeblichem« Traum und wie sie den Ring im Wäscheschrank fand, woraus doch klar hervorging: »Timo war es, und er hat gelogen.«

»Ich verstehe«, sagte sein Vater. Er sah seine Frau an. »Denkst du, was ich denke?« fragte er.

Sie nickte. »Denke ich auch. Aber wir werden es gleich herausfinden. Timo, Schätzchen, was genau hast du geträumt?«

»Der Ring hat auf dem einen Wäschestapel im Wäscheschrank rumgetanzt«, sagte Timo. »Und als ich aufgewacht bin, ist mir eingefallen, daß Tante am Wäscheschrank war, als ich aus dem Bad kam.«

»Wo genau warst du, als du sie am Wäscheschrank sahst?«

»Ich stand in der Badezimmertür, ich wollte mich nicht hinter ihr vorbeidrängeln, weil da auch noch der Wäschekorb stand.«

»Und dann? Was hat Tante Mathilde dann getan?«

»Na, so einen Stapel Wäsche, das war, glaube ich, Bettwäsche in den Schrank gepackt.«

»Wie hat sie das genau gemacht. Mach es vor.«

»So.« Timo streckte seine rechte Hand aus, hielt, in einem Abstand von etwa 25 Zentimetern die linke darüber und streckte beide Arme, immer den Abstand haltend, nach oben.

»Sie hat die Wäsche oben reingelegt?« fragte seine Mutter.

»Ja, in ein oberes Fach, welches, weiß ich nicht.«

»Und dann?«

»Dann hat sie die Schranktür zugemacht und den Schrank zugeschlossen. Und dann hat sie den Wäschekorb genommen und ist in die Küche gegangen.«

»Stimmt das so?« fragte Timos Mutter Tante Mathilde.

»Ja, stimmt, aber?« sagte die.

»Zeig es uns bitte noch einmal«, sagte sein Vater.

»Was soll der Unsinn, aber bitte«, sagte Tante Mathilde.

»Ich erklär es dir gleich«, sagte Timos Vater und kniete sich neben Timo in die Türöffnung, so daß sein Kopf auf gleicher Höhe mit Timos Kopf war. Tante Mathilde wiederholte alle Bewegungen von gestern.

»Danke«, sagte Timos Vater. »Das war sehr aufschlußreich. Du hast den Ring zwischen dem alten und dem neuen Stapel gefunden, nicht wahr?«

»Woher weißt du das? Ja«, sagte Tante Mathilde.

»Setzen wir uns erst mal«, sagte der Vater. Sie gingen in das Wohnzimmer. Ein Fensterflügel stand noch auf. Tante Mathilde schloß ihn. »Schon wieder alles zugeparkt drüben«, sagte sie. »Also was soll dieser ganze Umstand?«

»Der Umstand ist der Beweis für ein sehr fesselndes Vorkommnis, nämlich einen problemlösenden Traum«, sagte Timos Vater. »Der Mensch sieht täglich viele Dinge, die er nicht in seinem Bewußtsein, das heißt auch in seiner Erinnerung speichert. Sie sinken ab ins Unterbewußtsein, das so genannt wird, weil es eben unterhalb des Bewußtseins liegt, aber auch dieses ist ein Speicher, verstehst du? Nur ist dieser Speicher nicht jederzeit zugänglich.«

»Manchmal«, sagte Timos Mutter, »kann man sich solch eine Einzelheit wieder in die Erinnerung rufen, meistens geht das aber nicht, selbst wenn man das Gefühl hat ›da war doch noch was?‹, schafft man es nicht. Es kann aber auch vorkommen, daß irgendein wichtiger Vorgang wie der Verlust deines Ringes und die Suche danach, Einzelheiten, die einem gar nicht bewußt wurden, als man sie gesehen hat, im Traum wieder auftauchen. So war das hier.«

»Als du die Arme hochhobst, um den Stapel Wäsche hineinzulegen, hat Timo deine rechte Hand von unten gesehen«, sagte sein Vater. »Wie ich auch, als ich neben ihm kniete, und den Ring. Den streifte dir das Gewicht des oberen Stapels herunter vom Finger, als du die Hand zwischen den beiden Stapeln vorzogst. Als du die Schranktür zugeschlossen hast, sah er die nackte Hand. Beides sah er, aber es wurde ihm nicht bewußt, verstehst du? Es ist ihm wahrhaftig erst im Traum eingefallen.«

»Na ja, das ist doch alles weit hergeholt«, sagte Tante Mathilde säuerlich. »Man weiß doch, was man sieht.«

»Tatsächlich«, sagte Timos Vater. »Welche Farbe hatten die Autos auf der anderen Straßenseite?«

»Weiß ich doch nicht«, sagte Tante Mathilde. »Da habe ich doch gar nicht hingeguckt.«

»Doch, hast du«, sagte Timos Vater. »Du hast gesagt: ›Da ist wieder alles zugeparkt.‹ Also hast du mindestens einige der Wagen gesehen. Also welche Farbe. Versuch, dich zu erinnern?«

»Ich weiß es nicht. Hab ich doch schon gesagt«, sagte die Tante und sah aus, als ob sie die sauerste Zitrone der Welt im Mund hätte.

»Dann stell dir mal vor, in zwei Stunden klingelt es, die Polizei steht vor deiner Tür und fragt dich, ob du in der Zeit von 11.30 und 12.00 Uhr ein grünes Auto da drüben gesehen hast. Dann würdest du doch bestimmt versuchen, dich zu erinnern«, sagte Timos Vater.

»Na ja, schon«, sagte Tante Mathilde, »aber ich würde es nicht können, weil ich nicht darauf geachtet habe. Du hast ja neben dem anderen Fenster gestanden, hast du denn was gesehen?«

»Ja«, sagte Timos Vater. »Habe ich, aber ich weiß drei der Autofarben nur deshalb, weil einer der drei Wagen direkt gegenüber genau der gleiche war, wie ihn unser Kollege nebenan vor der augenärztlichen Praxis fährt. Sonst hätte ich auch schon längst nicht mehr gewußt, was ich gesehen habe, genausowenig wie du.«

»Nun ja«, sagte Tante Mathilde, »wird schon so sein, wie du sagst.« Die Zitrone hatte sie aber noch immer im Mund. »Hol deine Tasche, Timo«, sagte sie dann. »Ihr wollt sicher zum Essen zu Hause sein.«

»Wir gehen zum Italiener«, sagte Timos Mutter, »da kann Timo sich mal wieder mit Tiramisu vollstopfen, nicht wahr, Spätzchen?«

»Und wie«, schrie Timo vergnügt und holte seine Tasche, während seine Eltern sich bei Tante Mathilde bedankten.

Schweigsam, mit gerunzelter Stirn, löffelte Timo sein Tiramisu.

»Timo, Schätzchen, was grübelst du denn da?« fragte seine Mutter.

»Mir geht da was im Kopf rum«, sagte Timo. »Wegen der Bewußtsein-Unterbewußtsein-Sache. Es gibt doch so einen Aberglauben, hab ich immer besonders albern gefunden, daß man, wenn man was pauken muß, beispielsweise Vokabeln, sich das Schulbuch unter das Kopfkissen legen soll, dann kann man es am Morgen. Ich dachte immer, wie blöd, das Buch strahlt doch keine Vokabeln durchs Kissen in den Kopf. Aber jetzt weiß ich nicht, ob da nicht doch irgendwas dran ist.«

»Gute Frage«, sagte seine Mutter, »knifflige Frage. Sehr knifflig. Aber ich denke, du hast recht. Es könnte eine Erklärung geben. Nehmen wir mal an, man hat am Nachmittag Vokabeln gelernt. Sitzen vielleicht noch nicht ganz fest, oder man ist sich noch unsicher. Wenn man nun beim Schlafengehen das Buch unter das Kopfkissen schiebt, denkt man ja ganz automatisch an Vokabeln und Vokabellernen. Und schläft ein. Kann durchaus sein, daß man auf diese Weise einen Traum verursacht, in dem die gelernten Vokabeln herumwuseln. Dieses unterbewußte Geschehen könnte sich günstig, verstärkend, auf das Bewußtsein, nämlich des Gedächtnisses, auswirken. Würde allerdings nur klappen, wenn man die Vokabeln wirklich gepaukt hat. Denn ohne strahlt das Buch gar nichts durch das Kissen in den Kopf.«

»Ich denke, du hast da einen guten Riecher gehabt, Sohnemann«, sagte sein Vater. »Ich denke, es stimmt. Ähnlich wie bei einem problemlösenden Traum, wo das nicht bewußt wahrgenommene im Traum auftaucht, taucht hier das nicht fest im Bewußtsein verankerte im Traum auf. Beides nützt dem Bewußtsein. Der Aberglaube vom Buch unterm Kopfkissen hat also zwei Beine. Mit dem einen steht er in der Wirklichkeit, mit dem anderen in der Unwirklichkeit.«

»Spannend«, sagte Timo, »wahnsinnig spannend. Kann ich noch ein Tiramisu haben?«

Am nächsten Morgen, die drei saßen beim Frühstück, klingelte das Telephon im Arbeitszimmer. Timos Vater ging hinüber. Nach einer Weile kam er zurück mit einem leisen Lächeln auf dem Gesicht. »Das war Tante Mathilde«, sagte er. »Sie läßt sich bei dir entschuldigen, dafür, daß sie dich verdächtigt und mit dir geschimpft hat. Es tut ihr wirklich sehr leid.«

»Oh«, sagte Timo, »ist schon in Ordnung.«

»Dann hat sie sich also doch noch durch den Kopf gehen lassen, was wir ihr erklärt haben?« fragte Timos Mutter.

»Wörtlich, Liebste«, sagte Timos Vater. »Sie hat heut nacht geträumt, geträumt von drei Autos auf der anderen Straßenseite. Ein graues, ein grünes und ein schwarzes. Das stimmt. Zu dem Zeitpunkt, als wir beide aus dem Fenster sahen, standen auf der anderen Straßenseite drei Autos. Ein graues, ein grünes und ein schwarzes.«

Timo fing an zu lachen. »Na warte, Tante Mathilde«, sagte er, »das nächste Mal, wenn wir zu dir gehen, schenk ich dir mein kleines grünes Autochen aus Babyzeit. Zum Andenken.«

Ach übrigens: Tante Mathilde hat Timos kleines grünes Auto in ihre Vitrine gestellt.

Der Regenbogen in der Funkuhr

Bis heute hat Gero nicht herausbekommen, wie diese zauberhafte Wirkung auf seiner Funkuhr zustande kommt. Es ist eine ganz gewöhnliche Tischuhr, die per Funk gesteuert wird. Zehn Zentimeter hoch, zwölf Zentimeter breit, grauschwarzer Rahmen, silbergraues Feld hinter Glas, auf dem groß die Uhrzeit und kleiner Außen- und Innentemperatur sowie Wochentag und Datum erscheinen. So etwas kann man in jedem Kaufhaus und in vielen Uhrenläden kaufen.

Sein Onkel Heinz, Mamas Bruder, hatte sie ihm geschenkt. Gero las nämlich gerne, und genauso gerne zeichnete er. Und vergaß dabei die Zeit. Also hatte seine Mutter ihm eine kleine alte Uhr auf seinen Arbeitstisch gestellt. »Damit mein Herr Sohn lernt, auf die Zeit zu achten«, hatte sie gesagt. Das Dumme war nur, diese Uhr mußte man aufziehen, was Gero prompt vergaß. Weil er darüber jammerte, daß man die blöde Uhr immer aufziehen müsse, hatte ihm Onkel Heinz die Funkuhr geschenkt. »Die geht von ganz allein, und die Ziffern sind so groß, die hopsen dir glatt in die Augen, da kannst du keine Zeit mehr verpassen«, hatte er gesagt. Gero hatte sich gefreut. Die Uhr machte es ihm wirklich leichter.

Es war Sonntagvormittag. Endlich schien einmal die Sonne und machte Geros kleines, enges Zimmer hell und freundlich. Zufällig fiel sein Blick auf die Uhr – und er japste vor Verblüffung. Die Uhr leuchtete und strahlte in allen Farben des Regenbogens. Das gewöhnliche, technische, moderne Ding sah plötzlich ganz wundersam und märchenhaft aus.

Jeder weiß ja, wie schön die Farben des Regenbogens sind. Und jetzt leuchteten die auf einmal aus der Uhr. Gero rannte ins Wohnzimmer. Sein Vater las Zeitung, seine Mutter nähte gerade einen Knopf an.

»Mama, Papa, kommt mal gucken. In meiner Funkuhr ist ein Regenbogen«, rief er.

»Was soll denn der Blödsinn«, sagte sein Vater, warf die Zeitung hin und ging in Geros Zimmer. Der Regenbogen war nicht mehr da.

»Oh, jetzt ist er weg, schade, er war so schön«, sagte Gero. (Daß der Regenbogen erlosch, hatte einen ganz einfachen Grund: eine Wolke vor der Sonne.)

»Noch mal, was soll diese verdammte Spinnerei?« schimpfte sein Vater.

»Der Regenbogen war da«, sagte Gero.

»Schluß mit dem Unsinn«, fuhr ihn sein Vater an. »Du bist zwölf. Zeit, daß du lernst, mit solchem albernem Quatsch aufzuhören. Märchen haben in dieser Welt keinen Platz, merk dir das«, und ging raus und schlug die Tür zu.

»Mama, ich hab nicht gesponnen«, sagte Gero. »Der Regenbogen war wirklich da.«

»Ich glaube dir, Junge«, sagte seine Mutter. »Papa wird sich schon wieder beruhigen. Du weißt doch, wie kaputt er ist. Nimm es ihm nicht übel, Schätzchen.«

»Nein«, sagte Gero traurig.

Seine Mutter ging zurück ins Wohnzimmer. Sie mußte wohl noch etwas zu seinem Vater gesagt haben, denn Gero hörte ihn laut und wütend antworten. »Unterstütz den Bengel nicht auch noch bei seinen kindischen Dummheiten. Je früher Gerold lernt, wie das Leben wirklich ist, desto besser wird er mit der Härte klar kommen. Spinner gehen unter.«

Gero seufzte. Manchmal, wie jetzt eben, wo er seine Mutter angebrüllt hatte, erkannte er seinen Vater nicht wieder. Früher, als er noch in dem Beimannswerken arbeitete – sein Vater war Werkmeister –, hatte er sich gut mit ihm verstanden. Sie hatten auch viel zusammen unternommen. Aber dann waren die Beimannswerke von einem großen Konzern übernommen worden, ein großer Teil der Produktion wurde ins billigere Ausland verlagert, und ein paar tausend Arbeiter wurden entlassen. Auch sein Vater. Er hatte sich um Arbeit bemüht, war aber doch fast zwei Jahre arbeitslos gewesen.

Geros Mutter war schon länger arbeitslos. Der kleine Betrieb, in dem sie die Buchhaltung gemacht hatte, war pleite gegangen. Jetzt ging sie viermal die Woche putzen.

Sein Vater hatte vor ein paar Monaten wieder Arbeit gefunden. Das war das Gute. Das Schlechte war: Der Betrieb lag am entgegengesetzten Rande der Großstadt, in deren Außenbezirk die Jorges wohnten. Sein Vater mußte um halb vier aufstehen, um viertel fünf Uhr das Haus verlassen. Zuerst mit dem Bus bis zur U-Bahn, mit der U-Bahn bis zur S-Bahn, mit der S-Bahn bis Endstation, von der Endstation bis zum Werk wieder mit dem Bus. Wenn er Glück hatte, brauchte er zwei Stunden Fahrzeit, wenn der Bus in den Stau geriet oder Züge ausfielen, dauerte es noch länger. Zu Hause war er um sieben Uhr, und gar nicht selten kamen noch Überstunden dazu, dann wurde es noch viel später.

Gero war alles andere als ein Dummkopf. Daß sein Vater in schlechter Verfassung war, wunderte ihn überhaupt nicht. Endlose Fahrt mit viermal Umsteigen! Wer hält so was schon auf die Dauer aus, ohne sauer zu werden. Aber traurig machte es ihn doch. Also redete er mal wieder, wie so oft in letzter Zeit, mit Maxe. Maxe gab es nicht wirklich. Er war ein Junge auf einem Bild, das in Geros Zimmer an der Wand hing. Seine Mutter hatte es in ihrer Jugend von ihrer Urgroßtante geschenkt bekommen, die hatte es wiederum von ihrer Urgroßmutter. Es war ein besonderes Bild. Ein schönes, nicht allzu großes Ölgemälde. Im Hintergrund sah man einen prächtig gemalten Wald, der eine große, mit Waldblumen und Kräutern bewachsene Lichtung umwuchs, auf welcher ein länglicher, leicht gewölbter Felsblock lag, so abgeschliffen wie es manche Findlinge sind. Auf dem Felsblock saß ein dünner, armer Bauernjunge in geflickter Hose und lumpigem Hemd. In der Hand hielt er eine angebissene Scheibe trockenen Brotes. Er sah traurig aus, lächelte aber dennoch ein wenig, denn er beobachtete neben sich auf dem Felsen einen ganz kleinen Vogel, so klein, daß er aus dem Nest gefallen sein mußte, der eifrig an einem Stückchen Brot pickte. Es war offensichtlich, daß der Junge es ihm hingelegt hatte. Hinter dem Jungen, seitlich von ihm, stand eine Fee, wunderschön in einem goldschimmernden Kleid. Die goldenen Flügel leicht ausgebreitet, blickte sie mitfühlend auf den Jungen. In der Hand hielt sie ein schrippendickes, langes Brot. Obgleich das Bild eigentlich wehmütig stimmte, denn daß der Junge arm war und wenig zu essen hatte, war unmißverständlich, liebte Gero das Bild. Im Gegensatz zu seinem Vater, der den »blöden Kitsch« nicht im Wohnzimmer sehen wollte. Jetzt, wo es ihm selber oft ziemlich mies ging, liebte Gero das Bild noch mehr. »Und schließlich, Maxe«, hatte er mal gesagt, »wird sie dir das Brot schenken. Wozu hat sie es denn sonst in der Hand?«

Eines Morgens, in der Schule, erzählte sein Kumpel Daniel Gero, er sei am Wochenende bei seinen Großeltern gewesen, die wohnten in der Stadt im Stadtteil Padberg, und da habe jetzt ein riesiger Billigmarkt aufgemacht. »Ich sag dir, nur Schnäppchen, alles viel billiger als anderswo.«

»Haben die auch Zeichenblöcke und Stifte billig?« fragte Gero sofort.

»Haben sie«, sagte Daniel, »da kannst du gleich einen Packen kaufen für das Geld von zweien.«

»Da muß ich hin«, sagte Gero.

»Dacht ich mir schon«, sagte Daniel. »Ich hab dir den Flyer von denen mitgebracht, da ist hinten, siehst du, ein Stück Stadtplan drauf, findest du besser hin.«

»Prima«, sagte Gero. »Und danke.«

Am Nachmittag erzählte er seiner Mutter von dem Billigmarkt.

»Kannst dich ja morgen da mal umschauen«, sagte seine Mutter. »Aber erst Hausaufgaben machen, versprochen?«

»Versprochen«, sagte Gero und kriegte noch einen Fünfer von Mama zu seinem Taschengeld dazu.

»Aber keinen unnötigen Krimskrams kaufen. Nur was zum Zeichnen und so. Aber umschauen kannst du dich, vielleicht lohnt es sich, da mal hinzufahren.«

»Mach ich alles«, sagte Gero, »wo ich doch ein so braver Junge bin«.

Seine Mutter lachte und gab ihm einen Kuß.

Also ging Gero am nächsten Nachmittag, selbstverständlich nach den Hausaufgaben, los. Er brauchte eine Dreiviertelstunde zu Fuß bis zur Charlottenstraße, einer großen Einkaufsstraße, weil er das Geld für den Bus sparte, und noch einmal zwanzig Minuten, bis er beim Billigmarkt um drei Ecken hinter der Charlottenstraße angekommen war. Er konnte nach Herzenslust einkaufen, Zeichenblöcke, Stifte, Tusche, alles preiswert. Er sah sich auch sonst um, so gut es in diesem riesigen Markt möglich war, damit er seiner Mutter Bericht erstatten konnte, und machte sich dann vergnügt auf den Heimweg. Als er an der Ecke Charlottenstraße ankam, war die Ampel gerade grün, und er ging auf die linke Straßenseite hinüber – die rechte war er hinaufgekommen. Im Vorbeigehen blickte er auch mal in die Schaufenster der feinen Läden. Plötzlich blieb er stocksteif stehen und starrte mit aufgerissenen Augen in ein Schaufenster.

Was er dort sah?

Sein Bild.

Genauer: Es war sein Bild und doch nicht sein Bild. Es war das nächste Bild. Auf dem nämlich tanzte der Maxe mit strahlendem Gesicht und hochgeworfenen Armen auf dem Felsen. In der Hand hielt er das Feenbrot. Der kleine Vogel flatterte schon in der Luft, und die goldene Fee lächelte und sah noch goldener aus. »Hab ich's doch gewußt«, murmelte Gero vor sich hin, »sie hat es ihm geschenkt.«

Dann erst las er die Karte unter dem Bild »David Amasius. 1783–1875«. Und darunter: »6000 Euro«. Gero schluckte dreimal und fing an zu rennen. Natürlich schaffte er es nicht, eine ganze Stunde lang zu rennen, aber schnell war er schon.

Als er zu Hause ankam, war sein Vater auch gerade gekommen. Seine Mutter hatte das Abendbrot schon auf den Tisch gestellt.

»Stellt euch vor, was ich gesehen habe. Mein Bild mit Maxe, aber diesmal tanzt er auf dem Findling, weil ...« Weiter kam er nicht.

»Hör sofort mit diesem Märchengequatsche auf, Gerold«, fuhr ihn sein Vater an, »ich kann diesen Blödsinn nicht länger vertragen.«

»Aber Papa«, fing Gerold an.

»Halt den Mund, ich will kein Wort mehr von dir hören, Gerold«, sagte sein Vater. Wenn der seinen ganzen Vornamen gebrauchte, war er wütend. Gero war still. Seine Mutter sah ihn an und schüttelte unmerklich den Kopf. Gero schlang seine Stullen hinunter und ging in sein Zimmer. Er war ebenso wütend wie traurig. Und noch trauriger wurde er, als er hörte, wie die beiden sich stritten. Schon wieder! Das passierte jetzt viel öfter und heftiger als je zuvor. Sein Vater schimpfte immer noch über ihn, bis er hörte, wie seine Mutter sagte: »So geht das nicht weiter. Dauernd schreist du den Jungen an. Und zu mir bist du auch nicht gerade freundlich. Wir können beide nichts dafür, daß die Verkehrsverbindung zu deiner Arbeit miserabel ist. Und daß dich das alles kaputt macht. Aber mach uns nicht auch noch kaputt.«

»Ja, ja«, sagte sein Vater, »ich will bloß meine Ruhe haben.«

Später kam die Mutter in Geros Zimmer. »Geh zu Bett, Schätzchen«, sagte sie.

»Mama, das Bild hab ich wirklich gesehen. Ich hab nicht gelogen«, sagte Gero.

»Ich weiß«, sagte seine Mutter, »ich hab heute vormittag deinen Regenbogen bewundert, als ich dein Zimmer saubergemacht habe. Er erschien genau um 10.49 Uhr und strahlte bis 11.06, dann fing er von oben an langsam zu verblassen. Um 11.20 Uhr war er weg. Ich hab die ganze Zeit davor gesessen und ihn bewundert, weil er so schön war. Man kann gar nicht weggucken. Und jetzt ins Bett. Morgen weck ich dich ein bißchen früher, und du erzählst mir alles in Ruhe beim Frühstück, ja?«

So hielten sie es am nächsten Morgen.

»6 000 Euro?« fragte seine Mutter ganz erschrocken. »Soviel soll das Bild kosten?«

Gero nickte. Die beiden sahen sich an.

»Ich weiß, du hast das Bild sehr gern«, sagte seine Mutter, »aber Papa braucht unbedingt ein Auto«, sagte Gero. »Dann wäre er in einer knappen Stunde im Werk.«

Seine Mutter nahm ihn in den Arm. »Soll ich dich von der Schule abholen? Ich hab heute nur vormittags Dienst. Und dann ...«

»Dann gehen wir hin und gucken mal«, sagte Gero. »Wenn ich dich nicht hätte, mein Großer«, sagte seine Mutter.

Am Nachmittag standen die beiden vor dem Kunstladen. Seine Mutter war genauso verblüfft, wie Gero es gewesen war, als sie das Bild sah. Sie gingen in den Laden. Ein freundlicher älterer Herr kam ihnen entgegen.

»Was kann ich für Sie tun?« fragte er.

»Wir kommen wegen des Bildes im Schaufenster«, sagte Frau Jorges. »Wir wollen es nicht kaufen, das könnten wir uns gar nicht leisten. Es geht um etwas ganz anderes. Wir haben genau das gleiche Bild, bloß darauf ist der Junge ganz traurig.«

»Und die Fee steht hinter ihm«, sagte Gero, »mit dem Brot noch in ihrer Hand. Das Bild hat Mama von ihrer Großtante Frieda.«

»Was? Das Bild muß ich sofort sehen, mein Name ist Hennig«, sagte der Herr.

»Ich bin Frau Jorges, und das ist Gero, mein Sohn. Das Bild hängt in seinem Zimmer. Er redet sogar manchmal mit dem Jungen auf dem Bild«, sagte sie.

»Mußt du das gleich weitererzählen, Mama«, sagte Gero vorwurfsvoll. »Aber wahr ist es schon, wenn mir so richtig mies ist, red ich mit Maxe, weil dem eben auch mies ist auf dem Bild.«

»Höchst verständlich«, sagte Herr Hennig lächelnd. »Ich rede auch manchmal mit jemand auf einem Bild. Als ich das Bild da oben reinigte, es war ganz verräuchert, hab ich dem Herkules auch erklärt, daß er jetzt gründlich gewaschen wird.«

Gero mußte lachen. »Hat er gejammert?« fragte er. »Nein«, sagte Herr Hennig. »Er ist doch ein Held.«

Herr Hennig wollte ihr Bild sofort sehen. »Haben Sie Zeit?« fragte er. »Dann fahre ich Sie nach Hause.«

Sie hatten Zeit. Herr Hennig packte das Bild aus dem Schaufenster in das Auto. »Zum Vergleich«, sagte er.

In Geros Zimmer angekommen, nahm er das Bild sogleich unter die Lupe. Genauer, unter zwei Lupen, eine große und eine kleine, noch schärfere. Nach gründlicher Untersuchung nickte er. »Wunderbar«, sagte er, »das ist eindeutig echt.« Er stellte sein Bild daneben. »Das ist wirklich ein Feengeschenk. So nämlich nannte der Jugendfreund von Amasius – die beiden stammten aus dem gleichen Dorf, waren seit ihrer Kindheit Freunde – die Bilder. Man weiß von den beiden Bildern überhaupt nur, weil dieser Freund, Jonas Maybeer, in einem Brief an Amasius, datiert 1841, erhalten und in der Amasius-Biographie abgedruckt, auf die beiden Bilder zu sprechen kommt. Offensichtlich hat Amasius sie für ihn gemalt. Er schreibt, wieviel Freude die beiden Bilder ihm jeden Tag machen und schließt: ›Nochmals vielen, vielen Dank für Dein Feengeschenk‹.«

»Feengeschenk«, rief Gero, der die beiden Bilder unentwegt angeschaut hatte. »Ich Trottel! Jetzt kapier ich es erst. Das Brot wird niemals alle! Maxe hat dem Vogel von seinem Brot gegeben, und jetzt hat er immer was zu essen. Kein Wunder, daß der wie wild tanzt.«

Die beiden Erwachsenen sahen ihn verblüfft an. »Wie kommst du denn darauf?« fragte seine Mutter.

»Hab ich gelesen«, sagte Gero. »Gitte, die steht auf Elfen, hat mir mal ein Buch gepumpt, wo alle Geschichte von Feen und Zwergen und Elfen drin stehen und was die so machen. Nicht die von Dichtern erfundenen, sondern solche, von denen die Menschen sich seit Urzeiten erzählen. Geschichten aus allen Ländern. Und da kam das öfter vor. Einmal, ich glaube, es war von der Ost-Ostsee, war da die Geschichte von einer ganz armen Frau, die ihr letztes Mehl aus dem Mehlfäßchen nimmt, und das reicht nur gerade noch zum Teig für zwei Brote, die müssen einundzwanzig Tage reichen. Sie macht den Teig und geht mit den zwei Teigstücken zum Backofen hinter ihrer Hütte. Da kommt eine kleine Frau, die ist aber eine Fee, was die arme Frau nicht merkt, und bittet sie um ein Stück Teig. Sagt, sie hat kein Mehl mehr und muß Brot backen für ihre Kinder. Die arme Frau schneidet ein Stück von ihrem Teig ab und gibt es ihr. Die kleine Frau bedankt sich und geht fort. Von dem Tag an ist das Mehlfaß immer ganz voll. Die Frau kann backen, was und soviel sie will, es wird nie alle.

Und die andere Geschichte, ich weiß nicht mehr, wo die erzählt wird, ist auch von einer armen Frau, die ihr Geld mit selbstgewebten Leintüchern verdient. Die verkauft sie auf dem Markt. An einem Abend ist Sturm und Regen. Sie hat gerade das letzte Tuch zum Verkauf fertig, als sie vor ihrer Hütte ein Kind weinen hört. Es ist ein kleines Mädchen, das ist ganz naß und friert im Wind. Also nimmt die Weberin das Kind in die Hütte, trocknet es ab, wickelt es in eins von ihren Tüchern und gibt ihm heiße Milch zu trinken. Da klopft es an der Tür, eine alte Frau kommt rein und sagt, der Sturm hat ihr die Kleine von der Hand gerissen. Sie bedankt sich bei der Weberin, will ihr das Tuch zurückgeben, aber die sagt: ›Nein, behalten Sie es. Es ist zu kalt draußen für das Kind.‹ Die alte Frau dankt ihr nochmals, und die beiden gehen fort. Die Weberin sieht ihnen nach. Auf einmal ist da ein Licht auf dem Weg, und die beiden sind verschwunden. Von dem Tag an hat die Weberin immer ein dickes Knäuel Garn. Sie kann soviel Tücher weben, wie sie will. Das Garn bleibt endlos. Und die Tücher sind weicher und kuscheliger als alle anderen Leintücher, so daß die Weberin richtig gutes Geld verdient, weil alle Leute die weichen Tücher haben wollen. Ihr Leben lang. So lange halten Feengeschenke.«

»Du hast recht, Gero«, sagte Herr Hennig. »Jetzt, wo du sie erzählst, ist mir auch so eine Geschichte eingefallen. Als ich so zehn Jahre alt war, machten meine Eltern mit mir Urlaub in einem Dorf in Thüringen, und da erzählte mir unsere Wirtin eine Geschichte. Ein Mann aus dem Dorf ging nach einem Sturm durch den Wald und sah auf einer Lichtung ein vom Sturm entwurzeltes junges Bäumchen. Er richtete es auf, pflanzte es wieder ein, holte Wasser in seinem Hut aus einem nahen Bach, um die Pflanzstelle zu wässern. Da kamen zwei grüne Waldfräulein, so heißen die Feen dort, aus dem Wald, bedankten sich bei ihm, weil er dem Bäumchen geholfen hatte, und schenkten ihm einen Korb voll mit Waldbeeren und Pilzen. Sein Hut war sofort trocken. Und der Korb war und blieb immer voll. Sein ganzes Leben lang hatte der Mann Beeren zum Naschen und Pilze zum Braten.«

»Schöne Geschichten«, sagte Frau Jorges. »Möchten Sie eine Tasse Kaffee? Das Wasser kocht schon.«

»Gerne«, sagte Herr Hennig. »Ich möchte die Entdeckung dieser Seltenheit genießen.«

»Dann werden Sie unser Bild also kaufen?« fragte sie, als sie die Kanne auf den Tisch stellte.

»Ich hab eine bessere Idee«, sagte Herr Hennig. »In zwei Wochen, am Donnerstag, haben wir Auktion. Sie geben mir das Bild in Kommission, unter der Bedingung, daß es mit dem zweiten zusammen versteigert wird.«

»Selbstverständlich«, sagte Frau Jorges, »ich hab schon begriffen, sie gehören zusammen und beide sind mehr wert als einzeln.«

»Eben«, sagte Herr Hennig. »Meine Provision beträgt 20 Prozent des Erlöses. Das ist üblich.«

»Einverstanden«, sagte Frau Jorges. »Sei nicht traurig, Gero. Das Geld wird uns helfen, endlich ein Auto zu kaufen, damit Papa nicht mehr stundenlang zur Arbeit fahren muß.«

»Ich weiß«, sagte Gero. »Ich bin zwar traurig, aber ich werde es Maxe schon klar machen, warum es sein muß.«

Herr Hennig sah sehr wohl, daß Gero herumwitzelte, weil es ihm wirklich schwer fiel, sich von dem Bild zu trennen. Er unterhielt sich noch eine ganze Weile mit den beiden und erfuhr auf diese Weise etliches von den Lebensumständen der Jorges. Dann fuhr er mit den Bildern davon. »Ich rufe Sie Freitag vormittag an«, sagte er noch. »Sind Sie dann zu Haus?«

»Bin ab zwei Uhr von der Arbeit zurück«, sagte die Mutter.

»Gut, dann um zwei Uhr«, sagte Herr Hennig.

Die nächsten zwölf Tage waren für Gero und seine Mutter nicht leicht durchzustehen. Sie fieberten dem Ergebnis der Versteigerung entgegen. Herrn Jorges sagten sie aber kein Wort. »So genervt wie Papa ist, würde er sich nur noch mehr aufregen«, sagte Frau Jorges. »Also Klappe halten.«

»Klar«, sagte Gero. »So, wie er jetzt drauf ist, denkt er bloß, wir haben alles falsch gemacht. Haben wir aber nicht. Dafür sorgt schon unsere Fee.«

Am Freitag, fünf Minuten nach zwei Uhr, klingelte das Telefon. »Kochen Sie schon mal einen schönen Kaffee, Frau Jorges«, sagte Herr Hennig. »Um drei Uhr bringe ich gute Nachrichten. Ach ja, noch was. Legen Sie mir doch gleich mal ihre Bewerbungsunterlagen raus, ja? Bis gleich«, sagte er und legte auf.

»Das klingt aber gut«, sagte Gero, der sein Ohr an die Seite des Hörers gepreßt hatte.

»Los, Kaffeetisch decken, mach's hübsch«, sagte seine Mutter. »Meine Unterlagen«, sie rannte zur Kommode.

Als es um drei Uhr klingelte, standen der Kaffee und die am Morgen gebackenen Plätzchen auf dem gedeckten Tisch.

»Ah – selbstgebacken«, sagte Herr Hennig, »lecker! Und das haben wir uns verdient.« Er stellte einen großen Karton an die Wand, setzte sich und ließ sich Kaffee und Kekse geben. »Also«, begann er, »ich habe ja schon unzählige Versteigerungen in meinem Leben gemacht, und da gab es auch manchmal sonderbare Situationen. Aber so etwas wie gestern habe ich noch nie erlebt. Ich kann nicht umhin zu sagen, da muß unsere Fee die Hand im Spiel gehabt haben. Es begann damit, daß zwei Herren, beide sehr wohlhabend, beide in der gleichen Branche tätig, beide Konkurrenten im Wirtschaftsleben, sich gegenseitig überboten. Das wunderte mich nicht weiter, die beiden sind erfolgsorientiert, um nicht zu sagen, erfolgsbesessen. Was ich nicht wußte, ist, wie sehr sich die beiden hassen. Jeder will der Größte sein. Es war jedem der beiden unmöglich, dem anderen den Zuschlag, sprich den Sieg, zu gönnen. Die Bilder spielten gar keine Rolle. Wie mir eine Assistentin nachher sagte, hatte der eine wahrscheinlich nur angefangen zu bieten, weil er den anderen beobachtet hatte, wie dieser die Bilder vor der Versteigerung etwas länger betrachtet hatte. Worauf er bot und der andere sofort überbot, und so machten sie weiter und weiter. Es ging nur um Zucker für ihr Ego. Schließlich hatten sie es so weit getrieben, ein durchaus beträchtliches Gebot gleichzeitig auszurufen. Sie starrten sich voller Wut an, ich dachte schon, sie würden sich gleich an die Kehle gehen. Da überbot sie eine ruhige Stimme noch einmal. Ich gestehe, ich habe diesem Bieter ein wenig schneller als sonst den Zuschlag erteilt. Ich kenne diesen Herrn. Er ist der Chef einer bekannten Firma und arbeitet mit einem berühmten Mann zusammen, der schon seit langer Zeit in Afrika gegen Not und Hunger ankämpft.«

»Etwa ›Welt im Gleichgewicht‹?« fragte Frau Jorges.

»Eben der«, sagte Hennig. »Ich war sehr froh über den Zuschlag. Die beiden Kampfhähne hätten sie ja doch nur wieder verscheuert, wie gesagt, es ging ihnen nicht um die Bilder, es ging ihnen um den Sieg. Dem wirklichen Sieger ging es sehr wohl um die Bilder. Er hatte, und das hab ich genau bemerkt, die beiden die ganze Zeit im Auge. Und als sie sich festgebissen hatten, schlug er zu.«

»Da hat sich unsere Fee ja den Richtigen ausgesucht«, sagte Gero.

»So ist es«, sagte Herr Hennig. »Als ich ihm die Bilder übergab, sagte ich ihm, laut Volksglauben werden Feengeschenke nie alle. Ich wünsche ihm deshalb, daß dieses Feengeschenk ihm helfen möge, daß sein Brot für die Kinder Afrikas nie alle wird.«

»Und was hat er da gesagt?« fragte Gero.

»Er sagte mit sehr, sehr ernstem Gesicht: Selbstverständlich werde ich die gnädige Fee bitten, Partnerin unserer Arbeit in Afrika zu werden.«

»Toll«, sagte Gero. »Bei dem hat's Maxe bestimmt gut.«

»Und dies«, sagte Herr Hennig, »ist Ihr Anteil.« Er legte ein dickes Bündel 500-Euro-Scheine auf den Tisch. 14 000 Euro. Der Zuschlag erfolgte bei 28 000.«

Frau Jorges Hand zitterte, als sie ihre Kaffeetasse absetzte. »Ich hab noch nie soviel Geld auf einmal gesehen«, flüsterte sie.

»14 000 Euro – aber Ihre Provision, Herr Hennig.«

Der schüttelte den Kopf. »Diesmal nicht«, sagte er. »Ich hätte meinen Maxe nie für soviel verkaufen können ohne Ihren Maxe. Wir teilen einfach.«

»Danke, danke sehr«, sagte Frau Jorges.

»Mann, das ist der Hammer«, sagte Gero, der den Geldstapel offenen Mundes angestarrt hatte. »Jetzt können wir das Auto für Papa kaufen, dann ist der auch nicht mehr so schlecht drauf, wenn er besser ausschlafen kann.«

»Apropos Auto«, sagte Herr Hennig, »da habe ich möglicherweise was für Sie. Mein Nachbar, mit dem ich gut bekannt bin, will seinen Wagen verkaufen, weil er das Auto seines Vaters übernimmt. Der alte Herr ist 89 und will nicht mehr fahren. Der Wagen ist tadellos in Ordnung, mein Nachbar versteht sich auf Autos, ist Ingenieur. 1800 Euro soll er kosten. Das ist er«, er legte Frau Jorges ein Foto hin.

»Das ist ja genau der Spritsparer, für den mein Mann jeden Cent dreimal umdreht und jede Überstunde mitnimmt«, sagte Frau Jorges. »Den nehm ich sofort.«

»Wir rufen meinen Nachbar gleich nachher an, der ist in einer Dreiviertelstunde zu Hause«, sagte Herr Hennig. »Und jetzt möchte ich mir Ihre Unterlagen ansehen.« Tat es, nickte und sagte: »Haben Sie Lust, bei mir die Buchhaltung zu machen, Frau Jorges?«

»Aber, aber ja, selbstverständlich, Herr Hennig!«

»Meine Frau Urbschat, die schon dreißig Jahre bei mir ist, will in Rente gehen. Sie wird Sie einarbeiten. Sie werden dazulernen müssen. Ein Kunsthandel ist ein bißchen anders als ein Polstermöbelladen. Aber ich denke, Sie werden das schon schaffen. Frau Urbschat wird ja auch nicht aus der Welt sein.«

»Sie wissen, daß ich mir alle Mühe geben werde, Herr Hennig«, sagte Frau Jorges. »Ich bin nicht nur glücklich, wieder in meinem Beruf arbeiten zu können, ich finde Kunsthandel auch ungeheuer spannend und – ja, auch schön.«

»Gut«, sagte Herr Hennig. »Dann haben wir alles Geschäftliche erledigt und kommen zu einer kleinen Überraschung für Gero. Der muß doch ein Leckerli kriegen, nicht?« Er öffnete den Karton. »Schau mal, Gero«, sagte er, »damit du deinen Maxe wiedersehen kannst.«

Es waren zwei in Goldleisten eingerahmte, große Kunstdrucke der beiden Bilder, unter Glas.

»Mama, Mama, jetzt hab ich Maxe beide Male«, schrie er und fiel Herrn Hennig um den Hals. Der lachte und drückte ihn an sich.

»Ich freue mich, daß dir die Drucke gefallen.«

»Na, und wie!« sagte Gero. »Unserer Fee und meinem

Maxe ist es doch egal, ob sie in Öl oder Druck stecken. Hauptsache, sie sind da.«

Gleich nach dem Kaffee erledigten sie den Autokauf. Herr Hennig hatte die beiden mitgenommen. Onkel Heinz war dazu gekommen, er verstand viel von Autos und gab nach gründlicher Untersuchung grünes Licht für den Kauf. Sie fuhren mit dem Wagen nach Hause und fanden, fünf Schritte vor ihrer Tür, einen Parkplatz. »Jetzt auch noch einen Parkplatz vor der Haustür und nicht einer um drei Ecken«, sagte Frau Jorges. »Ich glaube, ich träume noch immer.«

»Na, für den Parkplatz hat unsere Fee doch bloß mit dem linken kleinen Finger gewackelt«, sagte Gero.

»Glaub ich jetzt auch.« Seine Mutter lachte. »Aber Papa sagen wir heute noch nichts. Er muß auch noch Sonnabend arbeiten. Es würde ihn nur aufregen. Wir warten bis zum Sonntag. Da ist er ausgeschlafen.«

»Geht klar«, sagte Gero.

Am Sonnabend morgen waren sie beide wie verabredet im Kunstladen. Frau Urbschat nahm Frau Jorges gleich unter ihre Fittiche. Die beiden Damen verstanden sich sofort gut, und Herr Hennig merkte schnell, daß Frau Jorges sich gut einarbeiten würde. Sie bekam die Stellung. Ab Ersten des nächsten Monats war sie fest angestellt. Sie war überglücklich.

Gero hatte während der Gespräche ganz still und artig die Bilder, die Bronzen, das Porzellan, die vielen Kunstgegenstände betrachtet. Er fand manches spannend oder schön, mit manchem konnte er wenig anfangen, wußte nicht, wozu das gut sein sollte. Als er gerade auf ein Brett starrte, über welches zwölf Stänglein gezogen waren, auf denen jeweils zwölf bewegliche Kügelchen staken, sagte Herr Hennig hinter ihm: »Das ist ein Abakus, 18. Jahrhundert, ...«

»Und was ist ein Abakus?« fragte Gero, der das Wort noch nie gehört hatte.

»Eine Rechenmaschine«, sagte Herr Hennig. »Bis in das 17. Jahrhundert auch in Deutschland allgemein in Gebrauch, in vielen Grundschulen, den ersten Klassen sogar noch bis vor 70, 60 Jahren. In den östlicheren Ländern, zum Beispiel in Rußland, findest du sie noch immer in den Läden, wo hier die Ladenkasse steht. Jede Kugel ist eine Zahl, und durch Bewegen der Kugeln gegeneinander wird die Kaufsumme errechnet. Das geht, weil die Verkäuferinnen das können, ganz schnell.«

»Und in der Schule hatten die das auch noch immer, als meine Oma in die Schule kam?« fragte Gero.

»Ja«, sagte Herr Hennig, »eine Dame, die damals Lehrerin war, erzählte mir, daß sie noch nach dem Zweiten Weltkrieg, also in den späten vierziger Jahren, einen großen Abakus neben der Tafel hatten. Sie konnte das Ding nicht leiden, weil es so lange Standfüße hatte und sie immer drüber stolperte, wenn sie zu ihrem Lehrertisch ging. Da zeigte sie den Kindern, wie man rechnet. Die Kinder hatten kleine. Also ein Rahmen mit quergespannten Drähten, auf denen jeweils eine Fünfer-Reihe roter, blauer, grüner, gelber, weißer Kügelchen war. Schiebt drei blaue Kügelchen nach rechts, nun drei rote. Wieviel Kügelchen sind rechts?«

»Sechs«, sagte Gero.

»Siehst du, so haben damals die Erstkläßler rechnen gelernt. Natürlich haben sie das Ding nicht Abakus genannt. Eine andere Dame aus Berlin sagte mir, als wir darüber redeten, bei ihnen hieß es ›Klickser‹.«

»Weil die Kügelchen klick gemacht haben, wenn sie aufeinander stießen«, sagte Gero.

»Ja«, sagte Herr Hennig. »Vom Gebrauch des Abakus wurde 2630 vor der Zeitwende, also vor rund 4600 Jahren in Ostasien zum ersten Mal berichtet.«

»Wow, 4600 Jahre«, sagte Gero, »und bis jetzt benutzt. Das ist ganz schön verrückt. Wenn Mama hier arbeitet, darf ich dann manchmal herkommen und gucken? Es ist so wahnsinnig spannend.«

»Darfst du«, sagte Herr Hennig, »unter einer Bedingung. Du machst deine Hausaufgaben immer ordentlich und paßt in der Schule gut auf. Ich habe nämlich keine Lust, einem Dummen was zu erklären. Das ist mir zu langweilig, verstehst du?«

»Klaro«, sagte Gero, »ich verspreche, ich mache alles, um schlau zu werden.«

»Ich nehme dich beim Wort«, sagte Herr Hennig.

Am Nachmittag malte Gero ein prächtiges rotes, von Blüten umkränztes Herz auf einen großen Briefumschlag und schrieb »Papa« darauf. Auf einem zweiten, voll von Rosenblüten, »Mama«. In den ersten kamen die Fahrzeugpapiere, Kaufurkunde und die Autoschlüssel, in den zweiten Mamas Arbeitsvertrag. Frau Jorges packte den Stapel 500-Euro-Scheine in eine grüne Papierserviette und band eine Schleife aus Goldband darum. »Das legen wir alles hinter die Funkuhr«, sagte sie, »und hoffen, daß morgen die Sonne scheint.«

»Ich werd unsere Fee drum bitten«, sagte Gero. »Jetzt, wo sie gleich zweimal über meinem Bett hängt, hört sie mich bestimmt.«

Die Fee hatte ihn gehört. Oder war es die Sonne? Jedenfalls strahlte sie am Sonntag von einem wolkenlosen Himmel. Herr Jorges hatte ausgeschlafen und gemütlich gefrühstückt. Gero saß gespannt vor seiner Uhr. Der Zauber glühte auf. Gero gab seiner Mutter das Zeichen. Die ging zu ihrem Mann und sagte: »Lieber, du mußt jetzt mal kurz die Zeitung weglegen, es ist sehr wichtig.«

»Was gibt es denn so Wichtiges?« fragte Herr Jorges.

»Ein Überraschungspaket«, sagte seine Frau. »Du mußt aber brav tun, was ich dir sage.« Sie nahm ein Seidentuch aus ihrer Tasche, band es ihrem Mann um die Augen. »So«, sagte sie, »jetzt gib mir deine Hand, Gero nimmt die andere.«

Sie führten Herrn Jorges in Geros Zimmer, setzten ihn so auf den Stuhl, daß er genau auf die Funkuhr blicken mußte, und nahmen ihm das Tuch ab. Das erste, was er sah, waren die schimmernden, strahlenden Farben des Regenbogens, leuchtend in der Funkuhr.

»Regenbogen«, stotterte er. »Und ich hab mit dir geschimpft, Junge. Entschuldige.«

»Schon gut«, sagte Gero.

»Jetzt die zweite Überraschung«, sagte Frau Jorges. »Der Briefumschlag hinter dem Regenbogen. Mach ihn auf.«

Herr Jorges tat es. Die Autoschlüssel rutschten heraus und zogen die Papiere ein wenig mit. Er nahm sie und starrte ungläubig darauf.

»Was, was ist das?« Er stotterte jetzt noch mehr.

»Dein Auto«, sagte seine Frau, »steht unten vor der Haustür. Morgen geh ich es ummelden. Jetzt die dritte Überraschung. Den nächsten Umschlag, bitte.«

Wortlos nahm er diesen, öffnete ihn und sah den Arbeitsvertrag. »Du hast wieder richtige Arbeit?«

»Und eine wunderschöne«, sagte seine Frau. »Ich freu mich wie ein Iitsch darauf. Nun die vierte Überraschung. Das grüne Päckchen, bitte öffnen.«

Er tat es, starrte auf die 500-Euro-Scheine und wurde weiß im Gesicht. »Ina, wo um Himmels willen, wo kommt das Geld her? Woher?«

»Die 12 000 Euro? Von der fünften Überraschung«, sagte seine Frau. »Sie hängt rechts hinter dir über Geros Bett.«

Er drehte sich um und starrte auf die Bilder. »Da ist ja ein zweites Bild«, sagte er ganz verstört. »Ich verstehe gar nichts mehr.«

Sie brauchten eine gute halbe Stunde, um ihm alles genau zu erzählen. Am Ende war er noch immer ganz blaß, und

Gero sah, daß seine Augen feucht waren. »Ich habe euch so oft angeschnauzt, und ihr habt so tolle Sachen gemacht. Auch für mich. Bitte verzeiht mir«, sagte er und vergrub sein Gesicht in den Händen. Seine Frau nahm ihn in die Arme, und Gero legte den Arm von der anderen Seite um ihn. »Ist ja gut, Liebster«, sagte sie. »Jetzt wird ja alles besser, Papa«, sagte Gero.

»Ja«, sagte sein Vater. Er hielt sich immer noch an den beiden fest. »Aber ich kann es immer noch nicht wirklich fassen. Es ist so unglaublich.«

»Wieso denn unglaublich, Papa«, sagte Gero. »Es ist doch allgemein bekannt: Am Ende des Regenbogens liegt immer ein Schatz.«

Bücherwurm und Leseratte

Bücherwurm und Leseratte hatten es sich, wieder einmal, auf Schiller und Goethe, der Gesamtausgabe, bequem gemacht. War einer ihrer Lieblingsplätze. Sie waren die Bibliotheksgeister der Stadtbibliothek von Hollerstedt, einer kleinen, sehr alten Stadt zwischen den Wäldern. Es wuchs noch immer viel Holunder dort. Beide hatten immer zu tun. Sie paßten auf die Bücher auf, sorgten dafür, daß die Ordnung gehalten wurde, aber ihre Hauptaufgabe als Geister war es, die Leser zu leiten. Sie kannten sie alle, und wenn sie jemanden noch nicht kannten, so erkannten sie doch sofort, was er brauchte. Dafür waren sie eben Geister.

Vor einer Viertelstunde erst hatte der Bücherwurm Hans Meinert, Architekturstudent, als der durch die Regale schlenderte, ins Gehirn gepustet, sich das Buch von Erhard Thomasius, einem berühmten Architekten des 17. Jahrhunderts, vorzunehmen. Jetzt saß Meinert am Lesetisch und würde nicht mehr aufhören zu lesen, so nützlich fand er das, was er las. So machten sie es immer. Und die Hollerstedter liebten ihre Bibliothek deswegen und waren stolz auf sie.

Selbst die Hollerstedter, die nichts mit Büchern im Sinn hatten, waren stolz auf die Stadtbibliothek, denn die war groß und bestand seit dem 18. Jahrhundert. Sie war voll von alten und natürlich auch neuen Werken, darunter echte Buchkostbarkeiten aus allen Zeiten. Auf einer Auktion würden Liebhaber solcher Erstausgaben und Seltenheiten viel, viel Geld zahlen. Aber selbstverständlich dachte niemand daran, die Schätze wegzugeben. Die kostbarsten und interessantesten standen und lagen im musealen Schauraum hinter luftdicht verschlossenen Glastüren und in Glastischen (luftdicht, weil hundert Jahre altes Papier sehr empfindlich ist und schnell zerfallen kann.) Wissenschaftler kamen manchmal von weit her angereist, um ein seltenes Werk hier zu studieren. Und das schöne alte Bibliotheksgebäude, es stand unter Denkmalschutz, beeindruckte die Fremden auch.

Bücherwurm, ein schlanker, in einem schwarz-rot geringelten Anzug gekleideter Herr mit riesengroßen Augen, und Leseratte, eine Dame in braun-goldenem Fellkleid, schwarzäugig und niedlich spitznasig, warteten jetzt auf Lisa. Lisa war ihr Lieblingskind unter den Lesern. Sie mochten alle ihre Stammleser, aber Lisa, die jüngste unter den treuesten Lesern, mochten sie besonders, weil sie so sehr viel las, weil sie sehr klug war, weil sie sehr nett war und weil Leseratte und Bücherwurm immer das Gefühl hatten, Lisa wisse, daß sie beide da waren. Auch Geister werden gern gesehen, wenn man sie gerne sieht. Und Lisa blickte manchmal vom Buch hoch auf das Fach in einem Regal, auf dem die beiden gerade saßen, und lächelte. Und dann las sie weiter. »Sie kennt uns«, sagten die beiden. Und deshalb war Lisa ihr Lieblingskind.

Die Schule, in einem ebenso schönen, ebenso alten Haus gleich neben der Bibliothek, war aus. Lisa würde zu ihrer Mutter in den Friseurladen gehen, schnell Mittag essen, Hausaufgaben machen und danach in die Bibliothek kommen und lesen. Sie saß stets in der Regalnische am Ende des Lesesaals, wo es zum Schauraum ging. Das war ihr Stammplatz, und Bücherwurm und Leseratte sorgten dafür, daß sich kein anderer Leser an den kleinen Tisch da setzte. Mit einer Ausnahme: Frank. Den hätten die beiden gern an Lisas Tisch gesehen. Sie fanden, die beiden paßten gut zusammen. Auch Frank war gescheit, ruhig, freundlich und las genauso gern und viel wie Lisa. Die hatte ihn sogar in die

Bibliothek eingeführt, als er vor einem halben Jahr in die Hollerstedter Schule gekommen war, weil seine Eltern nach Hollerstedt gezogen waren. Aber Frank setzte sich immer vorn an den großen, langen Lesetisch, obgleich er wußte, daß Lisa hinten in ihrer Nische saß. »Warum geht er nicht zu ihr?« fragte Leseratte. »Er ist zu schüchtern«, sagte Bücherwurm, »ich hab ihm schon zweimal eingepustet, doch zu Lisa zu gehen. Er möchte, aber er traut sich nicht.«

»Und ich«, sagte Leseratte, »habe ihr schon zweimal eingepustet, ihn zu sich zu bitten. Aber sie ist auch zu schüchtern.«

»Wird schon werden, Ratti«, meinte er.

»Denk ich auch, Wurmi«, sagte Leseratte. »Da kommt sie. Guck mal, irgendwas ist heute passiert in der Schule, ich kann es aber nicht ganz erkennen.«

»Ich auch nicht«, sagte Bücherwurm. »Sieht so aus, als ob Lisa mal auf den Tisch gehauen hätte. Ist doch gar nicht ihre Art. Was war denn da los?«

Die beiden Gehirngucker hatten richtig geguckt. Bis vor kurzem hatte es in Lisas Klasse, der sechsten, wenig Ärger gegeben, im allgemeinen kamen sie alle gut miteinander aus. Sie kannten sich ja auch alle schon vom ersten Schultag an. Und nicht nur sie, schon ihre Eltern und Großeltern und Urgroßeltern waren Schulkameraden. Sicher, es gab mal kleine Kabbeleien, ein wenig Streit hier, Meinungsverschiedenheiten da. Aber es wurde nicht Ernstes daraus. Siegi, der Computerfreak der Klasse, hatte beispielsweise ein paar Mal mit Lisa gemeckert. »Ewig steckst du deine Nase in Bücher. Setz dich lieber vor'n Computer. Im Internet findest du alles, was du wissen mußt.«

»Aber nicht alles, was ich wissen will«, hatte Lisa geantwortet. »Und Gedichte hab ich nun mal lieber als Ballerspiele.«

Siegi hatte dann auch Ruhe gegeben. Aber jetzt war es mit der Ruhe vorbei. Siegi hatte sich auf Frank eingeschossen. Jeden Tag ließ er irgendeine Bosheit los. »Bücher lesen kann er, aber die Tastatur vom Computer kann der mit Sicherheit nicht entziffern. Wenn du dem die Maus in die Hand gibst, denkt der, das ist 'n Brötchen.«

Frank hatte auf das Gerede kaum geantwortet, es war ihm zu dumm. Und daß er mit dem Computer seines Vaters durchaus umgehen konnte, hatte er nicht gesagt.

Als Siegi nun heute, weil er gesehen hatte, wie Frank in der Pause ein Buch aus der Mappe nahm und anfing zu lesen, wieder loslegte: »Der Opa Frank kommt in seinem Leben nie im Internet an«, da riß Lisa der Geduldsfaden.

»Hör mit dem Gegifte auf«, fauchte sie Siegi an. »Dauernd käst du Frank an. Und warum? Weil er nicht genau so ist wie du. Und du merkst nicht mal, was das für ein Schwachsinn ist. Die Menschen sind verschieden, Mann! Kein Mensch gleicht dem anderen. Jeder Mensch ist was Besonderes. Und das hier ist ein Klassenzimmer voller Menschen. Menschen! Und nicht ein Topp voll Regenwürmer.« Die Klasse hatte gegrinst. Und Siegi war still. Frank hatte sie mit großen Augen angesehen, aber nichts gesagt. Als Lisa nun in ihrer Büchernische saß, kam Frank herein. Diesmal setzte er sich nicht vorn an den langen Tisch. Er kam nach hinten zu Lisa und fragte höflich: »Darf ich mich zu dir setzen?«

»Na klar«, sagte Lisa, »freut mich.«

»Mich auch«, sagte Frank.

»Na endlich«, sagte Bücherwurm, »wurde auch Zeit.«

»Dafür werden die beiden jetzt auch Freunde fürs ganze Leben bleiben«, sagte Leseratte höchst befriedigt.

Und so ging es wieder ruhig zu in der Klasse. Und in Hollerstedt auch. Bis das Schicksal zuschlug. Der Schicksalsschlag traf die ganze Stadt. Was war geschehen? Michael Graubund, der reichste und einer der angesehensten Bürger der Stadt, die Familie Graubund lebte seit mindestens 1480 in Hollerstedt, starb bei einem Reitunfall. Er hatte weder Kinder noch nahe Verwandte. Das beträchtliche Erbe fiel an einen entfernten Verwandten, der noch nie in Hollerstedt gewesen war. Als er kam und das Erbe antrat, fiel der Schicksalshammer auf Hollerstedt. Die Grundstücke und die beiden Gebäude, Schule und Bibliothek, waren Eigentum der Graubunds. Seit dem Jahre 1795 zahlte die Stadt Hollerstedt jedes Jahr Pachtgeld und war verpflichtet, für Pflege und Instandhaltung der Grünanlagen und Gebäude zu sorgen. Die Pacht war sehr niedrig, und, obgleich im Laufe der zwei Jahrhunderte etwas gestiegen, konnte sich die Stadt die Summe noch immer leisten. Johannes Gottlieb Graubund, welcher 1795 diesen Pachtvertrag mit der Stadt schloß, hatte dies unter der Bedingung getan, daß eine »allgemeine Schule«, damals durchaus noch nicht überall üblich, und eine Bibliothek eingerichtet werden. Bis in die Gegenwart hatte dieser Vertrag gehalten.

Der Erbe kündigte die Pacht sofort. Der Grund für diese böse Entscheidung war sehr einfach. Land und die schönen, denkmalgeschützten, wohlgepflegten Häuser darauf waren im Laufe der Zeit im Wert gewaltig gestiegen. Der Mann wußte, daß er das Ganze für eine Riesensumme Geldes verkaufen konnte. Er konnte sein ohnehin großes Erbe glatt verdoppeln. In welche Schwierigkeiten er die Stadt und die Hollerstedter damit brachte, war ihm völlig gleichgültig. Er blieb unerbittlich. Und die Schwierigkeiten waren fast unüberwindlich. Für einen Schulneubau, einen Bibliotheksneubau hatte die Stadt kein Geld. Als Ausweichquartier zu nutzende Häuser gab es in der kleinen Stadt auch nicht. Der große Bücherbestand mußte irgendwo sicher zwischengelagert werden. Und die Kinder! Die Schüler mußten sich auf die Schulen im Umland verteilen. Keine dort war groß genug, um alle Hollerstedter Schüler aufzunehmen. Die Hollerstedter Familien waren entsetzt über diese Aussicht. Ihr ganzer Alltag würde sich verschlechtern. Es ist ein Unterschied, ob Fritzchen um dreiviertel sieben aufstehen muß oder um halb sechs Uhr, um bloß den Bus nicht zu verpassen. Und Mittagessen bekam er nicht um halb zwei oder halb drei, sondern um halb vier oder um vier. Auch die nicht unmittelbar betroffenen Hollerstedter waren wütend. Eine Stadt, und ausgerechnet Hollerstedt, ohne Schule! Das war eine Schande. »Und die Kleinen, erst recht die Sechs- und Siebenjährigen, das ist doch eine Zumutung für die, solch ein Schulweg!« hieß es.

Auch in den Klassen der Schule war die Stimmung mehr als mies. Seit der ersten Klasse waren sie alle zusammen, und jetzt sollten sie auseinandergerissen werden und in ganz fremde Klassen hineinkommen. Vielen wurde erst jetzt klar, daß in ihrem Zusammenhalt eine Menge Freundschaft steckte, die sie nicht missen wollten. Und der Zeitaufwand! »Bei den Schulwegen, wenn du da Mittag gegessen hast und die Hausaufgaben gemacht hast, darfst du ja schon wieder ins Bett, damit du morgens ausgeschlafen bist. Fußball spielen oder ›Mensch ärgere dich nicht‹ ist da ja kaum noch drin.«

»Mist, verdammter Mist«, so ging es in jeder Pause. Die Stimmung wurde immer düsterer. Bürgermeister und Stadtrat hatten den Erben nur mit großer Mühe dazu bewegen können, die Räumung noch drei Monate hinauszuschieben. Aber die Zeit steht bekanntlich nicht still, mit jedem Tag, der verging, sah die Welt der Hollerstedter Kinder schwärzer aus.

An einem Freitagabend, kurz vor Schluß, saßen Lisa und Frank noch in der Bibliothek, in ihrer Ecke. Sie waren die Letzten im Lesesaal. Draußen heulte und tobte ein wütender Sturm, Regen ergoß sich aus den bekannten Himmelseimern, diesmal waren es besonders große Eimer. Leseratte und Bücherwurm standen hinter ihnen in den Regalen und hielten sie gespannt im Auge. Plötzlich gab es einen fürchterlichen Krach, es klirrte und splitterte, wie nur Glas klirrt. Die beiden sprangen auf. »Das Fenster im Schauraum!« Sie rannten zur Tür. Als sie die öffneten, schlug ihnen der Regen bereits ins Gesicht, so stark war der Sturm. Frank knipste das Licht an, und sie sahen die Bescherung. Ein großer Ast der Kastanie, die vor einem Fenster stand, abgerissen vom Sturm, hatte das Fenster zerschmettert, und den einen Vitrinentisch aus der Verankerung gekippt, dessen Glasscheibe war ebenfalls zerschmettert. Überall lagen die Glasscherben herum, dazwischen die sechs Bücher aus dem Vitrinentisch. Und über allem der abgebrochene Ast, an dem das Wasser herunterlief. Auf die Bücher. Sie rissen die Bücher an sich, der Einband des einen war beim Sturz aufgebrochen, sprangen zurück in den Lesesaal und schlossen schnell die Tür. Frank zog sein Handy aus der Tasche und rief den Empfang, Frau Olmers, an, die Nummer hatte er im Speicher, und sagte ihr, was los war. »Ich komme«, rief die erschrocken. Im gleichen Augenblick kamen Dr. Mirbach und Dr. Winslau aus dem Direktionszimmer von Dr. Mirbach, dem Direktor der Bibliothek. Er hatte mit Dr. Winslau, dem Justitiar und Stadtrat, beraten, was man tun könne, um öffentliche Gelder für die Rettung der Bücher zu bekommen. Die drei rasten die halbe Treppe zum Lesesaal hoch, riefen Frau Kossak, der Putzfrau, noch zu, den Hausmeister zu alarmieren und rannten in den Lesesaal.

Was dann geschah, vergaßen die drei ihr Leben lang nicht. Sie sahen, wie Lisa und Frank zwei Papiertaschentücher auf die Innenseite eines aufgerissenen Einbandes legten, um die Feuchtigkeit aufzusaugen. Sie sahen, wie Frank vorsichtig das nasse Taschentuch hochhob, sie sahen, wie das Einbandpapier sich mühelos löste und am Taschentuch haften blieb. Sie sahen, daß an der Ecke des Einbandpapiers ein Schriftstück hing, das wie ein kreuzweise gefalteter Brief mit Siegel aussah. Sie sahen, wie Lisa schnell ihre offene Hand darunter hielt. Sie sahen, wie das Schriftstück in Lisas Hand fiel und wie sie die schnell zurückzog.

Was sie nicht sahen, waren Bücherwurm und Leseratte, die

immer, wenn es nötig war, auf das Papier pusteten. Sie standen alle da und starrten auf die Schrift. Altertümlich war die Schrift und ein wenig verblaßt, aber immer noch gut lesbar. Dr. Mirbach las laut: »Letzter Wille und Testament von Johann Gottlieb Graubund. Den 23. Januarius 1797. Zu Hollerstedt.«

»Also hat er doch ein Testament hinterlassen«, sagte Dr. Winslau. »Ich bin jetzt die ganzen Unterlagen aus der Zeit im Stadtarchiv durchgegangen. Es gab kein Testament. War ja auch nicht unbedingt nötig. Er hatte nur einen Sohn, mit dem er zusammenlebte, und der erbte natürlich.«

»Ich muß erstmal in den Schauraum«, sagte Dr. Mirbach, »dann machen wir hier weiter.«

»Legen wir es solange in meine Dokumentenschatulle«, sagte Dr. Winslau und nahm eine flache Metallschachtel aus seiner Aktentasche. »Da ist es erstmal sicher.« Vorsichtig wurde das ungeöffnete Testament hineingelegt. »Es ist vollkommen trocken«, sagte Winslau.

Der Hausmeister und Frau Kossak kamen angerannt. Sie hatte einen Stapel Trockentücher, er eine Rolle dicker Plastikfolie dabei. Als erstes warfen sie den Ast aus dem Fenster, und der Hausmeister pinnte Folie vor das eingeschlagene Fenster. Sie überprüften, ob noch weiterer Schaden entstanden war. Erfreulicherweise war sonst alles in Ordnung, nur die Glasscheiben der anderen Ausstellungsmöbel waren feucht geworden. Die beiden machten sich an die Arbeit. Dr. Mirbach kam in den Lesesaal zurück. »Kinder«, sagte er, »Kinder, wenn ihr beide nicht so schnell und so gescheit gewesen wäret, ich will mir gar nicht vorstellen, was für ein Schaden da entstanden wäre.«

»Nun, das Testament wäre jedenfalls bloß noch Papiermatsch«, sagte Dr. Winslau. »Ich schlage vor, wir öffnen es.«

»Dürfen wir das?« fragte Mirbach. »Sicher«, sagte Winslau: »Ich bin Rechtsanwalt und Notar, Justitiar und Stadtrat, und

Zeugen sind hier genug, holen Sie die beiden aus dem Schauraum noch dazu, dann sind wir sieben.« Vorsichtig zerbrach er das wächserne Siegel, entfaltete das Schriftstück und überflog den Text. Er sah auf: »Um mich in der Sprache unserer Kinder auszudrücken«, sagte er, »das ist der Hammer.« Und dann las er vor: »Ich, Johann Gottlieb Graubund, geboren den 12. März 1731 zu Hollerstedt, vermache und vererbe meine gesamten Besitztümer meinem geliebten Sohn Johann Christoph Graubund, mit einer Ausnahme: Die Flurstück Nr. 17 und Nr. 18 am Riedmühler Weg zu Hollerstedt mitsamt allen darauf befindlichen Gebäuden und Baulichkeiten vermachte und vererbe ich der Stadt Hollerstedt zum Eigentume. Sie möge, dies ist meine Bedingung, die zu erfüllen ich von den Vätern der Stadt erwarte, die Gebäude stets und alle Zeit dem gegenwärtigen Nutzen erhalten. Die Schule soll stets und immer die Städte der Erziehung und Bildung der Hollerstedter Kinder sein. Die Bibliothek soll stets und immer das geistige Leben der Bürger meiner Stadt bereichern. Johann Gottlieb Graubund, den 23.1.1797. Zeugen Mathias Messmer, Friederieke Hammerschmied.«

Einen Augenblick waren alle ganz still. »Das ist allerdings ein Hammer«, sagte Dr. Mirbach dann, »und ein goldener dazu, wenn das Testament denn noch gilt.«

»Es gilt«, sagte Dr. Winslau, »insbesondere, da die Stadt Hollerstedt zweihundert Jahre lang Pachtgeld gezahlt hat für etwas, das ihr gehörte.«

»Und getan hat, was Herr Graubund wollte«, sagte Lisa. »Wir gehen noch immer in dieselbe Schule, die er eingerichtet hat.«

»Und hier haben wir bis vor einer Dreiviertelstunde noch römische Geschichte in Büchern aus der Stadtbibliothek gelesen«, sagte Frank. »Alles so, wie Herr Graubund es wollte.«

»Stimmt«, lachten die Erwachsenen. »Scherben bringen also wirklich Glück«, sagte Frau Kossak, »und ich weiß, wovon ich rede. Meine Franzi ist sechs, mein Schorsch ist sieben. Mir war die ganze Zeit jetzt schon angst und bange. Diese Scherben fege ich jetzt aber richtig mit Dankbarkeit auf.«

»Ihr wart großartig, ihr beiden«, sagte Mirbach. »Wenn ihr nicht so schnell und so besonnen zugepackt hättet, wäre da nur noch Papiermatsch gewesen und kein Testament.« »Wir müssen gleich den Bürgermeister anrufen«, sagte Winslau.

Der kam zehn Minuten später mit fast allen Stadträten angesaust. »Ich kann es gar nicht glauben«, sagte er. »Das ist ja zu schön, um wahr zu sein.«

»Ist aber wahr«, sagte Mirbach. »Unsere Lesekinder haben es wahr gemacht.« Er war gerade dabei, das Dokument zu photographieren. »So, jetzt ist es im Kasten«, sagte er, »und jetzt kommt es erstmal in den Safe.«

Sie unterhielten sich noch ein wenig, alle waren ja noch aufgeregt und froh ob der guten Kunde. Und natürlich bekamen Lisa und Frank von allen ein dickes Lob. Als sie schließlich fort waren, sagte Bücherwurm: »Die sind jetzt richtig glücklich. Haben wir doch gut gemacht.«

»Haben wir«, sagte Leseratte. »War zwar ein bißchen gewagt mit dem Fenstereinschmiß, aber ist ja alles gut gegangen.«

»So gewagt war es auch wieder nicht«, sagte Bücherwurm. »Wir haben den richtigen Zeitpunkt erwischt. Kastanie hat ja schließlich Grips genug und froh, den faulen Ast nutzbringend loszuwerden, war sie auch. Und die Kinder erst!«

»Die haben mir echt imponiert«, sagte Leseratte. »Wir haben denen überhaupt nichts einpusten müssen. Haben ganz von allein alles richtig gemacht.«

Bücherwurm grinste. »Ist eben das Ergebnis unserer vortrefflichen Erziehung!«

Gleich am nächsten Morgen unterrichtete der Bürgermeister den Erben von der Entdeckung des Testaments und wies die Kündigung der Pacht amtlich zurück. Wie nicht anders zu erwarten, bezeichnete der Erbe das Testament sofort als Fälschung. Damit hatte Dr. Winslau gerechnet. Er hatte, ebenfalls sofort, den Schriftsachverständigen des Landeskriminalamtes um ein Gutachten gebeten. Da jede Menge handschriftlicher Notizen und Anweisungen des Bürgermeister Johann Gottlieb Graubund noch im Stadtarchiv lagen, gab es Vergleichsmaterial zur Genüge. Der Sachverständige brauchte kaum eine Viertelstunde beim Schriftvergleich am Computer, als feststand: Eine Anweisung des Bürgermeisters, datiert 5.8.1782, betreffend ein Wegerecht und das Testament sind von ein und demselben Manne geschrieben worden. Die gleiche Handschrift auf beiden Schriftstücken.

Dann wies der Erbe einen Anwalt an, Klage vor Gericht zu erheben, um das Testament ob seines Alters für ungültig zu erklären. Der Anwalt, Fachgebiet Erbrecht, schüttelte den Kopf. »Sinnlos«, sagte er. »Das Testament ist gültig. Zumal die Stadt genau die Bedingung, welcher der Erblasser im Testament stellte, zweihundert Jahre lang, bis auf den heutigen Tag, erfüllte. Nämlich Schule und Bibliothek zu erhalten. Und zweihundert Jahre lang für ihr Eigentum Pacht gezahlt hat. Eine Summe kommt da zusammen, die nach heutigem Geld etwa eineinhalb Millionen ausmacht. Dieses Geld hat zum Erhalt und Wachstum des beträchtlichen Vermögens der Familie Graubund beigetragen, und Sie sind der Erbe dieses beträchtlichen Vermögens. Ich rate Ihnen dringend: Ziehen Sie die Kündigung der Pacht sofort zurück und erkennen Sie das Testament an. Denken Sie auch an die Presse. Die wird sich ohnehin aufgrund der ungewöhnlichen Umstände und der abenteuerlichen Auffindung auf die Geschichte stürzen. Wie stehen Sie da, wenn Sie den Willen des Gründers von Schule und Bibliothek anfechten, den Willen, der dazu noch von zwei Kindern entdeckt wurde, die in die Schule gehen, die Sie rausschmeißen wollen, und in der Bibliothek saßen, der Sie kündigten. Sie sind Geschäftsmann, Sie ruinieren Ihren Ruf. Noch einmal: Erkennen Sie das Testament an.« Zähneknirschend tat der Erbe, was ihm sein Anwalt geraten hatte.

Am Donnerstag brachte die »Hollerstedter Rundschau«, das Lokalblatt, gewöhnlich Beilage der Landeszeitung, ein Extrablatt heraus. Darin informierte der Bürgermeister die Hollerstedter, daß laut so eben entdecktem Testament J. G. Graubunds die Schule und die Bibliothek Eigentum der Stadt seien. Der Erbe habe das Testament anerkannt, die Kündigung sei nunmehr gegenstandslos. Die betreffende Stelle des Testaments wurde abgedruckt. Dann folgte ein ausführlicher Bericht über die Entdeckung des Testaments und kurze Interviews mit den sieben Zeugen. Lisa und Frank wurden von dem Reporter befragt, wie sie so schnell und so richtig handeln konnten und so das Testament retteten. Die beiden, so berichtete der Reporter, hätten ihn nur erstaunt angeguckt. Lisa sagte: »Na, man kann doch Bücher nicht vom Regen aufweichen lassen.« Frank sagte: »Da gehen die doch kaputt. Erst recht so alte, wie die Erstausgabe vom Simplizissimus von 1669!«

»335 Jahre altes Papier und Regen drauf!« sagte Lisa.

»Das wird doch Matsch«, sagte Frank.

»Und ein zweihundert Jahres altes Schriftstück ebenfalls«, sagte Dr. Mirbach.

»Wurde es aber nicht, weil die zwei da nun mal Bücher lieben.«

»Sie wollten die Bücher retten«, sagte Frau Olmers, »und haben die Bibliothek gleich mitgerettet. Und die Schule auch.«

»War doch praktisch«, sagte Lisa.

Die Hollerstedter verschlangen die Extraausgabe der Rundschau geradezu. Und atmeten auf. Es waren ja schon Gerüchte umhergeschwirrt, aber niemand hatte so recht an ein gutes Ende zu glauben gewagt. Nun war es amtlich. Schule und Bibliothek waren gerettet. Alle ihre berechtigten Sorgen und Ängste vor einer schwierigen Zukunft hatten sich in Luft aufgelöst. Genauer, waren vom Sturm weggefegt, vom Regen weggespült worden. Natürlich waren alle höchst vergnügt. Frank und Lisas Eltern bekamen eine Menge Komplimente für ihre Kinder zu hören. Und Lisa und Frank auch. Die Mitschüler fielen ihnen beinahe um den Hals, so froh waren alle, daß sie nicht in fremde Schulen auswandern mußten. An diesem Abend haben eine Menge Hollerstedter tüchtig gefeiert. Auch die Schule, Eltern und Lehrer und die Direktorin, brachten es fertig, aus dem Stand ein Vergnügen auszurichten mit einer kleinen Dankesansprache für Lisa und Frank. Die Schulband und eine Band aus Eltern machten Musik. Alle tanzten und schwatzten vergnügt, bis es hieß: »Schluß. Die Kinder müssen ins Bett.« Ob des Gejammers, das da ausbrach, mußte die Direktorin lachen. »Gut, gut«, sagte sie. »Ausnahmsweise fällt morgen die erste Stunde aus. Noch drei Tänze! Aber mehr nicht.«

Und noch ein Fest gab es. Davon merkten die Hollerstedter aber nichts, obwohl es ein sehr großes Fest war. Bücherwurm und Leseratte hatten es organisiert. Alle Buchgeister waren eingeladen. Man muß wissen: Die Figuren in den Büchern schlafen tief und fest. Nur wenn ein Mensch das Buch liest, wachen sie auf und werden lebendig. In den letzten zwei Monaten hatten aber alle schlecht geschlafen. Manche hatten sogar Albträume gehabt. Keiner wollte doch aus seiner schönen Heimatbücherei ausziehen. Und in Kisten verpackt in irgendwelchen kahlen Lagerräumen jämmerlich rumliegen, ohne gelesen zu werden. Scheußliche Vorstellung! Und nun war alles gut geworden. Ihre Heimat war gerettet. Da hatten sie alle Lust zu feiern. Natürlich waren nur die guten eingeladen, die bösen und miesen Typen der Buchgeister hatten Leseratte und Bücherwurm in doppelten Tiefschlaf versetzt.

Die beiden arbeiteten hart den ganzen Tag. Und nicht nur sie. Die Geisterköche des Kochbuchregals zauberten ein leckeres kaltes Bufett. Hätte ein Nichtgeist es gesehen, wäre er gar nicht darauf gekommen, daß es Geisterspeisen waren. Gebackene Blütenblätter, Lavendelbrot, Pistazienbrot und Honigbrot. Sechs Sorten Nußbutter von sechs verschiedenen Nußsorten, panierte Bovistschnitzel, in Weinlaubblätter gerollte Tiefseealgen für die, die es salzig mochten, Seetangsüppchen und Kirschsüppchen, sieben verschiedene Obstsalate und vieles mehr. Zu trinken gab es natürlich Nektar, Honigbier und feine Tees. Die Musikabteilung stellte derweil das Tanzmusikprogramm zusammen quer durch die Jahrhunderte, versteht sich. Von Quadrille bis Rock'n'Roll, von Menuett bis Samba, für jede Zeit was Passendes.

Bücherwurm und Leseratte hatten große Mengen Mondstrahlen abgeschnitten und in Bögen an die Decke gehängt. Das gab ein schimmerndes, geheimnisvolles Licht. Eine schmeichelhafte Beleuchtung für die Damen. Die Abteilung Innenarchitektur hatte sich wirklich was einfallen lassen! Geisterstühle. Wollte sich ein Gast setzen, brauchte er nur drei Finger zu heben, und der Stuhl stand hinter ihm, benötigte er ihn nicht mehr, mußte er nur mit einem Finger auf den Stuhl deuten, und der Stuhl verschwand wieder. Sehr nützlich bei so vielen Gästen. Eine Bühne hatten sie am Ende des Lesesaales vor die Tür des Schauraumes aufgestellt. Zur Einstimmung sollte ein kleines unterhaltendes Programm geboten werden. Die Tür zum Schauraum blieb offen für die Auftritte, davor aber ein Vorhang aus weißem, dichtem Nebel, verziert mit Perlenschüren aus Sternenlicht.

Pünktlich um zwölf Uhr, zur Geisterstunde, erklang ein silberner Glockenschlag. Der Saal füllte sich im Nu. Da kam Frau Holle, da sah man Goethes Faust, da waren Preußlers kleines Gespenst mit seinem Uhu und da Novalis' Hyazinth und Rosenblüt und Tolkiens Frodo kam und, und, und – wenn man alle Gäste aufschriebe, die Gästeliste würde von hier bis Rom reichen. Die Gäste nahmen Platz, die Geisterstühle standen selbstverständlich bereit. Ein zweiter Glockenschlag!

Bücherwurm und Leseratte traten durch den Vorhang. Sie hießen die Gäste willkommen, und Bücherwurm sagte: »Zu Beginn unserer kleinen Schau wollen wir einen Mann begrüßen, der zweihundert Jahre lang das Testament behütete und diesen Schatz im rechten Augenblick freigab. Hier ist Herr von Grimmelshausens Simplizius Simplizissimus!«

Simplizissimus betrat die Bühne. Er kam gleich zweifach, als kleiner Junge Simpel und als erwachsener Mann Simplizius. Die Gäste begrüßten sie mit Hoch- und Bravo-Rufen. Die beiden verbeugten sich und nahmen in der vordersten Reihe Platz.

»Und nun, meine Damen und Herren«, sagte Leseratte, »haben wir das Vergnügen, Herrn Wielands Elfen zu bewundern.« Ein Satz aus Mozarts »Kleiner Nachtmusik« ertönte, das Elfenballett, goldbeflügelt, zartgrün gewandet, schwebte herein. Ihre goldenen Flügelchen leuchteten auf im Takt der Musik, ihre grünen Röckchen wippten wie die ersten Blätter im Frühlingswind. Es war ein entzückender Tanz. Obgleich die Zuschauer wußten, wie gut Elfen tanzen können, waren sie doch wieder hingerissen von ihrer Kunst. Es gab großen Beifall.

»Und jetzt«, sagte Bücherwurm, »hören Sie etwas, das noch nie gehört wurde. Ein einzigartiges Trio. Das Trio: Herrn Andersens Meerjungfrau, Herrn De la Motte Fouques Undine und Herrn Heines Loreley! Lauschen und genießen Sie!« Die drei Damen, in schimmernden Kleidern, von goldenen Haaren umflossen, glitten auf die Bühne, zarte Harfentöne klangen und sie sangen so betörend, wie nur Nixen singen können, ihr Lied:

> Der Wind streichelt zärtlich die Wellen
> Die Wellen küssen den Wind
> Laßt uns zu den Inseln fahren
> Wo die Träume zu Hause sind.

> Wo auf den goldenen Stränden
> Von Blütenduft umweht
> Von der Vögel Lied umklungen
> Die Zeit, die schnelle, stille steht.

> Hier landen keine Sorgen
> Hier sind die Träume wahr.
> Trägst du den Kurs im Herzen
> Dein Leben wird wunderbar.

Rauschender Beifall! Als der nicht enden wollte, sagte Faust zu Frodo, der neben ihm saß: »Verführerisch und bedenklich. Mit welchem Schiff kommt man zurück in die Wirklichkeit? Die Strophe fehlt.«

»Die Strophe gibt es nicht, weil es das Schiff nicht gibt, Herr Doktor«, grinste Frodo. »Wer da weg will, muß Langstreckenschwimmer sein.« Faust mußte lachen.

»Wir haben die Freude und die große Ehre, begrüßen zu dürfen«, sagte Leseratte, »Sir Monmouths Zauberer. Hier ist der große Merlin!« Das Publikum stieß einen bewundernden Seufzer aus. Merlin trat, von Beifall empfangen, auf die Bühne. Er trug ein einfaches schwarzes Gewand. Auf der linken Brust eine Stickerei aus funkelnden Edelsteinen. Er wartete, bis der Beifall verklang. Dann hob er die rechte Hand; den Handrücken nach oben haltend, zog er einen großen Bogen durch die Luft. Ein Regenbogen erschien. Leuchtend in all seinen Regenbogenfarben, stand der Bogen vor den Zuschauern. Die staunten und klatschten. Merlin verbeugte sich, hielt seine offene linke Hand vor sich, und der Regenbogen glitt langsam in seine offene Hand hinein und verschwand. Merlin lächelte und machte mit dieser offenen Hand eine Geste, als ob er etwas in den Zuschauerraum werfen wollte. Er hatte tatsächlich etwas geworfen. Alle Damen, ob groß, ob klein, hatten plötzlich ein Krönchen aus Regenbogen im Haar. Die Zuschauer waren hingerissen, und Merlin ging unter Beifall ab. Die Krönchen blieben.

Danach traten die Bremer Stadtmusikanten auf. Sie spielten, sie kamen ja aus einer Hafenstadt, ein Seemannslied: »La Paloma«.

»Und nun«, sagten Bücherwurm und Leseratte, »werte Gäste: Der Ball ist eröffnet!«

Johann Strauß hob den Taktstock vor einem unsichtbaren Orchester. Ein Walzer erklang, Bücherwurm verbeugte sich vor Leseratte, sie begannen den ersten Tanz des Abends auf der Bühne.

Und dann tanzten sie alle. Die Stühle waren verschwunden. Im Saal war ein einziges Gewoge von Glanz und Schimmer. Alle großen und kleinen Damen sahen traumhaft schön aus mit ihren Regenbogenkronen, was die Herren, die großen und die kleinen, sehr wohl bemerkten. Man lachte, stellte sich einander vor, tanzte, plauderte, tanzte, lernte sich kennen, unterhielt sich und tanzte wieder. Alle waren guter Laune.

Wenn ein Klatschreporter da gewesen wäre, was natürlich nicht der Fall war, der hätte mit seiner Klatschkolumne eine ganze Druckseite füllen können. Angefangen mit Shakespeares Oberon und Titania, nun wieder versöhnt – sie hatten sich ja mächtig in den Elfenhaaren gehabt –, die einen so atemberaubenden Tango tanzten, daß die anderen Paare Platz machten, um ihnen bewundernd zuzusehen.

Oder wie Hauffs Zwergnase und Collodis Pinocchio auf den ersten Blick ein Herz und eine Seele wurden. Die Nacht blieben die beiden unzertrennlich. Pinocchio hätte sich nie getraut, Schneewittchen um einen Tanz zu bitten, wenn Nase nicht hinter ihm gestanden hätte.

Schillers Wilhelm Tell war ständig von einer ganzen Wolke von silberflügligen Elfen umschwärmt, Mörikes Elfchen. Sie wetteiferten sogar darum, welche von ihnen auf seiner Schulter landen durfte. Na ja, er war eben ein Held.

Milners Pu der Bär und der gestiefelte Kater hockten bei den Bremer Stadtmusikanten, weil sie deren Musik so bewunderten. Der Esel lud Pu sogar ein, auf ihm zu reiten.

Defoes Robinson Crusoe und Sindbad der Seefahrer, hatten sich gleich angefreundet. Sie tanzten nur mit Schneeweißchen und Rosenrot, und wenn sie Pause machten, spannen sie den beiden Damen das schönste Seemannsgarn vor. Was die herrlich – na wie schon – spannend fanden.

Max und Moritz waren verrückt auf Rock'n'Roll. Sie konnten gar nicht genug davon tanzen. Und gar nicht so wenige der Elfen, die überall herumschwirrten, machten begeistert mit.

In der einen Nische saßen Christies Miss Marple, Lindsey Marcus Didius Falco und Doyles Sherlock Holmes. Die drei Privatdetektive tranken gemütlich Nektar und fachsimpelten über ihre Kriminalfälle.

Loreley flirtete die ganze Nacht mit Winnetou.

Goethes Zauberlehrling hing mit großen Augen förmlich an Merlins Munde, als der ihm erklärte, wie man einen Regenbogen zaubert. »Kann ich den dann, wenn ich's begriffen habe, auch an den Himmel zaubern?« fragte er. Merlin lachte. »Nein, mein Junge, dazu mußt du ein paar Klassen weiter sein.«

Der junge Simpel tanzte mit Carrolls Alice im Wunderland. Und verliebte sich in sie so sehr, daß er überhaupt nirgendwo anders hinsehen konnte als zu Alice. Die lächelte ihn an und tanzte sehr, sehr oft mit ihm.

So ging es die ganze Nacht hindurch bis zum Morgengrauen. Da war das Büfett alle, der Nektar und der Tee ausgetrunken. Die Mondstrahlen wurden blasser. Nur die Regenbogenkrönchen leuchteten noch immer. Als der letzte Mondstrahl erlosch, der letzte Ton verklang, gingen alle müde und vergnügt in ihre Bücher schlafen. Diesmal hatten sie schöne Träume.

Leseratte und Bücherwurm sausten noch durch die Räume und pusteten die Ordnung wieder her. Und dann legten sie sich auf ihre Lieblingsgesamtausgaben von Schiller und Goethe.

»Guten Schlaf, Wurmi«, sagte Leseratte.

»Guten Schlaf, Ratti«, sagte Bücherwurm.

»Haben wir doch gut macht«, sagten beide und schliefen ein.

Am Morgen ging Frau Olmers, wie jeden Tag, durch die Räume, um nach dem Rechten zu sehen. Alles war wie immer, und doch nicht wie immer. Verwirrt blieb sie schließlich im Lesesaal stehen. Dr. Mirbach kam herein. Er wollte eigentlich in den Schauraum. Nach zehn Schritten blieb er stehen. »Frau Olmers«, sagte er verblüfft, »was duftet denn hier so?«

»Also riechen Sie es auch?« sagte Frau Olmers. »Ich dachte schon, meine Nase spielt verrückt. Es duftet wie alles mögliche, bloß nicht, wie Bücher riechen. Mal dachte ich, es ist Rose, dann wieder Maiglöckchen.«

»Ich dachte, ich rieche Flieder«, sagte Dr. Mirbach, »aber jetzt riecht es wie Lavendel, was ist das bloß? Bücher jedenfalls nicht.«

Lisa und Frank kamen herein. »Guten Morgen«, sagten sie. »Wir haben heute die erste Stunde frei. Wir wollten bloß schnell was nachsehen.«

Nach ein paar Schritten in den Saal blieben sie ebenfalls stehen.

»Hier riecht es aber gut«, sagte Lisa.

»Wie ein ganzer Blumenstrauß, wenn man die Nase reinsteckt«, sagte Frank.

»Also riecht ihr es auch«, sagte Mirbach.

»Es ist überall, in allen Räumen«, sagte Frau Olmers.

»Wir können uns nicht erklären, wo es herkommt«, sagte Mirbach.

»Ich hätte da 'ne Idee«, sagte Lisa, die wieder einmal, wie so oft, zu Schiller und Goethe hinüber gesehen hatte. »Aber das ist bloß eine Hypo-, Hypo-, wie geht das Wort noch weiter?«

»Hypothese, meinst du?« fragte Mirbach, »eine Annahme also?«

»Ja, aber Hypothese klingt so schön bedeutungsvoll«, grinste Lisa. »Meine Hypothese ist, daß Bücherwurm und Leseratte, Sie wissen schon, unsere Bibliotheksgeister, gestern nacht 'ne Party geschmissen haben, für die Buchgeister. Muß 'ne tolle Party gewesen sein, wenn man das überall noch riechen kann.«

»Eine hübsche Hypothese«, sagte Dr. Mirbach. »Aber Hypothesen müssen bewiesen werden.«

»Geister kann man nicht beweisen«, sagte Lisa.

»Sonst wären sie ja keine Geister«, sagte Frank.

»Auch wieder wahr«, sagte Dr. Mirbach.

Der ferne, wundersame Duft hing noch lange Zeit über den Büchern in der Stadtbibliothek von Hollerstedt, und wenn er nicht verduftet ist, dann duftet er noch heute.

Fräulein Lange

Ich war sechs Jahre alt, als sich meine Welt veränderte. Mein Vater hatte nach vier Jahren wieder Arbeit bekommen. Er war Feinmechaniker. Und meine Mutter backte jetzt für jeden Sonntag einen Kuchen, und ich kam in die Schule. Die war in der Zehdenicker Straße, im Norden von Berlin. In der Schule lernt man bekanntlich Lesen und Schreiben und Rechnen. Aber das konnte ich schon. Lesen sehr gut, Schreiben nicht ganz so gut, meine Schrift war krumm und schief, und bei manchen Wörtern wußte ich nicht, steckt da nun ein H drin oder nicht. Rechnen war gerade mal so so.

Ich mußte in der ersten Bank vorn sitzen, weil ich schlecht sehen konnte.

Unsere Lehrerin hieß Fräulein Lange. Sie trug stets ein graues Kleid, einen grauen Mantel, eine graue Tasche, eine graue Stahlbrille, hatte graues Haar mit einem Dutt hinten. Sie war streng, aber nicht unnett. Nach der Schule gingen wir immer, Fräulein Lange, ich, auch ein paar andere Mädchen, die ebenfalls diesen Nachhauseweg hatten, die Zehdenicke bis zur Ecke Gormannstraße und die hinunter bis zur Ecke Lothringer, dort trennten sich unsere Wege. Auf dem Weg schwatzten wir, auch mit Fräulein Lange. Meistens hörte sie zu, aber manchmal fragte oder sagte sie auch was. Einmal, es war schon mehr mitten im Schuljahr, fragte sie mich, warum ich immer während des Unterrichts aus dem Fenster schaue. Ich sagte: »Na ja, es ist immer ein bißchen langweilig, ich bin immer schnell fertig.«

»Ich weiß«, sagte sie. »Ich mache dir einen Vorschlag. Wenn ich der Klasse einen Satz zum Schreiben gebe, gebe ich dir noch einen dazu. Du mußt sowieso üben, weil du so eine schlechte Schrift hast.«

»Prima«, sagte ich, und so wurde es gemacht. Erst kriegte ich einen zweiten Satz, dann, als zwei Sätze geschrieben werden mußten, noch zwei dazu, dann drei. Jedes Mal sah Fräulein Lange es durch und strich mit ihrem schwarzen Füllfederhalter die Fehler an. Nach etlichen Wochen fragte sie mich auf dem Heimweg, ob es jetzt besser sei mit der Langeweile.

Ich sagte, es sei schon besser, aber immer aufschreiben, was sie mir vorgibt, sei auch ein bißchen langweilig. Sich selber was auszudenken sei besser.

»Gut«, sagte Fräulein Lange. »Dann denke dir was aus und schreibe es auf. Aber du mußt trotzdem im Unterricht aufpassen.«

»Das geht schon«, sagte ich, »ich denk mir heut nachmittag was aus und morgen schreibe ich es auf.«

»Mach das«, sagte Fräulein Lange. »Wir werden sehen, ob das klappt.«

Am nächsten Tag schrieb ich die drei Sätze für die Klasse und dann meine. Ich schrieb: »Meine Puppe Klara hat sich beschwert. Immer, wenn ich in der Schule bin, reitet ein Zwerg auf einer Maus durch das Zimmer und steckt ihr die Zunge raus.« Fräulein Lange las das, strich den Fehler an (ich hatte beschwert mit H geschrieben) und sagte: »Mach das weiter.« Das tat ich.

Wir kamen in die zweite Klasse, sie blieb Klassenlehrerin. Ich hatte nicht mehr so viel Zeit in der Stunde, um etwas zu schreiben, aber Fräulein Lange meinte, ich solle doch gleich zu Hause aufschreiben, wenn ich mir was ausgedacht hatte, und es ihr mitbringen. Das tat ich auch, sie las es auf Fehler durch und zeigte mir auch, wie ich etwas besser sagen konnte.

Manchmal las sie das, was ich mitgebracht hatte, auch der Klasse vor. Ich kann mich nicht mehr an das Zeug erinnern, was ich da alles zusammengekritzelt habe. Nur eine Geschichte, die weiß ich noch. Meine Oma, die viele Blumentöpfe hatte, hatte mir einmal gesagt, daß man die Narzisse und Mimose niemals zusammenstellen darf, weil die sich nicht vertragen. Also dachte ich mir aus, daß mein Onkel Karl die beiden Blumen doch aus Versehen zusammen auf das Fensterbrett gestellt hatte, worauf sie sofort anfingen sich zu zanken, und sie beschimpften sich und beschimpften sich, bis ihre Blätter zitterten. Und je wütender sie wurden, desto mehr zitterten ihre Blätter, und es begannen die Töpfe mitzuzittern und hörten nicht auf, bis sie so sehr wackelten, daß sie vom Fensterbrett stürzten. Da lagen die beiden Blumen in den Scherben und der Erde und heulten vor Schmerz, weil

ihre Stengel zerbrochen waren, aber sie machten weiter. »Aua, Aua, du blöde Zatsche, du bist schuld.« – »Aua, Aua, du doofe Zutsche, du bist schuld.« – »Du bist schuld.« – »Du bist schuld.« Bis mein Onkel Karl reinkam, sah, was passiert war, den Dreck auffegte und in den Mülleimer kippte.

Die Geschichte hatte Fräulein Lange der Klasse vorgelesen. Ich erinnere mich deshalb an sie, weil mich meine Freundin Suse auf dem Heimweg gefragt hat, wie ich das mache, mir immer so Zeug auszudenken. Ich sagte: »Das ist doch ganz einfach, du siehst oder hörst was und denkst dir was dazu aus.«

»Ganz einfach?« sagte Suse. »Na, das mach uns mal vor.«

Wir waren gerade in die Gormannstraße eingebogen. »Na ganz einfach«, sagte ich. »Guck mal, die vielen Fenster da drüben. Die gucken alle den ganzen Tag in die Stuben von den Leuten rein und sehen, was die Leute machen und was da so alles passiert. Und nachts, wenn es dunkel wird und die Leute schlafen, dann erzählen sie sich, was los war, und sie quatschen und tratschen die ganze Nacht darüber und lachen oder wundern sich. Bloß die Fenster, wo noch Licht ist, die müssen noch die Klappe halten.«

»Also so was«, sagte Suse. »Das kann ich nicht.«

»Dafür kannst du besser rechnen als Anna«, sagte Fräulein Lange. »Und du«, sagte sie zu mir, »schreib das auf. Du weißt, was du zu tun hast. Immer ordentlich aufschreiben, was du dir ausgedacht hast.«

»Jawohl, Fräulein Lange«, sagte ich.

Da war ich sieben Jahre alt. Jetzt bin ich siebenundsiebzig Jahre alt, und Fräulein Lange ist im Himmel. Ich denke mir, sie sitzt da auf einem weißen Wolkenstuhl an einem weißen Wolkentisch. Ihre Brille ist aus Silber, ihr Mantel ist aus Silberseide, in ihrem Dutt steckt ein leuchtender Stern, und der Füllfederhalter in ihrer Hand ist auch aus Silber. Aber sonst ist alles wie immer. Ich habe getan, was sie gesagt hat, ich habe aufgeschrieben, was ich mir ausgedacht habe, und jetzt

sieht Fräulein Lange mein Geschriebenes auf Fehler durch.
Ich hoffe, sie findet keinen. Na ja, oder nur ein paar ganz
kleine. Ich will doch, daß Fräulein Lange mir eine gute
Zensur gibt.